工 廠 管 理

侯 東 旭

美 國 紐 約 州 州 立 大 學
水 牛 城 分 校 工 業 工 程 博 士

著

陳 敏 生

美 國 德 州 理 工 大 學 工 業 工 程 碩 士

五南圖書出版公司 印行

序 言

　　工廠是製造業的根本。唯有根本堅固與深厚，企業之經營才能茁壯且開花結果。工廠經營與管理之運作，有賴於管理幹部之努力。工廠管理幹部必須能同時使用管理技能——計劃、組織、領導、任用與控制；及工業工程技術——工廠佈置、工作研究、生產計劃與管制、品質管制等，才能有效地提昇生產力。在業界經常發現許多幹部，因具有優異的技術能力，而被委以工廠重任，例如擔任廠長、經理或協理。但他們對管理技能及工業工程技術卻少有概念，因而無法推動工作改善及降低成本方案，以致無法提升企業的競爭力，實為可惜。

　　基於以上理念，我們在編寫本書時，除了參考教育部部頒「工廠管理」課程之教材大綱，介紹基本工業工程之技術外，也特別的介紹一般管理技術。因此，本書在第一章對工廠管理做一簡單扼要的概論說明後，特別於第二章及第三章以有系統，簡明扼要的方式，介紹管理的基本技術，即計劃、組織、領導、激勵與管制，希望讀者，尤其是工程背景的讀者，於研讀此兩章後能掌握管理的精髓，並運用於日常管理作業之中。本書第四章至第八章介紹工業工程之基本技術，即工廠佈置與物料搬運、工作研究與改善、生產計劃與管制、物料管理、品質管制。第九章介紹財務分析與成本分析。我們認為，工廠管理幹部必須能閱讀公司的財務報表及分析公司的財務結構，如此方能瞭解公司營運的情況，而瞭解成本結構並致力於降低成本，更是工廠管理幹部的基本職責。第十章介紹人事管理。第十一章以深入淺出的方式完整地介紹行銷管理，期使工廠管理幹部能有行銷導向的觀念，

並使產銷運作能更協調。第十二章與十三章分別介紹工業安全與工業衛生。在勞工意識愈來愈高漲的時代，工廠管理幹部除了致力於生產與降低成本之外，提供作業者一個舒適無害的環境，使其能安全有效率地工作亦成為管理人員努力以赴的目標。

　　本書之內容除了可做為大專院校工程科系「工廠管理」或「工業管理」課程之教本之外，亦很適用於其他大專學生或工廠管理實務人員自修之用。

　　本書共分為十三章，前十一章由侯東旭負責撰寫，第十二章與十三章由陳敏生執筆，共歷時兩年始完成。本書之得以完成，首先對五南圖書出版公司楊榮川董事長的支持與督促，及陳念祖總編輯與其編輯群的努力，在此特予誌謝。也非常感謝國立雲林科技大學提供一個良好完善的環境，使我們能專心的教學及研究，更感謝工業管理系全體同仁的照顧與協助，使我們的學識能日新又新。最後，對我們家人的全力支持及無悔的犧牲奉獻，在此特別提出，以表達我們感激之心意。

　　工廠管理範圍相當廣泛，限於篇幅，許多教材不得不刪除，也難免有遺漏；又因倉促校稿，或有失誤，尚請各方先進不吝惠予指正。

侯東旭　陳敏生
識於國立雲林科技大學
1997 年青年節

目　錄

第一章

工廠管理概論

第一節　工廠管理的意義

一、工廠的生產活動

　　工廠是各種產品的製造場所，亦即是集合許多種設備設施以生產產品的一群作業場所。因此，工廠是生產活動的作業場所，工廠包含有各種類的設施，而其生產活動的主要目的是在生產製造產品。所謂生產活動乃將投入的資源加工處理成為產品，並創造附加價值之過程。其過程如圖 1-1 所示。

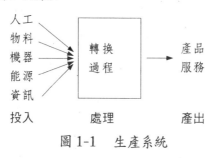

圖 1-1　生產系統

投入 (input) 的資源有許多不同的型式。以製造業而言，投入主要是人工、原物料、機器設備、能源、廠房設施、土地、資訊及技術。就服務業而言，主要的投入是人工及設施等。但某些特定服務業也有例外，如飲食服務業中，原材料就是一項非常重要的投入。

處理過程 (process) 是由一系列的活動所組成，如加工、搬運、檢驗、裝配等。原材料在轉換成為產品之前，必須經過許多處理程序。例如汽車車門裝配作業中，投入為車門、銷釘和其他物料及固定車門的夾具等。此作業的處理程序為焊接與裝配。經過裝配過程，產出為已安上車門的車身。此車身再由裝配線送到下一工作站做加工處理。

產出 (output) 可分為兩種：實物性產品及服務性之服務。實物性的產品如上述車門裝配中的安上車門之車身。服務性的產品如求醫的病人。醫生診斷病人病況，然後開藥或予以病人打針，以解除病人之痛苦。因此醫生看病人的產出是一種服務。通常對產出會有某種的期待，如高品質、高產量、高效率等。因此，為得到高品質及高效率的產出，在將投入轉換為成品之過程中，必須適當的管理。

二、管理的意義

管理 (management) 一詞最普遍被接受的定義為「經由他人的努力，以完成工作的一種活動」。此定義特別強調管理者 (manager) 必須透過安排他人工作以達成工作目標，而不是由管理者親自完成所有的工作或只靠自己的努力來完成工作。

既然管理者的工作是運用他人的努力，因此需要一些管理技巧。例如為部屬計劃工作內容，設定工作目標，組織及分配每一位部屬職責，再依部屬之工作狀況進行協調。管理者也須面對有關人員徵募、

面談、考核、獎賞與訓練等之工作。管理者也必須是一位領導者，以激勵領導部屬盡心地工作。管理者也須持續地比較實際績效與預期目標之差距，找出原因及糾正可能的缺失。因此，一位管理者必須具備有計劃、組織、任用、領導及控制的能力，以善用投入之資源，經由他人之努力，以完成工作目標。因此，較完整的管理定義乃為「管理乃運用計劃、組織、任用、領導、控制等管理程序，使人力、物力、財力等作最佳之配合，以達成組織目標的活動」。

　　上述定義中的計劃、組織、任用、領導與控制又稱為管理功能(management functions)，也是任何一位管理者從事管理工作的程序。任何管理者，不論是大公司的總經理、經理、課長或基層的領班，都必須執行此五項功能，而且此五項功能須依序地進行，並且重複地執行。因管理工作乃運用此五項功能，且依序及循環地執行，而形成完整的循環，因此，也稱之為管理循環(management cycle)。此五項功能的意義及包含之活動項目如下：

　　1.計劃(planning)

　　是事先擬定做某件事的方法。計劃是管理的一項基本功能，是決定一個組織未來的目標，擬定達成目標的各種可行方案，及選擇最適方案的一種分析程序。因此，計劃的內容含有預測未來情況、設定目標、發展方案（或稱規劃）、制定規則與程序及選擇一項最佳方案。例如家電製造廠商，首先必須收集未來經濟情勢及人口趨向等資料，配合市場競爭廠商之資料，而可預測產品未來之需求，並由此設定公司之生產目標。一旦生產目標（如產品型式與產量）決定後，便要考慮由那一條生產線來生產，何時生產各型產品多少等等。經由分析評估後可找出一項最佳之方案，而此計劃工作才完成。

2. 組織 (organizing)

是依某種方式來分配資源，使所有的活動都能達成目標。組織的內含包括有決定一企業之活動內容、劃分部門、賦予每一位部屬個別的工作、授與部屬職權及協調部屬的工作。因此，組織的目的在於賦予每個人特定的工作，並確保這些工作能彼此協調、分工合作，以達成組織的目標。

3. 任用 (staffing)

乃針對組織作業所產生的各項職位，選擇及派任適當的員工擔任之謂。完整的任用作業應包含人員的徵募、面談、遴選、設定績效標準，及訓練與教育等。為使員工能盡心工作，薪資與福利等之安排亦是任用作業的範圍。

4. 領導 (directing)

即影響組織成員之行動方向，使朝既定的目標努力，以達成組織目標。領導作業包括創造一個適於組織成員工作的組織氣候，給予成員適當的指導和激勵，藉由溝通，使全體成員能有效地合作，以完成群體之目標。由於領導之作用即在於影響成員之行動，因此，塑造一個容易溝通的組織氣候便非常重要。在今日民主社會中，若想靠威權命令來影響成員已相當困難，因此有效溝通管道的建立便更為重要。管理者若再能適當的指導及激勵部屬，則成員便可自動自發且發揮潛能以完成工作。

5. 控制 (controlling)

乃設定標準，核對實際績效與標準的差異，並提出必要的矯正行動。控制的目的在於確保組織的各項工作，能依照計劃內容執行，以達成原訂的目標。由於在計劃執行過程中會有各種環境因素，使工作執行受影響。另外，執行過程中也會發現各種事實之發展與原來之假

設及預測不一樣，而此種差距不是靠計劃程序所能消除。因此，必須使用控制功能，在計劃執行中即核對差距狀況，採取矯正行動，以確保計劃能確實執行，而達到原訂的目標。

三、生產效率

由以上各節說明已知，生產活動的目的在將投入資源做有效的運用（即透過管理活動），以轉換爲產出的產品或服務，並創造附加價值。因此，經營活動乃將某些價值附加在投入價值之上。附加價值可以公式表示如下：

附加價值＝市場價值－投入價值

　　　　＝單位市價×產量－單位成本×產量

由以上公式可知，附加價值愈高，則生產活動的效率也愈高。因此，生產活動或經營管理活動的績效可用附加價值來衡量。由以上公式亦可知，提高附加價值的方法有：

1.**擴大生產規模**：當擴大生產規模，提高產量時，可提高附加價值。

2.**降低成本**：提高產量雖可提高附加價值，但在市場競爭激烈情況下，要擴大市場佔有率談何容易。從以上公式可知，降低單位成本亦可提高附加價值。而降低成本是企業本身內部可自己掌握的，一切操之在我，因此是提高附加價值的良策。

另一個衡量生產效率常用的指標是生產力（productivity）。各家學者對生產力做過許多定義，綜合各家之言，吾人可將生產力定義爲產出與投入的比例。亦即生產力是各種生產要素的投入量（input），與因此等投入而收獲之產出量（output）間的比率。在製造業，它是

生產的產品之價值與生產這些產品所需之原料、人力及其他投入費用間之比率。以公式表示如下：

$$生產力 = \frac{產出}{投入} = \frac{實質生產量（產品＋服務）}{勞工＋原料＋設備＋土地＋製造費用}$$

欲提高生產力，乃在投入與產出上下功夫。下列組合都能提高生產力：

1. 投入減少，產出增加：例如使用自動化設備，減少投入之勞工，而提高實質生產量（包括產量及品質）。

2. 投入不變，產出增加：例如工作改善，減少無效作業縮短工時，在投入不變下，可提高實質生產量。

3. 投入減少，產出不變：例如經由使用較低成本之原料，或僱用外籍勞工，而維持實質之生產量。

4. 投入微微增加，產出大幅增加：如設備之改良或做定期維護保養，使設備費用微微增加，但因設備之功能提昇，而可大幅增加實質生產量。

5. 投入大幅減少，產出微微減少：如裁員，使投入勞工減少，而同時使生產量也減少，但生產量減少之幅度較小。

第二節　工廠管理制度的演進

生產活動的型態，依經營型態及變化的時間順序，可區分為下列幾種制度：家庭生產制度 (domestic system)、代產包銷制度 (putting-out system) 及工廠生產制度 (factory system)。

一、家庭生產制度

　　人類最早的生產型態是以家庭爲基本生產單位。主要的生產活動是農業及簡單的手工製造。生產產品的主要動力是仰賴人力，使用之工具亦爲最簡單的原始工具。生產之產品主要以供家人使用爲目的。若有多餘之產品，則於固定時日，在固定地區中銷售或以物易物。此時期之生產尙未明顯的以賺取利潤爲目標，因此沒有生產效率的觀念。

二、代產包銷制度

　　由於家庭生產制度效率低，一些有眼光的企業家，便供應家庭生產單位原料及工具，再以一定價格收購他們所生產的產品，再銷售到市場，因而產生了代產包銷制度。在此種制度下，家庭仍是生產之基本單位。家庭單位由提供勞力，代工完成所交付之產品而獲取工資。因此家庭成員因而變成按件計酬的勞工，勞資關係因而產生。故開始有了企業及工廠生產制度的雛型，產量也開始增加，品質及成本也開始受到重視。

三、工廠生產制度

　　十八世紀末，由於英國發明了蒸氣機、水力和動力的紡紗機，生產方式大爲改進，因而產生了工業革命 (industrial revolution)。由於動力機械價格高昂，非一般人所能購買。資本家乃集中資本、購買生產機器、設立工廠、招募大量勞工，從事大規模生產活動，因此產生了工廠生產制度。由於工廠規模及市場日漸擴大，競爭亦日趨激烈，因此開始興起科學管理運動，重視生產效率的提高、生產成本的

降低。講求工作方法、力行專業分工、提倡科學管理方法、一切生產動作及生產時間均標準化。在提昇生產效率要求下，研究人員後來發現，除了標準動作及方法之外，人群關係也深深地影響著生產效率，因而對管理思想產生了重大的衝擊。

　　若以時間發生之順序來說明工廠生產制度之演進，較重要的事件如下所述：

　　十九世紀初之工廠是採用資本主義，資本主大量僱用童工，每週工作六天，每天工作十二小時。資本主將勞工視同機器，剝削勞工、壓榨勞工。資工主只重視產量，而忽視勞工之尊嚴、工廠之環境與安全衛生。

　　二十世紀初泰勒提倡科學管理，主張差別計件之薪資制度，並發表了科學管理原理，大大的激發了工廠管理的研究熱潮。接著甘特 (Henry L. Gantt) 於 1917 年發表重複性生產管理方法，提出「人機作業圖示方法」(treatment of man-machine operations)。爾後有吉爾勃斯夫婦提出「動作與時間研究」，在標準工時之研究上有極大之貢獻。泰勒與吉爾勃斯的研究內容於本章第三節中將再詳細說明。

　　1920 ～ 1930 年代，工廠之生產程序愈來愈複雜。其中有著名的霍桑研究於 1927 年至 1933 年間進行。霍桑研究的結論指出，良好的工作環境及工資並不能使生產量成正比的增加，而心理及社會因素，如士氣、受重視、及小群體等對工作成果有很大的影響。

　　1930 年代有修華德 (Walter A. Shewhart) 的品質管制之研究，並提出品質管制圖之概念，對工廠管理中，品質之提高大有幫助。也使享利福特 (Henry Ford) 率先研究汽車裝配線成功，使大量生產 (mass production) 成為可能。

　　1940 年代，第二次世界大戰期間，作業研究 (operation research)

被應用到管理問題上，且應用得非常成功，而開闢了作業研究在工廠管理之應用。

1950 年代，電腦逐漸應用到工廠管理中，開啓了工廠管理電腦化之新紀元。 1960 年代，機器人 (robot) 被發明，並應用在工廠中。隨著微電腦 (microcomputer) 開發的成功，再加上電腦普遍應用於工廠中，於是使工廠之生產與管理邁入生產自動化之紀元。在生產自動化下，所採用之技術將有：工業機器人、彈性製造系統 (flexible manufacturing system)、自動倉儲與搬運系統 (automatic storage and warehouse)、管理資訊系統 (management information system)、自動裝配與電腦輔助測試 (automatic assembly and computer aided testing)、電腦輔助設計與製造 (computer aided design and manufacturing) 及電腦整合製造 (computer integrated manufacturing) 等。

第三節　管理思想的演進

自從工業革命以後，由於世界人口不斷增加，商品需求快速成長，大規模生產企業日益擴展，管理觀念與方法乃漸爲人們所重視。依管理理論之型態與依時間順序之發展，管理思想可區分爲科學管理、早期的一般管理理論、霍桑研究與行爲學派及現代的管理理論等四部份。

一、科學管理

工業革命以後，工商業日趨發達，企業經理人所遭遇的問題是如何有效的運用人力、物料、資金及機器設備，並想出一套合理的、科

學的管理原則，以備應用。因此管理思想就集中在兩方面：⑴如何使工作易於完成，以提高勞工生產力（即產出量與投入量的比率），及⑵如何激勵工作人員來使用這些新方法與新技術。當時之管理思想家認為應該淘汰憑主觀判斷和嘗試的經營方式，而實施整體考量的管理制度，以客觀的態度、觀察、分析、驗證等科學方法來處理問題。「科學管理」(scientific management) 一詞開始廣泛被引用和重視。經由泰勒 (Frederick W. Taylor)、吉爾勃斯夫婦 (Frank and Lillian Gilbreth)、甘特 (Henry L. Gantt)、愛默生 (Harrington Emerson) 等人之努力，一項劃時代的科學管理運動乃逐漸形成，而在二十世紀初葉享有「第二次工業革命」的尊號。茲簡略的介紹泰勒和吉爾勃斯夫婦的貢獻。

㈠泰勒 (Frederick W. Taylor, 1856-1915)

　　泰勒倡導科學管理最力，因此被公認為「科學管理之父」。他於1856 年出生於美國賓州費城的德國鎮 (Germantown)。他家境富裕，為準備進入哈佛大學，他先入菲利浦埃克賽學校讀書。後來以榮譽生成績通過入學考試，但因用功過度，損傷視力，致未入學。因此決定當工人，在基層工作。

　　在 1874 年，十八歲時，他進入一家機器廠當機械工和模型工的學徒。於 1878 年，二十二歲時轉到密德維爾鋼鐵公司 (Midvale Steel Company) 工作。這時恰逢經濟衰退時期，他僅以工人名義被僱用。未久，由於他天資過人，被提升為計時員，再升為機械工、領班、工場主任。到了三十一歲時，升到了全廠的總工程師。升遷之快，極為少見。這段期間，泰勒利用函授課程進修，修完史蒂芬斯學院 (Stevens Institute) 機械工程學分。

　　泰勒在工作中體驗到工廠作業上的一些缺失，例如領班與工人對

生產量問題常有爭執。因此他認為應該訂出每一位工人應有的工作量。因此採取了時間與動作研究 (time and motion study) 來計算各項操作所需的時間。他首先從車床開始，做有系統的研究，希望將車床的每一項特定操作指認出來，並估算每一項操作所需的時間，而訂定所謂「一天的公平工作量」。

於 1898 年泰勒受僱於伯利恆鋼鐵公司 (Bethlehem Steel Company)，進行了幾項有名的實驗，包括銑鐵塊的搬運實驗、鐵砂煤粒鏟掘實驗及金屬切削實驗。

1. 銑鐵塊搬運實驗

在伯利恆公司搬運銑鐵塊到鐵路貨車的研究上，他觀察搬運工屈身彎腰到地上或一銑鐵塊堆上，去拿一塊鐵塊，重達九十餘磅，然後再走若干步，再把此鐵塊放在貨車上之動作。泰勒對工人之搬運與移動動作進行詳細的記錄與分析，並設計出一最適當的工作方式，要求工人照此方式工作，並給予適當的休息時間。結果工人每日每人搬運量自十二英噸增加至四十七英噸，達四倍之多，而且每天之工作時間卻只有原來之 42% 而已。

2. 鐵砂煤粒鏟掘實驗

當年之伯利恆工人須自備鏟子，大小不一。且不管所鏟的是煤粒或鐵砂，都是用同一把鏟子。因此，當工人鏟鐵砂時，每一鏟之重量約有三十八磅。但用於鏟煤粒時，每一鏟之重量約只有三磅半。泰勒認為鏟子大小及鏟掘量漫無標準，會影響工作效率。泰勒乃選擇一位優秀的工人，嚐試各種不同大小鏟子於不同之物體上，並詳細記錄每日之工作量。最後發現，當每次的鏟掘量為二十一磅時，每日的鏟掘工作量為最大。因此，泰勒乃改變過去由工人自帶鏟子的做法，而由公司供應各種大小規格不同之鏟子，較重物料使用較小號的鏟子，而

較輕物料使用大號鏟子，但均以每一鏟掘量爲二十一磅爲原則。實驗
結果發現，工人自 600 人減至 140 人，但工人每日產量卻自 16 噸增
加至 59 噸，每日工資也自 1.15 美元升到 1.88 美元。而鏟煤和鐵砂成
本也自每噸 7.2 分降爲 3.3 分。

3. 金屬切削實驗

在金屬切削方面，關於切削機器、運轉速度及進料速率之關係方
面，泰勒作了多年的實驗，最後並發現了不同之切削機器，對不同之
材質，應如何控制運轉速度及進料速率之關係，使切削時間縮短爲三
分之一。這項實驗讓泰勒發明了高速鋼，並取得專利，對金屬切削技
術起了革命性的改進。

泰勒在一九一一年出版「科學管理的原理」(The Principles of
Scientific Management) 一書，並提出有名的「科學管理四原則」。
其基本精神是在以科學態度與方法研究及設計一項作業之正確工作方
法，並訓練要求工人依照此方法來操作，而且把工作環境維持在標準
狀態，以利標準操作的推動。另外訂定出完成該項工作的標準時間和
額外獎金數目，以激勵工人們工作。其四原則如下：

1. 對於每一位工人的每一項工作進行科學分析，尋求最佳工作方
法，以取代原有的經驗法則 (rule of thumb)。

2. 使用科學方法甄選工人，訓練工人之工作技能，而非由工人自
行摸索。

3. 雇主應與工人誠心合作，以推行科學方法與原則。

4. 劃分管理者與工人間之工作，使均負有相當之責任，以矯正過
去將責任均委任工人之弊。

㈡吉爾勃斯夫婦 (Frank B. Gilbreth, 1868-1924; Lillian M. Gilbreth, 1878-1972)

吉爾勃斯是與泰勒同一時代的人物，因在人員操作動作的研究上有傑出的成就，因此被尊稱為「動作研究之父」。他於 1904 年與心理學家麗蓮吉爾勃斯結婚。麗蓮的心理學背景與吉爾勃斯的工程背景相輔相成，他們對科學管理之信念又相一致，因此兩者共同推動科學管理之應用。麗蓮一生中看到科學管理的誕生、成長、成熟，且又親自參與其中，恭逢其事，因此她被尊稱為「工程界的第一夫人」(first lady of engineering)。

吉爾勃斯先生出生於美國緬因州的費爾菲地 (Fairfield)，具有富裕的家境。他在波士頓的文理中學讀書，對於數學及機械製圖開始產生興趣。他本來要進麻省理工學院，也通過了入學考試。但忽然決定要實地工作，而投身營建業，從砌磚工學徒做起。在學習過程中，他發現訓練他砌磚的師傅，所用的方法漫無標準。教他時是一套方法，但自己砌磚又用另一種方法，緊急趕工時則又是另一種做法。因此，他決定要研究一套最佳的工作方法。他用科學方法研究分析工人的動作，消除不必要的動作，並設計可以調整高度的磚架，免除彎腰取磚的動作。因此他發展出一更有效率的砌磚方法，每小時每人砌磚數從 120 塊增加到 350 塊。

吉爾勃斯與麗蓮結婚後，共同研究工作動作要素的改良。他們著名的研究是利用錄影，將一個人工作的進行情況，拍攝成影片，再根據影片，將其動作逐一分析研究，再將不需要的動作予以消除。他們設計了「動作循環時序記錄圖 (chronocyclegraph)」，把工人微細的動作記錄及分析，並測定動作時間。最後他們將手、身體及一些非動作項目，共分為十七項基本動作，例如抓取 (grasp)、對準 (posi-

tion)、持住 (hold)、裝配 (assemble) 等，稱為「動素 (therbligs)」，
即是他們姓氏英文字母的倒拼。這也是他們對科學管理貢獻的一種紀
念。

二、早期的一般管理理論

科學管理運動的學者和專家，他們的研究和貢獻主要在於工廠中
作業的管理，屬於組織中較低層次的作業階層，包括工人和領班而
已。而由於中層和高層管理者人數逐漸增加，使得中高階層管理理論
的研究，開始受到重視。這些研究人員企圖建立一些普遍可應用於中
高階層管理工作的原理原則。在這些研究人員中，以費堯 (Henri
Fayol) 的貢獻最受矚目。他也被尊稱為「現代管理理論之父」或
「管理程序學派之父」。

費堯是法國人，於 1860 年受雇於法國 S.A. Commentry-Fourch-
Ambault 礦業公司的工程師，1888 年升任總經理，他運用管理方
法，使此財務已瀕臨破產的公司轉變為健全。費堯首先將中高階層的
管理功能分為五方面，即計劃 (planning)、組織 (organization)、指
揮 (command)、協調 (coordination) 及控制 (control)。這也是管理
之五種基本程序或功能。能正確執行這些功能的人，便是有效的管理
者。在這五項功能中，費堯認為計劃是最重要的管理功能。

1916 年，費堯出版其著名的「工業及一般管理」(Industrial and
General Administration) 一書，並指出其管理理論不僅可用於生產企
業方面，尚可應用於各種事務。在該書中，費堯將企業的業務及管理
活動分為六大類，即：

    1.技術性的活動：生產、製造。

    2.商業性的活動：採購、銷售和交換。

3.財務性的活動：資金的取得和控制。

4.安全性的活動：商品及人員的保護。

5.會計性的活動：盤存、會計報表、成本核計、統計。

6.管理性的活動：計劃、組織、指揮、協調、控制。

費堯分析了這六種作業後指出，工人的主要特徵是技術能力，但隨著組織層級的上升，技術能力的重要性相對的降低，而管理能力的重要性卻相對的增加。費堯在該書中提出十四項原則，以供一位有效管理者的參考。十四項管理原則 (principle of management) 如下：

1.分工 (division of labor)：經由分工專業化的觀念，以提昇效率。

2.權責對等 (authority and responsibility)：權力與責任應對等，有權必有責，有責必有權，否則無法成就事務。

3.紀律 (discipline)：紀律必須維持，有不守紀律的情事，應接受懲誡。

4.指揮統一 (unity of command)：任何一位員工應只有一個上司，不能接受二個上司或主管的指揮。

5.管理統一 (unity of direction)：凡具有同一目標的作業，均應僅有一個主管或一套計畫，朝同一方向努力。

6.個人利益置於群體利益之下：組織目標應優先於個人或小群體的目標。

7.獎酬公平 (remuneration of the staff)：員工薪酬制度應公平合理，績效優良者應給予適度獎勵。

8.集權化 (centralizatioin)：組織管理應有適度的集權，集權的程度視組織工作性質而定。

9.組織階層鏈鎖 (the hierarchy scalar chain)：組織由最高層到

最低層的權力路線，應有完整的層級劃分及鏈鎖關係，以確保指揮的統一。同一層級仍可進行水平的協調，直接快速的溝通，但應事先取得上級主管的許可，於事後則應報告主管知道，此乃稱為「跳板原則」(gangplank principle)。

10.**秩序** (order)：任何事物和人員均各有其崗位，不可混亂。

11.**公正** (equity)：公正是指合情與合理 (justice) 的相結合。

12.**職位穩定** (stability of staff)：應給予員工一穩定之任期，使其能適應而後能發揮效能，並減少人員流動率。

13.**進取性** (initiative)：應鼓勵員工主動及創新的精神，使企業充滿活力與熱誠。

14.**團隊精神** (espirit of corps)：主管應強化員工的團結及協調合作的精神。

費堯對管理的貢獻極大。首先他提出了一套思想架構來分析管理程序。二次大戰後，美國各大學之管理學院大多依此架構來教學。其次費堯主張應運用管理理論的發展，來教導管理學。這使得他高居古典管理理論的先驅地位。

三、霍桑實驗與行為學派

當費堯之管理理論大行其道時，另有一批研究人員對人類之行為層面產生興趣，也揭開了人群關係哲學的序幕。最早對人類行為和人群關係有貢獻的學者是梅育 (E. Mayo) 及巴納德 (C. Barnard) 等人，而其中最有名的研究稱為霍桑研究 (Hawthorne Study)。此研究係由美國西方電氣公司 (Western Electric Co.) 邀請梅育、懷特海 (T. N. Whitehead) 及羅斯里斯伯格 (F. J. Roethlis Berger) 三位哈佛大學教授對該公司位於伊利諾州芝加哥市附近之霍桑廠進行員工之

社會與心理因素之研究。研究從 1927 年至 1933 年止，整個研究計畫分爲四個主要階段：⑴工廠照明實驗，⑵繼電器裝配試驗，⑶全面性訪談計畫及⑷接線板工作室觀察研究。

1. 工廠照明實驗

霍桑研究的照明實驗持續了兩年，主要研究照明強度與工人生產量之間的關係。研究人員把工人分爲兩組。實驗組的工人是在不同照明下工作，而控制組的工人則在不變的照明下工作，結果發現兩組的產量均有增加。令人驚訝的是，當照明度增加時，生產量雖然增加，但將其減弱時，工人的產量不但沒有減低，卻反而繼續上升。這次實驗顯示，除了工作環境以外，尚有存在其他影響生產效率的重要因素。

2. 繼電器裝配試驗

此項研究之目的是在探討工作環境、工作時間長短和休息時間等工作條件與生產量的關係。研究人員安排了 5 位女性繼電器裝配員及一位觀察員在隔離的試驗室裝配繼電器。研究人員給予該小組安排了休息時間，縮短每天工作時數，結果該小組的產量增加了。這和原來的假設，即休息可以減低疲勞而增加產量相符合。研究人員乃認爲作業條件若回復爲原先狀況，工人會因失望而使產量急降。但出乎意料之外的，當研究人員取消休息時間和所縮短的工時時，生產量卻反而增加。此項發現便是所謂的「霍桑效應」(Howthorne effect)，也就是當員工受到重視或受到注意或知道被觀察時，他的產量會提高。其產量並不是因工作條件的改善而增加的。此項研究結論使梅育等人轉而開始研究社會與心理因素對工人生產效率的影響。

3. 全面性訪談計劃

此階段研究人員以大規模員工訪談方式，在三年內共訪談了二萬

一千多名員工。首先由研究人員問問題，但在訪談中發現，員工仍有戒心，因此得不到受訪員工對公司督導方式和其他制度的態度反應。而且訪問者認為重要的問題，不一定是員工所重視的。因此後來改由受訪員工自行選擇適當的話題，也收集了相當多員工態度的資料，由此資料證實了員工的工作績效會受到其他同仁的影響。因此說明了工作環境中「社會因素」的存在及其重要性。

4.接線板工作室觀察研究

此研究在探討團體行為對工作績效的影響。研究人員以六個月的時間，深入觀察接線板工作室十四位工人的作業，結果發現工人之間形成了「非正式組織」。在這小團體中，成員有著共同的情緒和態度，而且此小團體自行設定他們認可的生產量標準及行為規範，而這些常與管理當局的規定相衝突。在非正式組織中所設定的標準對個人行為甚具有約束力。如果不從就會受到排斥。但一旦被接納，彼此間的友情、協助又會充滿人情味。

由於霍桑研究的重大啟示，奠定了行為學派或人群關係的理論基礎。此學派認為要提高生產效率，不能只強調員工的標準操作方法、標準時間、工作環境、工作條件及獎工制度等，而更應該重視員工的社會環境與人際關係。霍桑研究的結果引起了「工業心理」和「人群關係」的研究熱潮。在許多心理學家及社會學家的努力下，對組織中成員的行為動機及激勵與領導等提出許多研究成果，也為日後之企業界所採用，而對管理思想做了相當重要的貢獻。

四、現代的管理理論

由於早期泰勒、費堯及梅育等人之研究均分別強調管理理論之某一方面，也就是偏重某一領域之研究。他們的觀念、理論及思想經後

來許多學者及研究人員之補充及增強,而形成今日管理理論所稱的「學派」(schools)。二次大戰以後,許多管理學者開始致力於將各種管理思想和理論,予以有條理的彙整,以有助於了解管理思想模式,因而形成現代管理思想的主流。現今管理思想的學派最主要的有:管理程序學派、行爲學派和計量學派。而未來管理可能走向系統理論和權變管理兩個方向。

1.管理程序學派

管理程序學派起源於費堯的「管理功能」觀念,他們視管理本身爲一種程序,認爲管理者的工作乃由許多相互關聯的功能,如計劃、組織、指揮、協調、控制所構成。雖然各種企業的業務性質不同,但管理功能卻可普遍的應用於不同業務上及不同的組織階層上。如以管理的三項功能,計劃、組織及控制而言,低階層管理者的控制工作較多,而計劃性與組織性工作較少。較高階層的管理者,其計劃性工作增多,而控制性工作則較少,如下圖所示:

基層管理	中層管理	高層管理
計 劃		
組 織		
控 制		

另外,爲了提高組織的效率,此學派也提出了許多管理原則來供應用。

2. 行為學派

行為學派主要關心的是人類行為，主要代表人物有梅育和麥格利哥 (McGregor) 等人。他們認為管理既然是經由眾人的努力以達成任務，管理者就必須了解人們的慾望、動機、激勵、領導、人格、行為等管理因素。因此管理者必須了解人性，並應用心理學、社會學、人類學等社會科學的技能來處理管理問題。行為學派在個人行為方面，注重組織份子的需求與動機的了解與運用；而在群體行為方面，則注重領導方法及對正式組織與非正式組織功能的應用。

3. 計量學派

計量學派又稱為管理科學學派 (management science school)，在 1940 年代興起，主張運用數學、統計、電腦及各種工具，建立數學模式，根據具體之數值結果，來協助管理者解決問題。此學派人士對決策 (decision making) 特別重視，大部分也是泰勒科學管理的信徒。他們注重問題與目標的訂定，運用科學方法及邏輯方法來構建解決問題的模型。計量管理解決問題的步驟為：(1)陳述問題，(2)訂定目標，(3)構建數學模式，(4)求解模式，(5)將此模式解答付諸實驗，(6)全面付諸實施。

近代由於電腦的發明及進步，使計量管理之應用更為普遍。計量學派在處理存貨、物料和生產控制等問題上相當有效，在其他領域的應用也一直在推廣之中。

4. 系統管理與權變管理

系統管理是以系統性的觀點及企業組織整體性的觀點來處理管理問題。系統管理視企業組織是由一些部門單元所組成，並重視這些單元間的交互作用及互動關係。這些部門單元彼此之間互相作用，而完成整個組織的目標。另外，系統管理視企業組織為一個開放性系統

(open system)，企業組織是社會或經濟系統中的一個子系統，企業組織需從環境中取得各種投入，再提供環境所需之產出。因此，企業組織需隨時適應外在環境的變化，並調整及協調各部門單元以適應此種變化，而繼續維持組織的生存與成長。

簡言之，系統管理是結合管理程序、行為學派、計量學派等各學派之思想，並提倡系統性及整體性觀念，對問題做整體性及全面性的考量，而達成企業組織的整體目標。

權變管理 (contingency management) 也稱為制宜管理或動態管理，認為沒有一個學派可以適用於所有的情境 (situations)，管理者應該視各種情境的不同，而採取最有效的解決方法。亦即任何管理措施，不能依持固定的準則，而必須權衡環境情勢和利害得失，因勢制宜，全盤解決組織的問題。

第四節　工廠管理的範圍

工廠管理是在以管理功能，即計劃、組織、領導、任用及控制等，來處理工廠之生產與經營活動等事務，並有效運用工廠內所有的人員、金錢、物料、設備、科技方法及市場等要素，協調眾人，經由眾人之努力與配合，而達到創造利潤，及對社會、投資者、消費大眾等之責任與使命。因此，工廠管理之範圍應包括管理功能及企業功能兩方面。管理功能即計劃、組織、領導、任用、控制。而工廠經營與管理是企業經營中的一環，且也牽涉人員、金錢、物料、設備、科技方法及市場等因素，因此，工廠管理中應涵蓋企業功能 (business fuction)。所謂企業功能是指一個企業組織要能生存及成長，所必須具有的基本功能。一般包括生產、行銷、財務、人事、物料和研究發

展。工廠管理中仍牽涉到這些企業功能，只是工廠管理的重點是較偏重於生產活動與物料活動而已。因此，一位工廠管理者應對這些企業功能能有瞭解與認識才可。

　　基於以上說明，本書對工廠管理的範圍乃涵蓋以下各部份：

第二章：管理功能──計劃與組織

第三章：管理功能──領導與控制

第四章：工廠佈置與物料搬運

第五章：工作研究與現場改善

第六章：生產計劃與管制

第七章：物料管理

第八章：全面品質管理

第九章：成本分析與控制

第十章：人事管理

第十一章：行銷管理

第十二章：工業安全

第十三章：工業衛生

習 題

一、何謂「管理」？管理者如何應用管理方法來提昇一個機構的效率？

二、如何衡量一個機構的管理效率？又如何來提昇其效率？

三、試分別說明泰勒與吉爾勃斯對工廠管理的貢獻。

四、試說明費堯對管理學的貢獻。

五、何謂霍桑實驗？其對管理學之影響為何？

六、何謂系統管理？何謂權變管理？

七、試說明由製程工程師升遷為廠長，其工作性質將會有何種改變？製程（或設計）工程師與廠長分別應具有那些能力？一位優秀的工程師是否會成為一位優秀的廠長或經理？

————————　**第二章**　————————

管理功能—計劃與組織

第一節　計劃的意義與重要性

一、計劃的意義

計劃 (planning) 也稱為規劃或企劃，是事先擬定做某一件事的方法，也是決定未來之目標，擬定達成目標之各種可行方案，及選擇一最適方案的一種分析過程。因此，計劃是管理的一項基本功能，是決定組織未來之目標，及達成此種目標所需步驟的一種程序。例如公司面臨經濟不景氣，而要求廠長能「降低生產成本 5%」。在此目標要求下，廠長便需思考並擬定達成目標之各種可行方案，例如將外包零件改採為廠內生產以降低 10% 之零件成本；實施工作改善以降低加工時間，節省人工，而降低加工成本 5%；實施機器維護保養，提高機器運轉率，降低不良品，而降低成本 10%；改良加工方法及夾具，以降低廢料量，而降低物料成本 5%；加強物料管制，減少呆料及缺料情況，而降低物料成本 10% 等等方案。當這些可行方案擬定

妥當後，廠長便須評估這些方案之可行性，及在時間限制及支出預算下完成之可能性。最後再決定一個可達成目標之具體行動方案。而此最後之行動方案即為計畫 (plan)。

因此，計劃是一種思考程序，其要件在於設定組織未來之目標，擬定應採取的行動與方法，及有賴組織的付諸實施。一個良好的計劃應該詳細的說明決定做何事 (what)、為何要做 (why)、何時去做 (when)、如何去做 (how)、由何人或何單位執行 (who)、使用多少時間與經費預算 (how much) 等。

計畫分類的方法有許多種。若以計畫的形式來區分，有些計畫是以敘述方式陳述，即以文字說明要完成的目標及完成目標的方法。另有些計畫是以財務術語來表示，即所謂的預算書 (budget)。另外有些計畫則以圖表來表示要達到的目標及實施的方法。若以計畫涵蓋的期間來區分，有長期的策略計畫、中期的戰術計畫及短期的作業計畫。長期的策略計畫是由高階主管所規劃關於組織未來五至十年的目標計畫。它說明組織將提供給社會的產品或服務之目標領域，及達成目標之策略或行動方針。中期的戰術計畫是由中級主管所制定，關於組織未來六個月至五年間，每一部門達成高階主管的計畫之執行方法。短期的作業計畫是由低階主管所制定，有關設定各部門或人員之實際作業工作的指派項目。例如明確的指出那一位工人應分配指派到那一部門工作，或某一天應生產多少單位的產品等。

為使組織最高階管理者能有效地掌握有關之內外因素，有系統地評估這些因素，以選擇正確之目標與政策，而使內部各部門可更有效地協調配合，以達成高階管理所決定之目標，整體計劃 (comprehensive planning) 已普遍為企業界所採用，以取代傳統長期、中期、短期計劃的作法。較著名的整體計劃有美國加州大學教授史坦納

(George A. Steiner) 所提出整體計劃模式及 IPPBS 制度。

1. **史坦納的整體計劃模式**

此模式將企業整體計劃分為三大部份：(1)計劃的基礎，(2)計劃的主體，及(3)計劃的實施與檢討。各部份的構成如圖 2-1 所示。

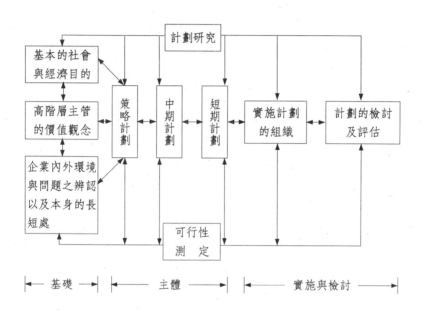

圖 2-1 企業整體計劃的結構

在第一部份的計劃基礎中，包括下列三項：

(1)企業基本的社會與經濟目的：基本上，一個企業之所以能夠生存，乃由於對社會有所貢獻，也因此能使用社會資源，獲取利潤。因此，企業應先確立其基本之社會與經濟目的，而建立其「經營使命」。例如某一輪船公司之經營使命，隨著消費者渡假休閒之普遍，不再只是提供交通運輸，而變成提供水上遊樂

服務爲主要目的。因此，企業之經營使命應隨社會需求之改變
而調整。

(2)高層管理人員之價值觀念：高層管理人員之價值觀念是一種無
形之力量，會直接影響員工、同業、顧客、供應商及政府關係
之建立，也直接的塑造了公司的文化。例如有些公司高層管理
者之信念是「品質第一」，或「顧客至上」，或「利潤第一」，
則不同之信念便會對公司管理階層產生不同之要求，也直接的
影響了顧客、供應商、同業及政府之關係。因此也影響了公司
之經營。

(3)企業內外環境與問題之辨認及本身長處與短處：計劃目的之一
即在發掘企業未來所遭遇的問題與威脅，或可能出現的機會，
以及早準備解決問題，或把握先機。在辨認企業所面臨之內外
環境與問題時，應同時評估企業本身之長處與弱點，以找出企
業之威脅及有利之機會，以規劃企業未來之發展方向。

在整體計劃模型的第二部份計劃之主體中，主要包括策略計劃、
中期計劃及短期計劃。其內容已於上面說明過，於此省略。

整體計劃模型的第三部份爲計劃的實施與檢討，包括建立實施的
組織及計劃的檢討與評估。再好的計劃如果沒有適當而有效的組織來
執行亦沒有用，故整體計劃中應考慮到所需之組織及人力之配合。另
外，計劃執行過程中應不斷的檢討及改正。如果計劃執行結果與所預
期不符時，管理者便應找出原因，並採取對策。例如計劃中開發一種
新產品，但計劃執行結果發現消費者對此新產品之接受度不高，則管
理者應找出原因，例如新產品之知名度不高，以致消費者不知有此產
品；或新產品之使用方式與消費者之習慣不同；或新產品定價太高；
或消費者知道有此產品，但不知在何處購買此產品等。管理者應找出

正確之原因，並採取對策，以修正計劃之執行或修正計劃之內容。

整體計劃模型中尚包括有二項作業活動：計劃研究及可行性測定。計劃研究乃收集與分析計劃所需的資訊，如經濟環境與預測、市場分析及投資分析等，以供計劃目標與策略的擬定。而可行性測定乃對每一階段所選擇之目標與策略方法，依據企業內外之實際情況，予以做可行性分析。

2. IPPBS 制度

IPPBS (information, planning, programming, budgeting and scheduling) 稱為「情報、計劃、規劃、預算、排程」制度，是由美國國防部所創，而由我國經濟部國營事業委員會所修正。 IPPBS 制度的 I 是指企劃幕僚人員的情報研究及資訊系統 (information systems) 的建立工作，提供各主管做決策之基礎。第一個 P 是指高階主管及其幕僚所從事之長期性及全公司性之目標、政策及策略之計劃 (planning) 工作。第二個 P 是中階及基層主管人員所從事之部門執行方案之詳細規劃 (programming) 工作。規劃工作必須依據計劃工作之內容，才能朝同一目標邁進。 B 是指中、低階層主管人員執行方案所需之資金收入支出估計之預算 (budgeting) 工作。 S 是指中、低階層主管人員在規劃執行方案時，對時間進度與資源配合的詳細安排工作，也稱為排程 (scheduling)。所有目標、策略方案及各種資源之運用，若沒有明確之時程安排，則容易發生協調配合不當，計劃執行混亂之現象，甚至對計劃之達成性亦無法掌握，因此整體計劃中也特別強調時間因素之重要。

二、計劃的重要性

計劃是管理五項功能（計劃、組織、領導、任用、控制）之首

要，良好的計劃是成功的先決條件。孫子兵法上說「上兵伐謀」及歷史上的名言「運籌帷幄，決戰於千里之外」，都一再的印證計劃的重要性。計劃的重要性之理由歸納如下：

1. 引導正確方向

計劃可以確定組織的發展方向，使組織的執行人員瞭解未來所欲達成的目標及執行方法。例如組織的五年計畫通常顯示未來五年組織想要達成的目標及打算如何完成它。

2. 提供統一決策架構

一個組織是由許多部門所組成，如生產、銷售、財務、人事等部門。每一部門之主管都有自己之價值觀、目標及企圖。如果組織沒有一個整體計劃來指出各部門應該做何事與貢獻，則組織會像多頭馬車，無所適從或分崩離析。如果有明確有效的計劃，則各部門知道對公司目標應做何貢獻，也可以同心協力共同完成公司目標。

3. 協助評估未來的機會與威脅

管理大師彼得杜魯克曾說過計劃重要性之理由是：計劃雖然無法排除長期性決策的風險，但卻有助於評估潛在的機會與威脅。當公司評估到未來的機會與威脅時，便可把握機先，主動出擊或擬定對策，以創造有利的契機。

4. 幫助控制工作

控制工作的意義在確保執行活動符合計劃內容。控制工作內容包括設立標準、衡量績效及找出差異原因並採取對策。而計劃內容必須指出組織未來想達成的目標，此目標便成為控制工作中的標準。因此，計劃可以協助控制工作的進行。

第二節 計劃的程序

計劃是訂定組織目標及發展可行方案以達成目標的一連串思考過程。從事計劃程序乃是以系統性方法來評估組織外部的威脅與機會，並評估組織內部的長處與缺點，再設定目標，發展可行方案。因此，計劃程序是一組邏輯性步驟。計劃之程序步驟及詳細內容如下：

1. 確認經營使命與認清機會

計劃程序中首先必須確認組織之使命，也即確認組織所要提供之產品領域或服務項目，由提供此產品或服務而能永續存在於社會中。例如前面所述之輪船運輸公司之經營使命為提供水上休閒娛樂。又如IBM 公司之經營使命是提供整合性之資訊系統，與一般只銷售電腦硬體或軟體者不同，故能創造佳績。當確定組織所提供之產品或服務領域後，便應評估在此產品或服務領域中，已有那些產品已滿足社會之需求，或是否已充分滿足社會之需求。並評估現有已提供之產品或服務之性質為何，其優缺點為何。由此評估中，試圖找出競爭對手之優缺點、社會之需求及組織內部之優缺點，由此而找出適合公司組織所能提供給社會之利基 (niche)。在此利基領域內發揮公司之優勢，而取得安身立命之生存空間。例如美國蘋果 (Apple) 電腦公司，當初評估電腦市場發現，大型電腦幾乎是 IBM 的天下，而且大中型公司也幾乎使用大型電腦，但小型個人電腦之市場卻不為 IBM 公司所重視，而蘋果電腦公司評估小型個人電腦有相當潛在之市場。因此，蘋果電腦公司乃以提供小型個人電腦為使命，而小型電腦也是蘋果電腦公司的利基。事實證明，在此利基下，不到十年間，蘋果電腦公司由3 到 4 人的公司而發展成一個大型且獲利優渥的企業。這是由於他們

正確的經營使命所致。另外,日本汽車能打入美國市場,並席捲美國市場,也是其經營使命及利基選擇正確之結果。當初美國汽車市場幾乎是大型豪華車,且由美國汽車公司所主宰。日本汽車公司發現小型車、經濟型車種有潛在之市場,基於此利基,乃在美國打下一片市場。以後日本汽車改良品質,終以高品質低價位取勝,而橫掃美國市場。由此可見確認經營使命及掌握利基之經營機會的重要。

2. 預測環境因素與建立計劃的前提

當確立經營使命之後,便應對內外環境予以評估及預測。外部環境因素如社會整體之經濟狀況、國家之政治穩定狀況、人口成長狀況、競爭者之策略及成長狀況、環境保護及勞工意識等等。內部環境如組織內之可用資源,如機器、人員、資金等之調配及限制。計劃中須收集這些內部環境因素之資料,並對未知之部分予以預測。預測之資訊乃做為計劃中訂定目標及擬定可行方案之依據。因此,預測乃計劃的前提作業。預測的方法可用:經濟指標法 (business indicator approach)、國民生產毛額法 (gross national product approach, GNP 法)、計量經濟學法 (econometric approach)、迴歸法 (regression approach)、時間序列法 (time series approach),或綜合專家意見的德飛法 (DELPHI approach)。以上各方法在此不擬詳細說明,有興趣的讀者請參考專門探討預測的書籍。

3. 設定組織目標

一旦確定組織之經營使命或產品服務,也掌握了經濟因素及競爭者之情況,對內外都已清楚,即達知彼知己之境界,則對組織應往那方向走,並達到什麼結果便應已清楚了。因此便可設定組織目標了。目標如:生產銷售某一型汽車三十萬輛,或提高市場佔有率為 30% 等。所設定的目標便成為組織內大家共同努力的方向,也是各部門協

調合作的依據了。

4.擬定可行方案

　　當審查評估內外部環境因素及公司可用資源後，就可找出許多達成目標的行動方案。例如本章第一節第一項計劃的意義中所提到「降低生產成本5％」的目標中，就列舉了許多可行方案。這些方案的產生可由一人獨自構思，也可由集眾人之力，使用群體腦力激盪法而產生。較理想之方式應是使用群體腦力激盪法產生方案，配合群體會議討論方式，根據組織內外因素及內部組織之長處與短處來評估比較各方案之可行性。在使用腦力激盪法時，會議主持人應鼓勵組員以大膽性、創新方式提出一些方案，或鼓勵組員根據其他人所提之方案而另創一方案。這些方案可以是看似不可能實現或與認定之習慣相違反的。重點是鼓勵組員提出創新性之方案。另外在提方案過程，應嚴格禁止組員對他人所提方案提出批評。一旦批評方案，便會停止創造性思考的產生過程了。當組員已沒有新方案產生後，再共同評估各方案之可行性，以完成可行方案之擬定。

5.評估各可行方案並選定最佳方案

　　本步驟即對各可行方案之優缺點進行檢討評估。評估時以計劃之目標、計劃之預測結果、組織之資源、各方案所費資源及時間為依據進行評價。例如有些方案可能可產生較高之利潤或節省較多之成本，但卻必須投入較多之人力、資金與時間，且風險性也較高。另有些方案可能獲利較少，但投入之資源也較少，而風險性也小。因此，便須評估各方案，以選定一個最佳方案。在評估時，可使用作業研究、系統分析、投資報酬分析、電腦模擬及各種數量方法來協助評估。另外資訊系統也可協助評估之實施，尤其管理資訊系統與決策支援系統的發展，對方案之評估提供一個更正確及快速的評估工具。

6. 擬定衍生計劃

當計劃工作完成，產生一個計畫後，便應著手擬定該計畫所衍生的計畫，以支援主計畫的實施。例如在降低生產成本 5% 之計畫中，決定採取工作改善為行動方案，則必須再計劃配合工作改善所衍生之人員培訓計畫或僱請顧問之計畫等。也即擬定相關之細部計畫，以實現主計畫。

7. 建立預算及控制系統

有計畫並不保證一定能達成計畫的目標。在計畫實施過程中會遭遇許多困難或發生一些與預測不符之結果或事實，致使組織資源之調配必須予以重新調整或行動方案須更正。因此，組織應建立適當之預算與控制系統，以收集計劃執行中所花費之資源、時間及內外部環境因素，並將執行結果與目標相比對，以適時找出原因，及早發現問題，採取調整或補救措施。

8. 實施計畫

當方案已確定，也有了預算及控制系統，便可將該計畫付諸實施。實施計畫時，便要配合管理功能之其他功能項目，如組織、任用、領導及控制等之發揮及有效運用。

第三節　組織的意義與程序

曾有人說第一流的人才是善於運用組織功能的人，第二流的人才是善於運用個別他人能力的人，而第三流的人才是只能運用自己能力的人。雖然這只是一種粗略的人才分類說法，但也指出了組織的重要性。因此在管理功能中，組織被列為第二個重要的項目。現在國內民主風氣甚盛，經常有選舉活動。每當有選舉活動，便常會聽到要動用

組織力量的說法。又某一政黨因有龐大的組織，因而常能在選戰中屢戰屢勝。由此更能印證組織力量的影響性之重要。因此，學習管理之學人應當先瞭解組織之意義及其程序。

一、組織的意義

組織 (organization) 是指二人以上具有共同目標之集合體。亦即一群執行不同工作的人，彼此互相協調合作，以達成共同目標的集合體。由此定義可知，組織具有下列之性質：

1. 共同的目標

組織之成員有一個共同努力之目標，以指導成員之行為與協調成員與成員間之行為。

2. 工作劃分與連繫

組織是由一群人員所組成，而各個人員執行各種不同之工作。因此，組織活動中須將組織內之作業劃分成各種不同性質之工作，並指派人員擔任適合之工作。另外每一項工作必須指出與其他工作之溝通協調之管道，以使組織內每一項工作能彼此互相配合，能快速反應，使整個組織如神龍，能首尾相互呼應，而朝共同之目標努力。

3. 成員自願效力

組織之集合體乃由二個以上之成員所組成，而這些成員是自願加入組織，並為組織目標而努力。而成員之所以自願加入組織，無非希望經由在組織之努力，而在達成組織目標之時，也同時自組織獲得報酬，以達成自己個人之目標，例如獲取加薪獎金、獲得能力之肯定、取得其他同事之友誼，或對自己能力實現之滿足等。

4. 協調合作

組織是由許多執行不同工作之人所組成，雖然有共同之目標，但

難免每個人有自己之企圖心。因此，組織中特別強調協調合作之重要性。唯有協調合作，才能使組織之整體邁向共同之目標。因此，組織中在工作劃分時也同時指定了協調溝通之管道。另外也可透過群體會議之方式來共同討論，尋求共識以取得一致之行動。

符合以上組織之定義的有「正式組織」(formal organization) 與「非正式組織」(informal organization)。所謂正式組織乃是指對組織內之所有活動，均有正式明確的以組織圖 (organization chart)、組織章程及工作說明書 (job description) 等文件加以規定之組織。組織圖中可以顯示組織的結構、每位主管的職位頭銜及每一個職位彼此間互相溝通的管道，例如某一職位應向那一個職位負責及那一個職位可以命令管理另一個職位等。一個簡單的組織圖如圖 2-2 所示。而工作說明書乃說明組織中每一件工作之性質，例如工作名稱、工作概述、職責、所有之機具設備、所予或所受之工作監督、工作條件及其他相關之項目等。

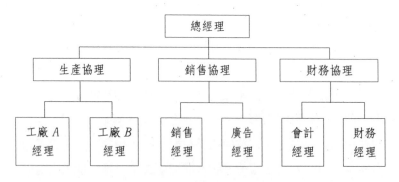

圖 2-2　簡單的組織圖

　　所謂非正式組織乃正式組織之外（亦即由組織圖無法看到的集合體），由於組織成員彼此之間因生活習慣、個性、嗜好興趣、工作關係等等其他因素所自然發展而形成的一種群體關係。這種關係會直接或間接的影響成員個別及群體之行為，對一個組織的績效具有相當重要的影響。由於每一個正式組織都會有非正式組織的存在，因此須特別予以重視並予以適當的管理及運用。

二、組織的程序

　　由於組織是由一群執行不同工作的人，彼此互相協調合作，以達成組織目標的集合體。因此，組織的程序乃在將達成組織目標的工作予以適當的劃分，並將該工作及所需之資源如資金、設備、工具與材料等分配給適當的人員來執行之一種活動過程。此種程序又稱為組織過程 (organizing process)。簡言之，組織過程是將組織欲完成的工作，劃分為個別的部門 (department) 或職務 (job)，再提供必要的協調與溝通管道，確保這些部門或職務能彼此合作，以完成組織的目標。組織活動的步驟如下：

1.確定要做的任務與工作

　　組織活動的首要工作是思考研究指派到本單位的任務，及完成該任務所必須執行的工作。例如高層主管指派給工廠廠長的任務是以低成本生產高品質的產品，並能如期的依客戶訂購之數量交貨給客戶。依此指定之任務，廠長必須思考所需執行的工作，例如生產部門以從事生產活動；維護部門以保養維護機器設備，確保機器設備能正常運轉以生產高品質之產品，並不產生故障以確保交期，且因不故障而能降低停工之損失；原物料部門以管制原物料，確保低價購得原物料以降低材料成本，並及時補充物料以減少儲存成本及停工待料之損失；

品質保證部門以檢驗原物料、在製品及製成品,制定品質管理制度,接受顧客抱怨及處理等。當管理者清楚認知本部門之任務與工作後,接著要思考如何分配及指派這些工作給部屬去執行。

2.部門劃分與工作指派

部門劃分 (departmentalization) 是指高階管理者將組織活動分配給不同的部門。例如某製造公司總經理將公司設立生產部、行銷部、人事部、財務部等。又如上例之工廠廠長在廠內設立製造部、儲運部(包括原物料及製成品之儲存保管與運輸等)、品保部、生產管制部及人事部等。當部門劃分完成後,則應指派部屬人員負責某一部門之任務及工作之執行。

3.決定協調溝通之方式與管道

當管理者為部屬設定了個別工作後,這些部門間必須有協調與溝通之管道與方式才能使個別部門彼此共同為目標而努力。例如生產部與銷售部門間必須有適當之協調與溝通方式,才能使所生產之產品是顧客所需要之貨品,而此二部門間協調與溝通管道或許是公司中很重要的產銷會議,溝通方式是透過會議共同討論銷售計畫及生產計畫。又例如工廠中製造部門與生產管制部門間也必須建立一個適當的協調溝通管道,使製造部門能清楚每週或每日應生產何種產品、應領用何種材料及應如何調配人力等。該二部門暢通順利的協調與溝通才能保證工廠所製造生產的產品確實是銷售部門所想要的,也才能減少庫存品與及時滿足顧客之需求,而達成降低成本與創造利潤的目標。

4.決定控制幅度大小

所謂控制幅度 (span of control) 是指一位主管能有效監督的部屬人數。決定正確的控制幅度對組織的效率影響非常大。如果一位主管認為所監督的部屬人數太少,則該主管似乎有多餘的能力與時間去處

理其他之事務。當一位主管所監督的人數太多時，則可能應付不來，而使工作之推動受到影響。而決定控制幅度所應考慮的因素如下：

(1)管理者的能力：能力高的主管可管轄較多的部屬，反之則較少。

(2)被監督者的素質：被監督的人員其素質若較高且一致，則主管應可管轄較多的部屬，反之則較少。

(3)工作的性質：所管轄部屬之工作，若簡單一致且變動性不大（例如裝配作業），則主管應可監督較多的部屬，反之則少。

(4)組織的狀況：主管所處之組織若有清晰明確的目標及計畫，則主管較易控制較多的部屬，反之則少。

(5)環境的改變：主管所處的環境若穩定不變，則可控制較多的部屬，反之則少。

(6)組織的結構：若組織採用金字塔結構，則主管所擁有的部屬人數較少，組織層級較多，上下階層間溝通較難。若組織採用扁平式結構，則主管所擁有的部屬人數較多，組織層級較少，上下階層間溝通較容易。

5.決定所授權責的大小

每位主管為完成其工作任務（即完成其責任），必須掌有一定之權力，使權責一致，即有權也有責，才能順利的完成其工作。例如廠長要任用一位製造課長若須經其主管同意，則其權力便所有限制，若任用一位領班或組長也須經其主管同意，則其權力又更少了。授與部屬之權力大小應採用權責一致之原則，即給予部屬適當之權力以順利完成工作。若主管之權力太少，則須處處經主管核定同意，工作之推動及應付情況變化之能力便受到很大的限制。反之若主管之權力超過其責任，則會產生有權無責之情況，也會有不聽其主管指揮之狀況產

生。以上兩者對組織效率之發揮皆是不恰當的。

6.建立組織圖

當一個單位之工作分派完成，也決定了控制幅度，則該單位的組織便正式化，而形成一定的組織結構了。此種組織結構以圖形表達很容易令人一看便懂，而以圖形表達之組織結構便是組織圖。當建立組織圖時，也應同時為每一項工作訂定工作說明書，以詳細的描述出指派給每一位部屬的工作之詳細內容。

三、非正式組織

非正式組織是基於組織成員之間特殊之關係或共同嗜好等因素，所自然發展而形成的有形社團或無形關係網，是屬於非制度化的組織，對組織內成員的個別或集體行為有很大的影響。在霍桑研究中首先發現在正式組織之外另外存在著非正式組織，且對生產績效產生影響，因而開啟管理學者對非正式組織的重視與研究。

由於非正式組織是人與人之間彼此互動所自然形成的小團體，因此只要有人存在的團體，便有非正式組織的產生，管理者若想消滅非正式組織是絕對不可能的。因此管理者必須瞭解非正式組織必然會存在，應了解非正式組織形成的原因、非正式組織的行為特性、其對正式組織的影響，並應妥善運用非正式組織，使其對組織產生積極的作用，減少消極的作用，以提昇組織（包括工廠管理）的績效。

1.非正式組織形成的原因

形成非正式組織的原因可歸納如下：

⑴人格特性：人們的行為與其人格特性（或稱個性）有很密切的關係。例如有人豪爽開朗，有人沈靜細心，有的激進，有的保守等。一個組織由許多不同個性之人員所組成，而個性較相近

者則較容易彼此聚在一起，所謂物與類聚即此種狀況。由於個
性相近，彼此經常相聚，也志氣相投，乃無形間形成一個團
體，而在工作觀點及私交行爲上會採取一致的行動。

(2)社會團體：對組織產生影響的社會團體有：同學或校友、同
鄉、同期或同事、同宗等。組織之成員若具有以上任何一種關
係，則彼此之關係會變得更密切，也無形中會形成一個小團
體。仔細思量吾人與一陌生人見面寒暄之內容經常就在攀緣上
述之關係。一旦發現彼此具有同一種背景時，彼此之感情就會
更堅固。由此可知社會團體是形成非正式組織的一大因素。

(3)組織更動：組織中隨著業務的擴張，組織及人事也跟著變動，
在人事更動之餘，有些人受倚重，而有些人則失勢，因此在組
織內會導致人員間與部門間的權力爭奪。爲了保有既得利益或
爭取更多的權力或利益，組織內乃形成許多不同派系，也就形
成了小團體了。當一組織內有不同派系時，組織成員爲了本身
之利益或爲取得同仁之認同，也無形中不得不加入某一派系，
也因此在一組織中經常有派系林立之情況產生。

(4)領導才能：一個組織內往往會存在有一些具有領導天份的組
員。這些人員具有領袖的特質，容易取得他人的信從。若對事
務再有一定的見解，便會影響其他成員跟從他的指揮或受其協
助，而形成一個非正式組織，在正式組織中發揮影響力。

(5)教育背景及技術更新：具有相同之教育背景或相同之技術者，
由於有共同的觀念與術語，彼此溝通較容易，且較會聚在一起
討論技術上或共同有興趣之問題，因此較容易形成一個小團
體。例如公司中許多部門都有學電腦的人員，而這些人員便較
容易互相造訪，共同討論，也無形中會形成一個小團體。另外

具有新技術的人員，由於共同討論機會也較多，與其他沒有新技術人員的接觸就無形中會減少，也因此使具有新技術人員與非新技術人員各形成不同之團體。若再牽涉到組織內權力與利益之爭，則彼此間的對立與衝突便難免發生，所形成的非正式團體就更難化解了。

2.非正式組織的行為特性

非正式組織常會有一套自己的觀念、想法與行為模式，此行為模式或許會與管理當局所設定之規範或目標相違背，但非正式組織會運用其組織之力量企圖影響管理當局，使管理當局在管理上造成困擾。非正式組織的行為特性如下：

(1)協同一致之行動：人們加入一個團體是希望獲得團體的保護與支持，也因此人們願意聽從團體的指導與意見，並採取一致之行動，使團體能成長茁壯，而個人也因此蒙受利益。因此協同一致的行動可說是非正式組織存在的一重大關鍵因素。

(2)順從行為規範：每一個團體都會有自己的一套行為規範，使成員對任何事物會持相同的意見或相似之行為模式。而成員也會順從此種行為規範以取得團體的認同，並因採取一致之行為而使該團體發揮較大的影響力，而自己也能受益。

(3)團體壓力：一個團體份子若不順從團體之規範，則將受到其他份子的排擠或攻擊，此種無形壓力也常逼迫成員必須順從團體的規範。通常一個人對團體的依賴越大，則團體對他的影響力也愈大，其所受到的團體壓力也愈大。

(4)團體訊號：非正式團體由於有共同之行為規範，也有共同之默契，因此常發展出一套彼此溝通的方式與訊號，如手勢、表情、小動作等。管理人員想要運用管理非正式組織就必須對其

溝通訊號有深入的瞭解才可。

(5)非正式層級結構：非正式組織中也有高低不同的地位關係，而此種地位關係是來自於團體對成員能力的評價上。在非正式組織中也有領袖存在，而領袖人員是透過其說服力來影響份子之行為的。

3.非正式組織對正式組織的影響

由於非正式組織是由一群具有共同行為模式的人所組成的團體，因此就有其一定的影響力。其對正式組織所造成的影響如下：

(1)抵制變革：當公司引進新的管理措施或制度、工作方法、新機器與設備（如機器人）或新科技（如電腦與資訊系統）等時，可能會影響人員之工作調整或適應新制度，而人員為維護既得利益或抗拒調整，在非正式組織之運作下會形成一股力量，以抗拒變革。

(2)角色衝突：人員既是正式組織之一員，又是屬於非正式組織之份子，當非正式組織與正式組織之目標不一致時，則對成員之角色扮演會造成衝突，使成員處於進退兩難之境。

(3)傳佈謠言：由於人們喜好誇大其詞或無中生有，以製造熱鬧之話題，增加樂趣。在非正式組織中，由於頻繁之相聚與溝通，在無中生有以製造話題的前題，便容易產生謠言，並傳播謠言，對管理者或其他人員造成中傷。

4.非正式組織的管理

由於非正式組織是人與人之間的自然組合所形成，且在任何組織中必然存在著，而其對組織又有一定的影響力，因此管理者不但須對非正式組織予以深入認識及運用，以防止其對組織產生負面作用，而且應更積極的引導其對組織做正面的作用。管理非正式組織可採取之

方式如下：

(1)發展共同的目標：組織間的衝突大多來自於不同之目標或利益的衝突。因此管理者應深入瞭解人員之需求、背景，加強溝通，謙虛誠懇待人，關切部屬生活狀況，使員工的個人目標能與組織目標一致，而個人之努力能由組織獲得回饋與報酬，使彼此有一致之利益。另外使個人之社會需求也能在正式組織中獲得滿足，則非正式組織所產生的困擾便可降低。

(2)調遷非正式組織的領袖：當非正式組織對組織產生特別不良影響時，可將其領袖份子調至距離較遠或作業性質相異的其他單位，斷絕其與非正式組織接觸機會或權力關係，使該非正式組織群龍無首而自然消失。

(3)樹立共同敵人：當非正式團體相互競爭激烈時，若遇有共同敵人出現，往往會捐棄己見，再度團結，共同對付敵人。因此管理者應把握良機以團結各派系共同對付入侵之敵人。可能之敵人如另一競爭公司的出現或另一派系的產生等。

(4)調整工作權責：許多非正式組織之產生乃因權責分配不均，使有能力之人員未受到重用所致，以致該人員運用其影響力以形成小團體。因此如評估後發現該員確是才華出眾，即應予以調整權責，使非正式組織與正式組織結合。

(5)實施輪調制度：員工擔任一職位太久，則因其工作上之接觸的人員，彼此交往頻繁，若再有利害關係，則易形成以私交為重的派系行為。實施輪調制度可減少成員對私交團體的忠誠度，而減少形成小團體的機會。

第四節　組織的部門劃分

　　每一個組織為了完成其目標，就必須執行一些活動。例如工廠管理中的活動有製造生產、原物料儲存、保管與運輸、品質檢驗、設備維護與人事僱用及福利等。而所謂組織的部門劃分就是將這些所須執行的工作及活動予以分類、彙整（亦即分工），再交予管理者管理控制的一種過程。部門劃分的結果是建立一些工作部門。而依據部門特性可將這些部門稱為事業部 (Division)、分公司 (Branch)、部 (Unit) 或科組 (Section) 等。常用的部門劃分方式如下：

一、依企業功能別劃分部門

　　此種部門劃分方式是最普遍的一種，因它是將組織之業務依專業化之特性來分工。例如一個製造業，其主要之基本業務有生產、行銷、財務及工程。因此，其組織結構會如圖 2-3 所示。

　　一般公司有一定規模時（如中型企業），大都採用此種組織結構。此種劃分方式的優點是專業化分工、效率高、重複之浪費較少。但公司整體之經營責任完全在總經理身上，一旦公司規模更大時，產品更多樣化後，總經理一人的負荷便會太重，且公司對問題或事件的反應能力也會降低。另外，此種組織劃分方式可能會造成本位主義及培養一些專業性經理人才，而無法造就具廣泛見識與經驗的通才性經理人才。

二、依產品別劃分部門

　　許多公司原本都依企業功能劃分部門，但當公司規模擴大，產品

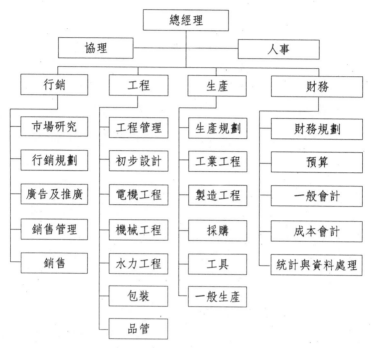

圖 2-3　依企業功能別劃分的組織圖

種類眾多時，公司各部門間的協調與溝通變得相當複雜，應變能力也降低，因此乃轉而將某一產品線的設計、生產、銷售及服務等項目及業務全權委任某一產品線經理或主管負責。此種依產品線劃分的組織部門又稱為事業部組織，許多大型企業及多角化經營的公司如通用汽車、福特、杜邦及台塑等都採用產品別部門劃分方式。一個簡略的通用汽車公司組織圖如圖 2-4 所示。

　　依產品別劃分部門的優點是容易推展及協調一產品之各項業務，且由各產品線主管負責一產品（或事業）之經營，有利於各部門績效之評估與控制，而且也是訓練高階主管的好方式。但本劃分方式也造

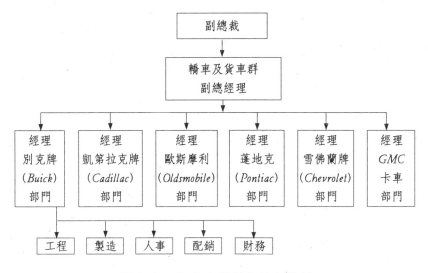

圖 2-4　依產品別劃分的組織圖

成產品線間協調的困難，使企業整體之營運會受影響，而且各部門都有重複之單位，如設計及銷售等，會造成資源的重複與浪費。

三、依地區別劃分部門

當公司之業務分散在各地時，為便利該地區產銷之配合，乃將在某一地區之產銷業務結合在一起，並指定一位主管負責該地區經營之盈虧，而總公司則仍保留人事、財務、行銷研究等部門與工作。此乃是依地區別劃分部門。

一個依地區別劃分的組織圖如圖 2-5 所示。台灣電力公司及交通部電信局即採用地區別劃分方式。依地區別劃分部門的優點是可充分運用該地區的經濟條件、原料、顧客，及推展各地區業務，而其缺點則與產品別劃分方式一樣，即有重複的業務及資源的浪費。

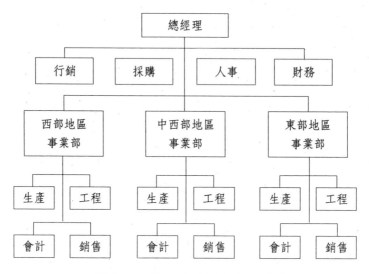

圖 2-5　依地區別劃分的組織圖

四、矩陣式的部門劃分

　　功能式、地區別和產品別部門的組織方式對組織的需求仍無法全部滿足，尤其對須快速與及時應付市場與技術需求的變化更無法滿足。而此種現象在高科技產業及產品之研究發展部門更為激烈。功能式組織可有效率的執行專業技術，但專業部門間的協調較為困難。在地區別與產品別組織中，均有部門重複的人力資源浪費。針對此種缺點乃產生所謂的矩陣式組織 (matrix organization)。

　　所謂矩陣式組織乃是一種綜合式的組織，結合了專案式組織與功能式組織的特性。所謂專案式組織乃針對某一特殊專案，集中最佳的人才在一定的時間及成本下完成該特殊任務，並在任務完成時即行解散的一種組織型態。在此專案組織設立期間，它有設置專門之專案人員，而這些專案人員也只專心效力於該專案，並在完成專案後歸建回

原來之單位。矩陣式組織結合了專案組織的特性，但同時保留了功能
式組織的特性。在矩陣式組織中，仍設置有專案之經理，但所需之專
案人員乃由功能式組織中借用，而並未專門設置專案人員。因此，在
矩陣式組織中的專案人員是負有雙重的責任，他們必須對其原屬之功
能式組織之主管負責，也同時須對專案經理人負責。功能式部門主管
對原屬專案人員的職權為直線職權，而專案經理人所有的是專案職
權。一個矩陣式部門劃分的組織圖如圖 2-6 所示。由於矩陣式組織的
特性，因此經常被應用在高科技產業及一般產業中的工程及產品研究
發展部門上，以能快速推出產品，適應市場及技術之變化。

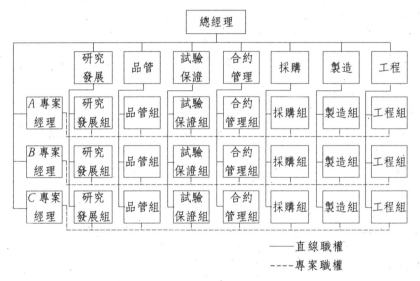

圖 2-6　矩陣式部門劃分的組織圖

矩陣式組織的優點如下：

1.這種專業結構，有一位負責人綜理全盤的業務。

*2.*由於可運用在職能組織中各方面的專門人員，故富有彈性。

*3.*由於有良好的溝通路線，決策點集中，對專案需求及客戶期望的反應較爲快速。

*4.*保證各部門獨立自主，能專心一致，以符合專案的需要。

但矩陣組織有一最大的缺點，那就是該結構中所需的人員來回奔波於職能部門與專案經理人之間，往往疲於奔命，同時，易生摩擦，而大大降低矩陣組織的有效性。

五、其他方式的部門劃分

較可能見到的其他部門劃分方式有依顧客別劃分及依行銷通路別 (marketing channel) 劃分兩種。所謂顧客別部門劃分是將爲某一類顧客服務之業務劃歸由一個部門與主管負責，例如百貨公司有童裝部、男裝部與女裝部等。又如美國奇異電氣公司 (GE) 有太空產品顧客群、建築器材顧客群、消費產品顧客群與動力機顧客群等。所謂行銷通路是企業將商品由生產工廠配銷到消費者所經的管道，例如大盤商、中盤商及零售商等。而依行銷通路別劃分部門是依據組織的每一種行銷通路分別成立一個組織部門。例如公司的行銷通路有百貨公司、藥房、雜貨店等，而分別依此通路各成立一個部門而由一位主管負責該通路所有產品業務之經營。以上兩種部門劃分方式之優點均是能針對特別對象而快速地提供服務，而其缺點仍是各部門間重複的人力浪費。

第五節　工廠的組織型態

一、工廠的組織

　　工廠的組織型態與公司規模大小、產業別及該公司特定之目標有關。因此，每一家工廠的組織方式都可看成一個個案，而幾乎很難找到兩家工廠的組織是完全相同的。但工廠組織所運用的原理是基於分工及專業化上，因此是較屬於功能式部門劃分的組織。

　　當公司草創成立之時，若資本有限，則通常是老闆兼總經理與廠長（甚至沒有廠長的職稱），再僱用幾位技術人員。此時各位人員均有各自之工作，但沒有規定得很明確，幾乎每人都可做其他工作。老闆與職員間之溝通方式極為自由，組織方式較不正式。而且幾乎所有的計劃、控制與銷售工作都由老闆執行，而有關財務與會計工作則是由老闆娘負責。

　　當企業規模開始成長，工作量增多時，所需處理之事務也愈來愈多，而所僱用的人員也增多，因此開始有組織部門出現。而此時之工廠組織仍是一種簡單的結構，即廠長之下僅設立幾個製造部門，專門負責產品的生產工作，而有關計劃、管制與會計財務工作則置於工廠組織之外。此等計劃管制作業可能由廠長自己負責，也可能由總經理所管轄之其他部門負責。此等簡單式的工廠組織如圖 2-7 所示。

　　當公司規模再擴大時，工廠所負擔的任務與功能也愈來愈多，因此工廠組織中除了負責生產製造的部門之外，也納入了設備運用、維護與管理的生產工程部門，而其餘的業務工作則仍在工廠組織之外。此等工廠組織圖如圖 2-8 所示。當工廠規模再擴大，業務日增，而功

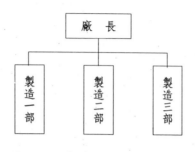

圖 2-7　簡單式的工廠組織圖

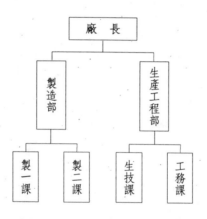

圖 2-8　進一步的工廠組織圖

能性增加時，工廠組織結構也較趨於完整與自主，此時之工廠組織將包括有製造部門、生產工程部門、生產管制部門、品質管制部門及工業工程部門等。完整性的工廠組織圖如圖 2-9 所示。當工廠規模再擴大時，工廠組織中可再併入研究發展及採購部門。另外為提高作業效率、標準化或提高品質水準，在工廠廠長之下可再設立諸如提案制度推行委員會、品管圈推行委員會或標準化推行委員會之幕僚組織，而使工廠組織成為具有製造功能的組織，如圖 2-10 所示。

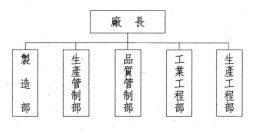

圖 2-9　完整性的工廠組織圖

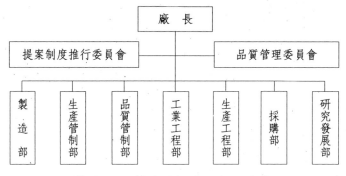

圖 2-10　製造功能的工廠組織圖

二、工廠組織的職掌說明

對一個製造功能的組織，其各部門的職掌如下：

1.製造部門的職掌

⑴依既訂生產作業方法生產產品，並依所要求之產量、品質及時間生產產品。

⑵依公司規定，有效地管理及運用生產作業人員，以提高生產效率。

⑶定期訓練作業人員，以提升生產技能及工作品質。

⑷依規定操作及維護保養設備,以提高機器設備稼動率,增加生產效率。

2. 生產管制部門的職掌

⑴依據產銷協調結果,排訂各項產品之生產計畫,並負責追蹤生產進度,跟催進度,以期能如期交貨給客戶。

⑵負責工廠生產產能之評估。

⑶負責計算各類生產所需之材料需要量,並提出請購生產性材料。

⑷負責訂定各類材料庫存標準,以降低儲存成本。

⑸負責製訂各生產單位生產日報表及有關生產表單之核對與記錄。

3. 品質管制部門的職掌

⑴負責制定品質管制與品質保證之計畫及執行品質政策工作。

⑵負責進料檢驗及外包商之評估。

⑶負責生產製程中在製品之檢驗與品質管制。

⑷負責成品之檢驗與品質保證作業。

⑸負責客戶抱怨的處理。

⑹推行品質保證之教育訓練工作。

4. 工業工程部門的職掌

⑴負責訂定生產作業的標準工時及測定。

⑵負責改善工作方法。

⑶負責安排生產線作業及生產線平衡。

⑷負責制定生產績效制度及其分析改進。

⑸負責作業人員員額需求之計算。

⑹負責生產作業設施與設備之規劃與安裝。

(7)負責有關生產製造重要工程之規劃與執行。

5. 生產工程部門的職掌

(1)設定生產製程方法及操作規範。

(2)設定生產作業中各種檢查與測試方法及規範。

(3)設計或製作生產所需之各項工具、機具。

(4)檢查及維修生產所需之各項機具設備。

(5)生產產品所需原料之配料及用量估計。

(6)負責新產品之生產試作及檢討改進。

(7)負責手工具及特殊工具之儲存與保管。

(8)負責生產中有關工程問題之解決。

6. 採購部門的職掌

(1)負責原材料供應商之尋找及採購。

(2)負責手工具、機具設備之採購。

(3)負責一般用品之採購。

(4)負責各供應商之管理與評估。

7. 研究發展部門的職掌

(1)負責新產品之開發及研究。

(2)負責新生產方法之研究與開發。

(3)負責新原料之開發、降低成本。

(4)建立及管理產品研發、設計及製造等資料及作業手冊。

習題

一、何謂「計劃」？其程序為何？試為自己擬訂一個生涯計畫，或擬訂一個畢業旅行計畫。

二、計劃過程中會有那些困難？計劃的結果有何益處？

三、試就「三國演義」一書中第三十八回定三分隆中決策一文中，諸葛亮隆中對策天下三分之談話，說明其與「計劃」之關係。又試說明諸葛亮為何願意為劉備效力。

四、何謂「組織」？組織的程序為何？為何組織可以產生較大的力量（或能力）？一個組織的最高主管應如何運用組織，以發揮組織的功能？

五、何謂「非正式組織」？其產生之原因為何？試列舉一些您所知道的非正式組織。又非正式組織對正式組織的影響為何？如何管理非正式組織？

六、試分別說明功能別組織與產品別組織。

七、試分別說明專案式組織與矩陣式組織，並說明其相異之處。

八、試收集一家公司或工廠之組織圖，並說明其部門劃分方式。

第三章

管理功能—
激勵、領導與控制

第一節　激　勵

一、激勵的本質

　　激勵 (Motivation) 是一種刺激部屬或他人產生需求之行為的過程。由於管理者之主要任務是在引導與影響部屬之行為與行動，以達成組織之目標或使命，因此，一位有效的管理者必須瞭解激勵的本質及激勵部屬以產生必要行為之方法。

　　許多心理學方面的研究已經證實，人們產生某種行為之動機，乃源於一種心理之緊張 (tension)，而產生心理緊張之原因則是一種未被滿足之需求 (need) 所致。當人們有某種需求未被滿足時，便會產生一股心理壓力。為了消除或減少此種壓力，人們便會產生行動驅力 (drives)，而做出努力的行為。當緊張的程度愈大，努力的程度也愈

大。如果努力成功地產生某種行為或行動，而導致需求的滿足，則內心的緊張便獲得消除或降低。如果受激勵的行為受到阻礙，而導致需求無法滿足，則會對人們造成挫折感或士氣降低。激勵的過程如下圖所示，而許多激勵理論都與人性需求有密切的關係。

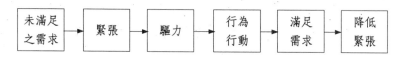

未滿足之需求 → 緊張 → 驅力 → 行為行動 → 滿足需求 → 降低緊張

　　管理者在使用激勵方法影響部屬之行為時，將會發現對不同之人所採取之激勵方式有著極大的不同。例如有些人對工作自主性要求較高，而不願其主管嚴密的監督。但也有些人卻較倚賴主管之指導，而不願或不敢提出新的工作方法。因此在運用激勵過程中須瞭解有效激勵的因素。一般而言，下列三種因素對激勵的影響最顯著：

　　1.個人特質：如個人需求、態度、價值及興趣等，這些特性因人而異，因此激勵方式應因人而異。

　　2.工作特性：如工作的變化性、重要性、自主性及績效回饋等。變化性高、挑戰性強及自主性高的工作與重複性高、自主性低的工作應分別採取不同之激勵方式。

　　3.組織特性：如管理者的策略、管理規則、工作環境及報酬制度等，會影響員工之工作士氣與流動率。組織若利用報酬做為激勵手段，則必須行政上公平及績效考核公正才可。又若所採取之激勵條件太嚴苛，設定之目標不易達成，或升遷管理不順暢，則激勵會形同虛設，而不被員工所接受。

二、早期的激勵理論

　　早期從事激勵理論研究的代表人物是泰勒 (F.W. Taylor) 與麥格

利哥 (Douglas McGregor) 兩人。在本書第一章的科學管理中。已說明過泰勒為提高工作產量而訂定出每一位工人的每日公平產量之標準，並依超過標準產量或低於標準產量而訂定不同之差別計件報酬制。泰勒之激勵方式確實提升了生產量，但也造成工人階層的反感。基本上泰勒將人們的動機本質太過簡化了，泰勒認為人們是為金錢而工作的經濟人 (economic man)。但實際上人們除了追金錢上的滿足外，尚追求安全、社會需求及工作成就感等之需求。而且泰勒等科學管理研究人員太過於強調管理的機械性及生理上的特性，而忽略了人員心理上之因素。

自從霍桑研究結果發表以後，研究人員開始重視人們之人性問題及人群關係對工作績效的影響。此一領域的研究開啟了人群關係 (human relation) 的運動。人群關係運動中主要人物之一是麥格利哥，他認為管理人員對人性的看法持兩種態度，即 X 理論及 Y 理論。X 理論代表著傳統的管理方式，對人性抱持以下之假設：

*1.*一般人天性不喜歡工作，且儘可能逃避工作。

*2.*由於人們不喜歡工作，因此管理者對部屬應予以嚴密的控制，並以強迫、威脅、處罰等方法使他們為達成組織目標做適當的努力。

*3.*一般人喜歡被指導，且沒有什麼雄心，甚至希望逃避責任，而只追求經濟上的安全感。

Y 理論與 X 理論具有完全不同的假設，其假設如下：

*1.*人在工作上用心和用力是很自然的事，就如同人要遊樂與休息一樣。一般人並非天生不喜歡工作。

*2.*外來的控制和懲罰的威脅，並不是激勵員工完成組織目標的唯一方法。為達成所承諾的目標，一般人將自我指導及自我控制。

*3.*激勵員工完成組織目標的最佳方法，是滿足他們的成就感。

*4.*在適當的環境下，一般人不僅會學習接受責任，而且也會追求責任。

*5.*大部份人都有高度的想像力、誠意與創意去解決組織的問題，並非僅限於少數幾個人。

由以上假設可知 X 理論是我國所謂的性惡論，而 Y 理論是性善論，但以上理論應用於實務時，並不能完全應用到各階級各種心態之員工身上，因此乃有融合 X 理論與 Y 理論而成為 Z 理論。Z 理論主張主管人員應視情況及部屬之心態與能力，而兼採性善及性惡理論，以激勵主動及被動的部屬。

三、需求層級理論 (Hierarchy Needs Theory)

早期的激勵理論中，不論 X 理論、Y 理論或 Z 理論都沒有考慮到人們之心理需求因素。在前面所介紹之激勵過程中已知，人們之行為動機是受到未滿足之需求所影響的。因此激勵的第一步驟就是在瞭解員工在工作上之真正之需求。有些人或許渴望獲得金錢，有些人或許渴望獲得升遷，而有些人或許渴望能實現夢想。馬斯洛 (Maslow) 提出需求層級理論，認為在工作中的人們可以「使滿足其內在需求的慾望」來激勵其行為。馬斯洛的需求層級理論有下列之三項假設：

*1.*人們的需求會影響其行為。只有尚未滿足的需求能影響其行為，已經滿足的需求不會產生激勵作用。而當一個需求被滿足後，另一種需求會取代被滿足之需求。總之，人們一直在追求心中的需求。

*2.*人們的需求是依重要性或層級性，從基本的需求，如飲食，到複雜的需求，如自我實現，而做有秩序的排列。但需求層次係依人而異，且一個人也可能同時出現多種的需求。

*3.*一般而言，在高層次的需求被滿足之前，必須先充分滿足低層

次的需求才行。

　　依上述之三個假設，需求層級理論分為五個層次，分別為(1)生理需求，(2)安全需求，(3)社會需求，(4)自尊需求，(5)自我實現的需求。五個層次需求如圖 3-1 所示。

自我
實現需求
自尊需求
社會需求
安全需求
生理需求

圖 3-1　馬斯洛需求層級模式

1.生理需求

　　如食物、住所、休息等，這些是人們的基本需求，也是層次最低的需求。人們在追求高層次的需求之前必先滿足其基本的生理需求。因此管理者想激勵其部屬時，應當先考慮金錢物質方面的報酬，再考慮滿足部屬成就感上的需求。

2.安全需求

　　如工作保障、穩定，能免於痛苦、恐懼及病痛等之需求。對工廠作業階層之員工而言，安全需求在渴望有個安全、穩定、具醫療設備的工作環境，及能免於失業，而有完善的退休與福利制度。當工廠導入自動化設備而引起員工抗拒，其理由即是自動化設備威脅到員工的安全需求。

3.社會需求

　　如獲得友誼、受到關懷、成為群體一份子等之需求。此層次的需

求明顯的高於生理需求及安全需求。當員工在社會需求沒滿足時，很容易造成精神與心理的不安，而導致士氣低落、缺席、冷漠，而直接影響其工作績效。管理者多關懷部屬，要求員工分工合作，實施品管圈制度，或舉辦娛樂與運動活動以增進員工彼此之感情，可因此而滿足其社會性需求。

4.自尊需求

如對自己之知識、能力與成就有自信，或被別人認同、尊敬等等。管理者若能教育訓練其部屬，使其對自己能力有信心，管理者再予以機會讓部屬磨練，最後再對其能力予以肯定，公開獎勵其表現，便可滿足部屬的自尊需求，而達到激勵的效果。

5.自我實現需求

如充分發揮個人全部才能的需求。一個有自我實現需求傾向的人是能肯定自我、接納別人、自動自發而能解決問題的。因此管理者在滿足此層次需求的部屬時，應指派具有創新、挑戰性的工作給該部屬，並讓其參與某些決策，讓其能竭盡所能地發揮其能力，以滿足其自我實現的需求。

由以上說明可知，馬斯洛的需求層級理論提供了人們需求層次級別及先後次序的架構。因此管理者在激勵部屬之前應先瞭解部屬當前之動機情況及需求層次。由瞭解已滿足之需求與未滿足之需求而得以提供適當之激勵措施，因滿足其需求而達成組織的目標。

四、雙因子理論 (Two-Factor Theory)

赫茲柏 (Frederick Herzberg) 認為人們具有兩種不同的需求，一類是「較低水準」的需求，例如食物、衣服、住所及金錢。這類的需求在使人們免於痛苦或不安。另一類需求是「較高水準」的，如獲

得成長、提升能力、受到肯定與讚賞、實現理想等。赫茲柏又發現，當人們感覺不滿意時，這些不好的感覺與他們的工作環境有關。而人們對工作感到滿意時，這些感覺與工作本身有關。因此，赫茲柏乃將能防止不滿的因素稱之為「保健因素」(hygiene factors)，而對能帶來滿足的因素稱之為「激勵因素」(motivator)。其研究發現如圖3-2所示。

依赫茲柏的研究發現，導致工作滿足與不滿足的因素彼此有很大的差別。在圖 3-2 左邊的保健因素，如較佳的工作環境、薪資與督導，如果缺少了，則員工將會立即感到不滿意。但是一旦這類因素的需求被滿足了，再增加這類保健因素，例如加薪，也不能激勵員工。由於這類因素只能防止員工的不滿，而沒有積極的激勵作用，因此也稱為維持因素 (maintenance factors)。另一方面圖 3-2 右邊的激勵因素，例如工作成就與被賞識等，則能激勵員工。例如在工作中能持續的製造更多的成就感與讚賞，則員工將會得到更多的激勵，因而提高工作效率。故激勵因素也稱之為滿足因素 (satisfiers)。

五、激勵的原則

由以上的討論，可以歸納出下列四項激勵原則：

1.獎賞必須與績效結合

當取得獎賞必須先有高度的績效時，激勵的效果才最好。對於視薪資為最重要之獎賞的人員，管理者應使用分配紅利及按件計酬的激勵方式。對所有職務，使用非財務性獎賞時，例如升遷、肯定、公開表揚等，亦應與績效表現相結合。

2.獎賞必須公平

員工若感覺其報酬比相同職位者低，則會降低其績效之質或量。

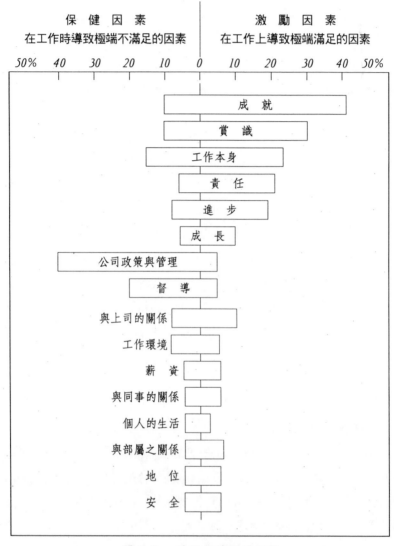

圖 3-2　赫茲柏雙因子理論

而員工若覺得已多受報酬，則將會改進其績效。

3. 部屬須有能力完成受激勵的工作

部屬若相信毫無機會去成功完成工作，則不會受激勵去完成它。

4. 須分別低層需求與高層需求

低層需求指食物、衣服、住所、金錢與安全。高層需求指受肯定、成就和自我實現的需求。應儘可能訴諸於高層次的需求以激勵部屬，但也應先注意低層次需求是否已充分地滿足。

第二節　領　導

一、領導的本質

領導 (leadership) 是一種影響他人或組織的活動，以達成領導者所設定的目標之一種過程。因此，領導是一種發揮影響力以影響他人活動的過程。上一節所述之激勵即是影響力的一種。其他之影響力如領導者之權力、德行、說服力、智慧及專業能力等。一個偉大成功的領導者往往具有深遠的理想與見識、靈活的說服力、不屈不撓而堅忍勇毅的精神，能感動人心，塑造英雄形象，而帶領一群人努力不懈地完成理想與抱負。因此，早期研究領導行為的研究人員，試圖由研究偉大領袖的人格、特質、智慧與態度，而歸納出一些成為傑出領導者的人格特質組合。經由研究發現，一位有效的領導者應該具備下列六項特質：

1. 監督能力

即指導他人工作，組織並整合他人行動以達成組織目標的能力。這也是最重要的領導特質。因此，要成為一位有效的領導者，必須要

有綜覽全局的眼光,要能劃分工作,協調各部門以達成目標。

2.智慧

即是領導者之思想、價值觀、人生觀、理念等所表現出之能力及其判斷能力。這是成為有效領導者的第二重要特質。一位領導者若能大公無私、寬宏能容、廣納善言、以服務犧牲為群體謀福利,則愈有機會成為傑出的領導者。否則在一單位之中則易生紛爭,在爭權奪利之陰影下,該單位難有成功達成組織目標的機會。故智慧對領導者而言相當重要,而且在組織中之職位與階層愈高時,智慧之特質也愈重要。

3.成為高成就者的慾望

有效的領導者往往具有高成就的慾望,他們希望能克服挑戰性的工作,而由此達成其事業目標。

4.自信

研究發現有效的領導者一定具有自信。因自信才能贏得別人的信任與託付,也才能贏得追隨者。

5.自我實現的高度慾望

一個有效的領導者往往具有實現自我及實現夢想的慾望。一位有效的領導者他知道自己的夢想及理想是什麼,也知道自己希望成為什麼樣的人,因此會以實際行動來實現其理想。

6.果斷

研究發現,一位有效的領導者是一位明快而自信的決策者。一位猶疑不決的人常會喪失先機,也喪失部屬的信任感與安全感。因此,果斷是成為有效領導者的另一個特質。

領導者除了具備個人特質以發揮影響力之外,另外一項很重要的影響力是權力 (power)。領導者適當的使用其權力,可以很順利的協

助其完成組織目標。領導者所擁有的權力有以下幾種：

　　1.**法定權力** (legitimate power)

　　這是正式組織賦予管理者的權力，亦即是所謂的職權。權力的大小則決定於管理者在組織階層中職級的高低。

　　2.**強制權力** (coercive power)

　　這是領導者強制部屬服從命令的權力，例如調職、解僱、懲罰等。部屬之所以順從管理者的要求，部份原因是害怕受處分而不得不順從。當領導者對部屬的懲戒權愈大，其強制權力也就愈大。

　　3.**獎賞權力** (reward power)

　　這是領導者對部屬獎賞的決定權。部屬之所以順從領導者的要求，因為這樣做可能可以獲得有形或無形的好處，例如加薪、升遷、嘉獎或休假等其他福利。領導者所能提供的好處或福利愈多、愈有價值，則其獎賞權力也就愈大，愈容易影響部屬之行為。

　　4.**專家權力** (expertise power)

　　即領導者因擁有專門知識和技術，足以領導他人，而產生領導作用的權力。在技術導向的領域，此種權力愈重要。因此有知識即權力之譬諭。

　　5.**歸屬權力** (reference power)

　　即領導者因獲得部屬的敬愛與尊重，而擁有影響部屬的權力。

二、兩層面的領導模式 (Two-Dimensional Model)

　　美國俄亥俄州立大學於 1945 年，以領導為主題做調查研究，而將領導行為分為兩個層面，一個為「關懷」因素 (considerate structure)，另一個為「定規」因素 (initiating structure)，而且該兩個層面是互相獨立的。

　　所謂「關懷」因素是指領導者關心、重視部屬的感受、福利與需要，並建立一個友善、互相尊重和信任的工作環境。關懷式的領導者認為部屬是自動自發的，會盡力把工作做好，故不喜歡用職權來威迫或懲罰部屬。典型的關懷式領導者具有下列之行為特徵：

　　1.當部屬達成目標時，會表示感激並予以鼓勵。

　　2.不會做超出部屬能力之外的要求。

　　3.會協助部屬解決其私人問題。

　　4.不會表現出高傲的態度。

　　所謂「定規」因素是指領導者運用管理功能來設定部屬的行為，並強調制度、地位與程序的重要性，以達成組織的目標。典型的定規式領導者有下列幾項行為特徵：

　　1.會分派特定的工作給予部屬。

　　2.建立評估工作表現的標準。

　　3.訂定明確的工作進度。

　　4.鼓勵一致的行動。

　　上述兩個層面各有高低兩種程度，其組合則產生四種不同的領導方式，即高關懷低定規、高關懷高定規、低關懷低定規、低關懷高定規。而研究發現以高關懷低定規的領導方式讓部屬有最高的工作滿足感及最低的員工流動率及抱怨率。相反的，低關懷高定規的領導方式會產生高程度的員工流動率及抱怨率。

三、管理格道理論 (Managerial Grid Theory)

　　布萊克 (Robert Blake) 與莫頓 (Jane Mouton) 認為領導者的領導方式可分為二類，一為關心人員導向，另一為關心事務導向。他們並將兩種導向程度分為九類，從 1 表示低程度至 9 表示最高程度，並且

以平面方格座標來表示可能的領導方式。在平面座標中，縱軸代表對人的關心程度，橫軸代表對事的關心程度。所構成之方格架構如圖3-3所示。理論上有八十一種領導方式，而最具代表性的領導方式如下：

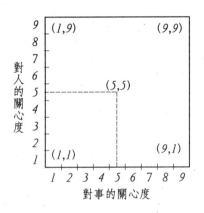

圖 3-3　管理格道模型

1. (1, 1) 型無效的領導者

此型的領導者既不關心員工的需要，也不關心組織的生產力，他們是得過且過，多一事不如少一事盡力的避免麻煩，而只將命令下達給部屬就交差了事者。

2. (1, 9) 型俱樂部式領導者

此型領導者只關心員工的需要，卻不關心組織的生產力。他們相信只要爲部屬營造一個安全舒適的工作環境便能提高生產力。

3. (9, 1) 型任務第一式領導者

此型領導者只關心組織的生產力，卻不關心員工的需求。他們經常以脅迫或懲罰方式來要求員工達成任務。

4. (5, 5) 型中庸式領導者

此型領導者兼顧組織的生產力與員工的需求，並在兩者間取得平衡，但卻沒有全力達成組織目標及滿足部屬之需求。

5. (9, 9) 型團隊式領導者

此型領導者對組織的目標和員工的需求皆予以高度的關心，經由團隊中每一份子的工作責任感、向心力及滿足感而實現組織的目標。

布萊克與莫頓認為應選用那一型之領導方式應視工作情況而訂，但一般而言以團隊型領導方式為最有效。在這種方式下可激發員工的工作熱忱與創造力，並達成組織的任務。

四、領導權變理論 (Contingency Theory)

心理學家費德勒 (Fred Fiedler) 認為應採用人員導向或事務導向之領導方式，應取決於工作之情境，因而提出權變理論。費德勒認為管理者對情境有很高或很低的控制力時，採用事務導向的領導便能成功，而在情境不明朗，管理者只有中等程度的控制力時，採用人員導向的領導較適合。因此，一位領導者應先瞭解自己之領導風格及情境因素，然後選擇一項較適合之領導方式或改變情境因素以適合自己之領導風格。

㈠領導方式

費德勒以一種「最不喜歡的同事」(the least preferred co-worker，簡稱 LPC) 之量表來衡量一位領導者之領導方式。LPC 量表如表 3-1 所示。一般而言，在 LPC 量表上得分很高的領導者（例如 64 分或以上），對部屬之工作績效評價雖然很差，但不致因此而否定該人之人格。他還是認為工作同仁是友善的、助人的、令人愉快的。相反的，一個在 LPC 量表上得分很低的領導者（如 57 分或以

表 3-1　LPC 量表

想一個你最無法一起做好工作的人，他或她可能是你現在正一起工作的人，也可能是你過去認識的人。他或她不一定要是你最不喜歡的人，但應是一個最難跟他一起共事而做好工作的人。請用下面的尺度描述他。

分數 _____

令人愉快的									令人不快的	_____
友善的	8	7	6	5	4	3	2	1	不友善的	
拒絕的	8	7	6	5	4	3	2	1	接納的	
緊張的	8	7	6	5	4	3	2	1	輕鬆的	
遠離的	8	7	6	5	4	3	2	1	親密的	
冷酷的	8	7	6	5	4	3	2	1	溫馨的	
支持的	8	7	6	5	4	3	2	1	敵視的	
枯燥無味的	8	7	6	5	4	3	2	1	有趣的	
喜歡爭吵的	8	7	6	5	4	3	2	1	心平氣和的	
憂鬱的	8	7	6	5	4	3	2	1	開朗的	
開放的	8	7	6	5	4	3	2	1	防衛的	
中傷人的	8	7	6	5	4	3	2	1	忠心的	
不可信賴的	8	7	6	5	4	3	2	1	可信賴的	
體貼的	8	7	6	5	4	3	2	1	不體貼的	
壞心眼的	8	7	6	5	4	3	2	1	好心腸的	
樂意承諾的	8	7	6	5	4	3	2	1	不易相交的	
不誠懇的	8	7	6	5	4	3	2	1	誠懇的	
親切的	8	7	6	5	4	3	2	1	不親切的	
									總分	_____

下），表示把工作績效差的同事認為不愉快的、不友善的。因此，LPC 高分的領導者把工作績效和工作同仁的個性劃分清楚，他們認為建立良好的關係與和諧的工作環境比工作績效重要，因此這類領導者較傾向人員導向。另外，LPC 低分的領導者則把工作績效與同事之個性混為一談，認為工作績效差之同事也有不好之個性。因此，其主要關心的是在做好工作，故較傾向事務導向。

㈡情境因素

影響領導效果之情境因素有三個：

1.領導者與部屬間的關係

這是指領導者與其部屬是否能融洽的相處，以及部屬對領導者的信心、忠心、尊敬和愛戴的程度。若領導者和其部屬保持有良好的關係，則其專家與歸屬權力較能發揮作用，他對情境會有較大的控制力。反之，如果關係很差，則只能依恃正式職權，其對情境控制力較小。

2.工作結構

這是指工作的例行性、重複性或創造性與開放性的程度。領導者對結構化、條理分明、例行性或重複性的工作擁有較高的控制力，而對開放性、比較模糊、無結構的工作有較低的控制力。

3.職位的權力

這是指領導者所擁有的正式獎懲權力而言。領導者若能獎賞、僱用、開除、懲戒其部屬，則他便擁有較多控制力。

以上三種情境，各分為好或壞、條理分明或無條理、強或弱等三種狀況，可得到八種不同的情況，因而可決定情境對領導者的有利程度。一種非常有利的情境是領袖成員關係良好、工作結構條理分明、且領導者的職權也強。反之，一種非常不利的情境是領袖成員關係

差、工作結構無條理、且領導者的職權也弱。八種情境依序排列如圖
3-4 所示。

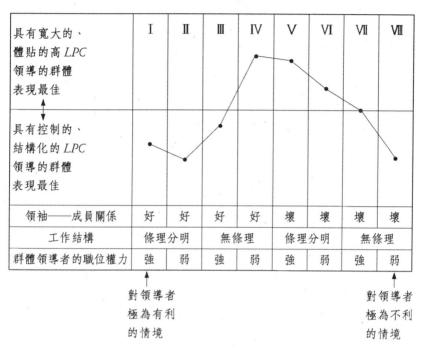

具有寬大的、體貼的高 LPC 領導的群體表現最佳 ↕ 具有控制的、結構化的 LPC 領導的群體表現最佳	I	II	III	IV	V	VI	VII	VIII
領袖──成員關係	好	好	好	好	壞	壞	壞	壞
工作結構	條理分明		無條理		條理分明		無條理	
群體領導者的職位權力	強	弱	強	弱	強	弱	強	弱

　　對領導者　　　　　　　　　　　　　　　　　　　對領導者
　　極為有利　　　　　　　　　　　　　　　　　　　極為不利
　　的情境　　　　　　　　　　　　　　　　　　　　的情境

圖 3-4　領導方式與情境配合圖

㈢領導方式與情境因素的配合

　　費德勒認為不同的情境應使用不同的領導方式。圖 3-4 顯示，事
務導向（低 LPC）的領導者在第 I、II、III 與VIII欄中表現最好，而
人員導向的領導者在IV、V、VI與VII欄的情境下有較佳的表現。因
此，領導者應認清自己的領導風格，並配合情境因素，以找到最能發
揮能力的情境。費德勒又認為，領導者的領導風格決定於其性格，而
性格是不容易改變的。因此，費德勒認為改變調整情境因素比改變領

導風格更有效些，尤其是調整其與部屬的關係效果最好。例如一位事務導向（低 LPC）的領導者，發現自己處在一個中度控制的情境時，則應採取行動調整情境因素以適合自己之領導風格。此領導者可藉由改善領袖成員關係，增加工作結構之條理分明，或要求老闆增加其職權以提高其對情境的控制力。同理，一位人員導向的領導者（高 LPC 者），若發現自己處在一個高度控制的情境時，則可藉著減低工作結構的條理性而將情境控制程度降為中等。

第三節　控　制

一、控制的本質

「控制」是確保所安排的行動都能正確的執行，而能獲致預期成果的工作，它包含設定目標、衡量績效及採取矯正措施等步驟。由於大部份的計畫都需要人員來執行，而人的能力會有限制，另外計畫中有一些預測因素也常隨時間而改變。故計畫執行的結果常會與事先設定之目標不一致。基於此，便須執行控制工作，以修正計畫內容或採取矯正的活動，以使組織之目標能儘可能的達成。由於所有控制系統都是在收集、儲存及傳送與作業營運有關的情報，以影響員工的行為，使朝目標前進，故控制需要認定目標，也因此，控制與計劃是一體之兩面。

常見的控制系統如生產進度管制、品質管制、成本控制，存貨管制等等。凡是有計劃性的工作就必須有控制工作，而主管對指派出去的工作也須予以控制及追蹤。在管理上對所授權的工作而不予以追蹤查核，則很容易會有錯誤發生的。例如對屬下授權採購，而沒有設定

管制作業，很可能就發生採購弊端。因此，真正有效的管理者會授權將工作交由部屬執行，並同時建立充分的查核要點，以隨時掌握工作執行狀況。例如廠長可將生產計畫交由生管課長擬定，並要求生管課提供每日產量報表及週報表，廠長由生產計畫及生產報表便可掌握生產進度，而可依情況做適當的調度與處置。

二、控制的程序

　　不論那一階層的管理人員，如現場領班或公司總經理，所執行的控制程序都相同，即包括三個步驟：設定標準、依據標準衡量實際的績效及找出差異的原因並採取改正措施。其詳細內容如下：

1. 設定標準

　　設定標準時，首先須確認有那些項目必須加以管制，例如生產數量、存貨、品質或成本等；再則決定標準之衡量方式，例如產量、存貨週轉率、不良率或單位成本等；最後再設定一個標準值，例如月產量為一萬件、存貨週轉率為 3 、不良率為 1% 或單位成本為 100 元等。有了標準量才可以測知計畫執行結果是否有偏差，也才可以發現問題，而找出矯正之措施。由以上概述可知，標準量常以金額或數量表示，例如生產量、銷售量、週轉率、單位成本等。有時標準也以時間來表示，例如一週之進度或一個月之進度等。另外，績效標準也有以品質來表示的，例如允收率或不良率等。

2. 衡量實際的績效

　　在衡量實際績效時必須以所收集的資訊為基礎才可達客觀的控制，而收集資訊的方式可經由管理者個人的觀察及組織中正式的資訊傳遞系統，例如各種制式的報表（生產日報表、材料領用表、存量表等）。當組織規模不大或管理幅度不大時，管理者可由直接觀察而衡

量一些績效。但當工作量較多時,則須有分工之行為,因此必須依賴報表及資訊系統來管制。在使用報表及資訊系統時,首須確保報表或資訊系統中所呈現的資訊是正確的,沒有人為偽造或扭曲,否則衡量之績效便失其意義。例如使用生產日報表來衡量生產數量時,須確保領班所填之生產數量及不良品之數量是正確的。由於生產人員為誇耀績效或爭取獎金,常有虛報生產數之行為,因此,一套客觀而準確收集資訊的系統對衡量實際績效是相當重要的。

3.找出差異原因及採取改正行動

當比較績效標準及實際之績效時,便可發現問題,由此問題而深入追查便可找出差異原因。例如標準月產量是一萬件,而實際之月產量卻只有八千件,其中有兩千件之差異量。要追查造成差異之原因可由生產日報表中之日產量、機器運轉率、人員出勤率及不良率等去深入統計分析。由分析結果可整理出一些數值或圖表,以顯示機器運轉率(稼動率)是否太低、人員出勤率是否有異常及不良率有否偏高。假設資料顯示是機器運轉率太低所致,而其他因素正常,則再深入瞭解造成運轉率低之原因,例如機器故障、停工待料,或其他因素。假如發現是故障率高及停工待料所造成,則須再想出對策,以防止上述原因之發生。例如可採取利用假日做機器之預防保養,或加強供應商之管理等。

三、有效控制的原則

不論控制系統是採用金額、數量、時間或品質做為控制之標準,只要運用下列之原則,則可以提高控制的功能:

1.適時的控制

有效的控制制度必須能夠適時地發現問題,儘早地顯現事情的趨

向，使管理者在情況失去控制之前或問題產生之前，可預先採取防範措施或及時採取補救方法。例如有效控制制度必須能防範財務經理盜用公款或倉管人員盜用倉庫用品，使在問題發生時能立即顯示出來。

2.績效標準須公平合理

設定一個公平合理且可達成的績效標準是有效控制制度的一項重要因素。所設定的標準要發揮功能，必須此項標準為部屬所接受，且是公平合理而可努力加以達成的。另外，此項標準必須是可以客觀的觀察及衡量，如此這項標準才夠明確，部屬才有明確的努力目標。最後，所設定的標準必須與工作活動有關，亦即標準之各項要素必須是部屬可控制的因素，如此部屬才可努力用心安排其工作，以達成目標。例如為作業員設定之標準如為月產量及品質不良率，則這些標準之因素是與工作有關，為作業員可控制而努力可達成的，因此是合理的標準。若為作業員設定之標準為單位成本，則單位成本中的原物料成本是作業員所無法控制的，對作業員而言便是不合理之標準。

3.運用例外管理

例外管理原則係指管理者應該只注意與標準有重大差異之事件。例如月生產量標準如為一萬件，則在月產量低於八千件時，管理者才予以重視，即為例外管理原則。運用例外管理原則是配合分工與授權，使管理者有充裕的時間可以處理更重要的事務，而不必事事恭親。

4.將績效迅速回饋給部屬

將部屬的工作績效讓部屬知道，可提高其士氣，因而能夠促進工作績效。例如設定之月產量為一萬件，而該月之實際產量為一萬一千件，當部屬知道其已達成目標時，會有成就感，因而士氣大振，可向更高之目標挑戰。若績效標準較高時，此項回饋績效之效用更重要。

5. 不可過度依賴控制報告

雖然正式的控制報告或報表是重要之控制工具，但卻是只提供一些控制點之資訊，例如產量、不良率、稼動率等。另外報表或報告中又會有人為之虛偽資料，故管理者不可一味依賴報告，而須親身實地的觀察及瞭解才能成為完善之控制制度。

6. 依工作情況而決定控制方式

控制程度的嚴或鬆應配合工作狀況。例如對有程序性、重複性或機械性的工作（如裝配或加工），管理者不僅強調效率目標，也追蹤工作進度、管制部屬執行作業的程序與方法，而且也管制最終的成果。對於不確定性、開創性、有機性的作業（如研究發展或銷售業務），管理者須強調部屬的自我控制，管理者不常查核部屬之行止，而只注重一定時期之成果。

7. 運用目標管理

建立目標、評估績效、檢討工作成果是目標管理 (management by objective) 的基本程序，而這程序也是激勵部屬之有效方法。目標管理也可視為一項控制系統，其詳細內容於下一節中說明之。

第四節　目標管理

一、目標管理的意義

目標管理是一種管理的程序，它運用行為科學理論，實施人性的參與管理，由各級管理者依組織之目標，與部屬協商共同制定部屬之目標，確認每人之工作責任，並做為指導工作及評估績效之依據。簡言之，目標管理是透過主管與部屬之討論，由部屬自行設定重要之工

作目標，自行控制工作進度及自我評核績效等方式，以激勵部屬，發揮個人之責任心與榮譽感，提昇個人與組織績效之一種管理程序。其主旨在激勵個人能力，發揮最大潛力。目標管理具有如下之特質：

1.是一種管理程序

目標管理中包含整個管理循環中之各項功能，即計劃 (plan)、執行 (do)、考核 (check)、改正 (action) 等，並重視各項功能的連續性及循環性。

2.重視參與感

每一個成員均親自參與設定工作目標及達成目標之工作方法。共同參與是目標管理之基本精神。

3.採取授權原則

目標管理係依分層授權之原則，由各部門擬定達成目標之方法，並自負盈虧之責。各部門以自我管理及自動自發之方式管制工作進度及目標之達成度。

4.團隊合作精神

目標管理將個人與組織之目標相結合，在團隊之共同合作與協調下，完成個人與整個組織之目標。

二、目標管理的程序

實施目標管理的步驟如下：

1.高階層主管設立初步的目標

在決定了計劃的前提後，高階層主管根據企業未來應完成的事情，考慮本身企業之優缺點，而初步決定要達成的目標，並建立衡量目標的準則，如銷售額、利潤百分比等。一般此等目標會與年度預算協調一致。但此項目標僅是初步，試驗性的，尚須經過修正，使之與

部屬所設定之目標一致才可。若未經協調而強行往下推，則不易獲得部屬的承諾。

2.與部屬共同設定部屬的目標

當組織的總目標、行動方案及計劃前提確定後，主管應進一步與部屬會商決定應做之事情、應進行之時程及衡量績效之準則，以共同製訂工作目標，並使之與公司之總目標相符合。此時主管應以耐心、恆心幫助部屬擬定適當之目標，經過一段期間，再舉行會商，檢討工作成果，再製訂下一期之目標。

3.使資源配合目標

當確定目標後，公司當局應調配適當之人力、物力、財力等資源予各部門，以配合其目標之實現。當目標明確設定後，所需之資源也會明朗化，因此有助於資源之調配及有效使用，也可減少不必要的資源浪費。

4.成果的測定及評估

目標設定並付諸實施後，必須對執行之結果加以測定及評估。由於目標在實施之前已有明確之標準，因此，可依標準的達成度加以評核。

三、責任中心

責任中心是一種類似目標管理之管理方式，在責任中心之制度下，每一位經理人都有一套決策責任說明書，界定其應擔負的責任及授予完成該責任之所需的相對職權。因此，每個部門在該經理人之責任下，有如一個小型獨立的事業體，因而可以積極明快的下決策，發揮經營的成效。因此，責任中心是企業之一部門，而此部門之主管獲得公司當局授與必要之職權，並被要求負擔一部份之經營責任。在該

部門可控制業務之範圍內，由部門主管負責獨立的經營責任。一般有下列四種責任中心：

1.成本中心

當一個部門的主管無權決定產品或服務之產銷數額及售價，而僅須控制其所產生之費用、成本，負有以最低成本費用完成部門責任時，此部門則稱為成本中心。在成本中心中，其經營績效是以是否在預算費用內完成工作任務而定。為使權責對等，使所負之責任為可控制性，成本中心之主管應有權參與選擇投入資源的標準及來源。

2.收入中心

一位收入中心的主管不能更改售價，其所擁有之控制資源是費用預算，其責任是在不超過費用預算下，使銷售收入（數量）為最大。因此，銷售部門、門市部或區域代表是一種典型的收入中心。

3.利潤中心

當部門主管對產品或服務之訂價擁有決定權時，該部門便成為一個自主式的經營組織。其主要目標在取得收入與費用的最佳組合，以獲得最大利潤。通常企業針對不同的產品類別，分別成立利潤中心。由於利潤中心的實施可減輕公司最高階層的經營負擔，且在各中心負責人的投入下，常能獲得良好的績效及較高的利潤，故廣為企業界採用。

4.投資中心

當利潤中心再被授與有關投資決策之權限時，亦即中心主管應負責其中心之資產的有效運用時，該責任中心則稱為投資中心。

由於責任中心對本身之工作可逕行決定，不必事事請示，作業效率可提高，且對所負責之工作較能迅速圓滿的完成。一般責任中心有下列之優點：

*1.*責任中心在權責對等情況下，若再輔以適當的激勵措施，便能驅動中心成員產生較強的工作動機，自然會有較佳的工作績效。

*2.*責任中心的主管如同一個獨立事業的經營者，因此實施責任中心制可培養主管人員成爲企業未來的高階主管。

*3.*由於責任中心的經營績效即爲中心主管的責任標的，因此，目標清楚。若經營績效以財務數字來衡量，則這些衡量結果有助於考核中心主管人員之績效。

*4.*由於中心主管對所處之決策環境認識較清楚，故能做出最適當的決策，可提昇決策的品質及時效性。

習題

一、何謂 X 理論與 Y 理論？您認為應採用那一種理論？

二、試說明需求層級理論，並說明如何運用此理論於管理工作中？

三、試說明雙因子理論，並說明其與需求層級理論之關係。又如何應用此理論於管理工作之中？

四、試說明一位成功的領導者應具備有那些特質？請閱讀一位成功領導者之傳記，並說明其特質。

五、試說明並比較曹操、孫權與劉備之領導型態。

六、試說明管理格道理論，並說明如何應用於管理工作。

七、何謂領導權變理論？有何功能？

八、何謂「控制」？控制的程序為何？如何使用控制程序以提高組織或個人之工作效率？

九、何謂「成本中心」？何謂「利潤中心」？各適用於何種組織型態或組織層級？

第四章

工廠佈置與物料搬運

第一節　概　述

　　工廠佈置是工廠管理中一項非常重要之計劃性作業，它直接影響爾後之生產效率及生產成本，且影響非常深遠。一旦工廠佈置方案確定後，日後再修改所費之成本將非常的高。因此，有遠見的管理者會重視工廠佈置，並於設廠之時，便規劃適當的工廠佈置。

　　所謂工廠佈置 (plant layout) 是將工廠內製造產品之各因素，如機器設備、工具、原物料、工作位置、附屬設施和各種作業，依生產之流程，做適當的安排，使各因素彼此間之關係合理正確，並使工作上能達到方便性及安全性，在製造上能獲得經濟性之效果。

　　由上述定義可知，完整的工廠佈置應規劃包括下列之範圍：⑴廠外交通設施，⑵收料作業區，⑶生產活動區，⑷品質管制與檢驗場所，⑸包裝作業區，⑹倉儲作業區（包括成品及半成品），⑺出貨作業區，⑻辦公管理區與輔助作業區（如餐廳與洗手間等）。

　　由工廠佈置之定義可知，工廠佈置之目的為：

(1)整合考慮各因素，以設定最經濟的佈置。

(2)使原物料、半成品及成品的搬運距離最短。

(3)使作業流程配合製造程序，以達順暢合理性，使產品發生停滯等待現象減為最小。

(4)能有效的利用廠地面積及工廠空間。

(5)能有效的利用人力及機器產能，使人機等待時間最小。

(6)能具有彈性，以適應各種生產條件的變化。

(7)能提供員工更方便、更安全、更舒適的工作環境，使員工滿意，提高工作士氣。

(8)能配合工廠管理活動之進行。

1.工廠佈置的原則

為達到上述之工廠佈置目的，規劃工廠佈置時，必須周密的計劃，並使用下列之原則：

(1)最小移動距離原則：即保持生產線上各項操作作業間之距離最短。

(2)直線前進原則：即應避免有迂迴、倒退 (backtracking) 的路線，而應以直線進行，以保持物流順暢。

(3)充分利用空間原則：即依地形運用空間，並保留機器間有適當的空間，以利人員之活動及物料之移動。

(4)生產線平衡原則：即妥善分配機器、人力、動力，使各機器間之生產力平衡，以發揮最大生產力。

(5)工人滿意原則：即有適當之光線照明、通風、溫度與噪音，及乾淨清潔的工作場所，使工作者感到舒適。

(6)保持重新佈置的彈性原則：即應保持彈性，以因應未來生產技術的改進、製程改變時，能重新佈置。

(7)便於檢驗原則：即須保留適當空間，以利生產過程中對在製品及機器加以檢查。

(8)適宜廠內運輸原則：即廠內運輸路線必須保持順暢。

(9)適當附屬設施原則：即提供適當之附屬設施及通路，便於管理及作業人員之進出。

(10)配合設計原則：即建築物的設計須配合佈置的要求。

(11)整體原則：即對工廠佈置有關之各因素要統籌考慮。

(12)流程式製造原則：即將各工作站及作業，依製造程序排成連續型之工作程序，使產品由原物料經過各個製造過程以至裝配包裝能相互銜接。

2. 工廠佈置的型態

工廠佈置除了考慮上述之原則外，一般尚應依據製造程序或物料流程來配置機器設備。工廠佈置之型式依機器配置方式可分為四類：即產品別佈置 (product layout)、製程別佈置 (process layout)、定點別佈置 (fix-position layout) 及群組別佈置 (group technology layout) 四種。

製程別佈置是將相類似或功能相同之機器設備集中在一起，組成各個工作區的佈置。例如將車床排在一起形成車床加工區，將銑床、鑽床分別組成銑床區及鑽床區等。此種佈置適用於多品種而少量的訂貨式生產。在訂貨式生產工廠中，物料很難標準化，產品規格與種類繁多，需求數量又很少，製造工作很少有重複性，因此最適宜採用此種佈置方式。製程別佈置如圖 4-1 所示。

產品別佈置是依據各產品之加工順序，將機器設備排成生產線之佈置。此種佈置方式適合於具有重覆性、連續性且需求數量大之生產工廠，例如電視機、洗衣機、汽車等之生產。在大量生產工廠中，物

料零件已標準化,產品規格與種類少,可連續性且重複的生產,因此,最適合採用此種佈置。產品別佈置如圖 4-2 所示。

在定點別佈置中,係將生產所需之物料、工具、機器、人員及其他用料均集中在某一固定地點,以從事生產活動。例如造船與建築業。

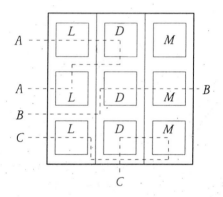

圖 4-1　製程別佈置圖例

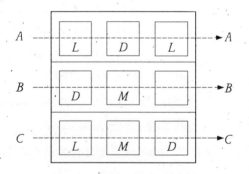

圖 4-2　產品別佈置圖例

群組別佈置係將不同種類或功能的機器放在同一個地區，組成製造單元 (manufacturing cell)，而此製造單元可用以加工一群外形相類似或製造程序相類似的工件群 (part family)。群組別佈置類似產品別佈置，因一個製造單元中機器設備之排列是生產線型式，且可用以生產一序列（即工件群）之產品。唯在製造單元中，機器數目比產品別佈置少了很多。一個製造單元中大約不會有超過九台以上的機器，而產品別佈置中會有十幾個不同之機器。群組別佈置最適合於品種中等、生產數量也中等的生產工廠。

第二節　製程別佈置

製程別佈置 (process layout) 有時又稱為功能別佈置 (functional layout)，因為相同功能的機器設備會被擺置在一起，而形成一個部門或工作中心。而一個工廠是由幾個部門所組成，例如車床部門、銑床部門、磨床部門、檢驗部門、裝配部門及收料與出貨部門等。在設計製程別佈置時，基本的原則是把相關的部門彼此擺放在一起。評估部門間相關性時，常用的方法有二：最低搬運成本法及接近性評等法 (closeness ratings)。茲分別說明如下：

一、最低搬運成本法 (Minimum Movement Cost)

此方法的原則是經濟地決定各工作中心或部門的相對位置，而使物料搬運成本最低或員工與顧客的移動時間最短。運用此方法進行分析時，必須知道在一個生產週期內（例如一年或一個月），各工作中心（部門）間的運送次數，及單位距離的搬運成本。各部門間的運送次數資料可由零件的途程單 (route sheet) 及一個生產週期內之生產

數量而獲得。單位距離的搬運成本可由估計而得。

　　在此，以一個例子說明本方法之分析步驟。假設某工廠由八個部門組成，部門間在一年中的搬運次數如表 4-1 所示，而部門之相對位置如圖 4-3 所示；且假設相鄰部門間之單位搬運成本為 $1，增加一部門之距離時，需增加 $1，且部門間以直線及直角方式移動為原則。

1	3	5	7
2	4	6	8

圖 4-3　部門間相對位置

表 4-1　部門間搬運次數

從＼至	部門 1	2	3	4	5	6	7	8
1		175	50	0	30	200	20	25
2			0	100	75	90	80	90
3				17	88	125	99	180
4					20	5	0	25
5						0	180	187
6							374	103
7								7
8								

有了上述基本資料後，接著是計算部門間的搬運成本。基本上是將部門間的搬運次數乘上部門間的單位搬運成本，而形成部門間的搬運成本。本例中之部門間搬運成本矩陣如表 4-2 所示。表 4-2 中，部門 1 至部門 5 之單位搬運成本為 \$2，搬運次數為 30，故部門間之搬運成本為 \$60，其餘之部門間之搬運成本以此類推。

接著，由成本矩陣表中，找出搬運成本較高者，而將這些部門放置在一起。由表 4-2 中得知，部門間成本較高之八項為：6-7，1-6，3-8，5-8，2-7，2-8，3-7，5-7 等。這些部門彼此間應盡量在一起，以減少搬運成本。

表 4-2　成本矩陣

從＼至	1	2	3	4	5	6	7	8
1		175	50	0	60	600	60	100
2			0	100	225	180	320	270
3				17	88	250	198	540
4					40	5	0	50
5						0	180	374
6							748	103
7								7
8								

總成本：\$4,565

因此，可能的工廠佈置如圖 4-4 所示。在此佈置下之成本矩陣如表 4-3 所示。經由此佈置，總成本已由 \$4,565 降為 \$3,608。因此，利用此分析方法及經驗法則，重新安排各部門位置可獲得較低的搬運成本之佈置。

1	6	8	3
2	7	5	4

圖 4-4　新的部門佈置

表 4-3　新的成本矩陣

從＼至	1	2	3	4	5	6	7	8
1		175	150	0	150	200	40	50
2			0	300	150	180	80	270
3				17	176	250	297	180
4					20	15	0	50
5						0	180	187
6							374	103
7								14
8								

總成本：$3,608

二、接近性評等法

接近性評等法 (closeness ratings) 是由 Richard Muther 所提出的系統佈置規劃 (systematic layout planning, SLP) 方法中的一項做法或程序。此方法基本上是以主觀方式，考慮部門間彼此互相接近之程度，再將此種接近程度資料組成部門關聯分析表，由此表來分析及配置各部門在工廠之位置。

在考慮部門間是否應彼此接近時，考慮的接近性理由如下：

1.使用共同記錄。

2.使用共同人員。

3. 使用共同空間。

4. 使用共同的設備。

5. 方便人員溝通及監督。

6. 方便書面作業的接觸。

7. 使工作流程順暢。

8. 不安全因素的考慮。

而部門間彼此接近的程度如下：

A (absolutely necessary)：絕對必要接近。

E (essentially necessary)：非常必要接近。

I (important)：必要接近。

O (ordinary important)：普通必要接近。

U (unimportant)：不必要接近。

X (undesirable)：不能接近。

　某一工廠包含有六個工作站，經由主觀評估其接近性程度後，做成之部門關聯分析表如圖 4-5 所示。使用關聯分析表以做成佈置方案的步驟如下：

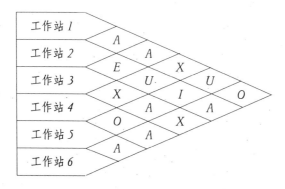

圖 4-5　部門關聯分析表

*1.*列出所有評等為 A 與 X 的工作站，如下所示：

評等為 A	評等為 X
1-2	*1-4*
1-3	*3-4*
2-6	*3-6*
3-5	
4-6	
5-6	

*2.*從評等為 A 之工作站中，選出一個出現頻率最高者（本例中為工作站 6），再劃出與該工作站成對之工作站。工作站 6 與工作站 2，4，5 關係如下：

$$2 \!\!-\!\! 6 \Big\langle \begin{matrix} 4 \\ 5 \end{matrix}$$

*3.*將其餘評等為 A 的成對工作站加入上圖中，其關係如下：

$$1 \Big\langle \begin{matrix} 2 \!\!-\!\! 6 \diagup 4 \\ 3 \!\!-\!\! \ \ 5 \end{matrix}$$

*4.*將評為 X 的工作站，亦以圖示予以標示如下：

$$3 \Big\langle \begin{matrix} 4 \diagup 1 \\ 6 \end{matrix}$$

*5.*使用經驗法則及試誤法，將工作站排置成工廠之佈置，此佈置須儘可能滿足部門關聯表之各項條件。

最後之佈置結果如下：

1	*2*	*6*
3	*5*	*4*

在設計製程別佈置時，除了以上所發展之最低搬運成本法及接近性評等法之外，許多電腦軟體系統已陸續開發完成，並已可做為商業

化使用來協助人們規劃工廠佈置。較常見的工廠佈置軟體有：(1)
CRAFT (computerized relative allocation of facilities techniques)，
(2) ALDEP (automated layout design program)，(3) CORELAP
(computerized relationship layout planning)，(4) COFAD (comput-
erized facilities design)，(5) PLANET (plant layout analysis and
evaluation techniques) 等。有興趣的讀者請參考本書參考著作中有
關工廠佈置與設施規劃的論著。

第三節　產品別佈置

　　產品別佈置是指將機器依產品的製程及操作順序予以安排而成為
生產線（或裝配線）的形式。生產線的形式有直線型、L 型、U
型、分枝型及旋繞型等。產品別的佈置主要適用於大量生產且產品類
別少的生產工廠。使用產品別佈置時，若生產線予以妥當規劃達到生
產線平衡時，則有減少物料搬運、降低在製品、降低生產期間等的優
點。因此，設計產品別佈置的重點在於生產線平衡 (line balancing)。

　　生產線平衡的意義是將生產線中的作業分配於幾個工作站，使各
個工作站執行所需作業的時間彼此近乎相同（即達到平衡）。當生產
線達到平衡時，生產線各工作站的閒置時間就降到最少，而人員與設
備的利用率可達到最高。由於工作站之間彼此平衡，因此工作站之間
的在製品也可以降到最低，且一些等待、閒置浪費，及不必要動作的
浪費也可以降低。若工作站沒有達到平衡，當下游工作站處理速度比
上游工作站慢時，則下游工作站之前會有堆積在製品之情況；為了處
理在製品，則發生了不必要的搬運動作之浪費。當下游工作站處理速
度比上游工作站快時，則下游工作站會有等待閒置發生，人員與機器

的使用率會下降。

生產線平衡的步驟如下：

1.將生產線之操作或裝配順序，或作業間之關係，以前置關係圖 (precedence relationship diagram) 予以表示出來。前置關係圖中，圓圈代表個別的作業，圓圈上方之數字代表該項作業之加工時間，箭號則代表作業的順序。

2.決定生產線的週期時間 (cycle time)。週期時間表示零件在某一工作站從加工開始到加工結束而被送到下一個工作站的時間。因此，週期時間也代表著生產線的產出率。例如某一生產線的週期時間為 5 分鐘，則表示一個工作站於 5 分鐘內必須完成一個產品；因此，生產線一小時可以完成 12 個產品。設定週期時間的公式如下：

$$C = \frac{每天生產時間}{每天的產出（以單位計）}$$

3.決定在週期時間之限制下，能設定的最少工作站數目 (Nt)，計算公式如下：

$$N_t = \frac{工作時間之總合 (T)}{循環時間 (C)}$$

4.將作業或工作指定到工作站之中，指定的法則 (heuristic approaches) 如下：

(1)最長處理時間之作業優先分派到工作站之中。其餘依處理時間長短順序，依序安排直到分配完為止。

(2)以後續作業數目最多者優先分配到工作站，其餘依其後續作業數目多寡而依序分派。

(3)以先行作業數目最多者優先分配到工作站。

5.依上式指定法則，一次指定一件工作（作業）於第一工作站

中,直到其工作時間之和等於週期時間,或無法再安插作業為止。重
複此項過程於第 2 與第 3 工作站,直到所有的作業均分派於工作站
為止。

6. 利用下列公式評估所產生生產線之平衡效率:

$$效率 = \frac{工作時間之總合 (T)}{工作站的實際數目 (Na) \times 循環時間 (C)}$$

7. 若效率令人不滿意,則選用另一種指派法則,重新設定工作
站。

以下以一個例子說明生產線平衡中各步驟的做法。茲假設某工廠
生產 X 汽車,其組合步驟與各項作業處理時間及前置之作業項目如
表 4-4 所示。X 汽車一天必須生產 500 輛,且一天之生產時間為 420
分鐘,則其生產線平衡各步驟如下:

表 4-4　X 汽車組合步驟與時間

工作	執行時間 (秒)	描　　述	前置必要之工作
A	45	將後車軸定位並用手固定四個螺絲	-
B	11	裝入後車軸	A
C	9	把後車軸之支撐栓緊	B
D	50	把前車軸定位,並手拴四個螺絲	-
E	15	拴緊前軸組合之螺絲	D
F	12	將後車輪 #1 定位,並拴緊螺帽	C
G	12	將後車輪 #2 定位,並拴緊螺帽	C
H	12	將前車輪 #1 定位,並拴緊螺帽	E
I	12	將前車輪 #2 定位,並拴緊螺帽	E
J	8	把方向盤定位於前軸組合部位並拴緊螺絲	F.G.H.I
K	9	拴緊螺絲螺帽	J
	195		

*1.*完成生產線之前置關係圖；X 汽車之前置圖如圖 4-6 所示。

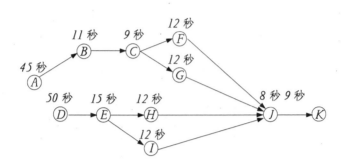

圖 4-6　　X 汽車之前置圖

*2.*決定週期時間（以秒爲單位）：

$$C = \frac{每天的生產時間}{每天的產出} = \frac{420\ 分 \times 60\ 秒}{500\ 部} = 50.4\ 秒$$

*3.*決定所需的最少工作站數目如下：

$$Nt = \frac{T}{C} = \frac{195\ 秒}{50.4\ 秒} = 3.86 \approx 4$$

*4.*選定指派法則。此時以後續作業數目最多者爲優先分派之第一法則，而當兩項作業有相同之後續作業數目時，以處理時間長者爲優先之第二法則。

*5.*指派工作於工作站中，指派之過程如表 4-5 所示。而完成之工作站與前置圖如圖 4-7 所示。

*6.*計算平衡效率：

$$效率 = \frac{T}{NC} = \frac{195}{(5)(50.4)} = .77\ 或\ 77\%$$

表 4-5　X 汽車各作業的分派過程

	工作	工作時間 （秒）	未指派之時 間 （秒）	可行的剩 餘工作	有最多 接續工作 的工作	有最長 工作時間 之工作
工作站 1	A	45	5.4 idle	沒有		
工作站 2	D	50	0.4 idle	沒有		
工作站 3	B	11	39.4	C,E	C,E	E
	E	15	24.4	C,H,I	C	
	C	9	15.4	F,G,H,I	F,G,H,I	F,G,H,I
	F*	12	3.4 idle	沒有		
工作站 4	G	12	38.4	H,I	H,I	H,I
	H*	12	26.4	I		
	I	12	14.4	J		
	J	8	6.4 idle	沒有		
工作站 5	K	9	41.4 idle	沒有		

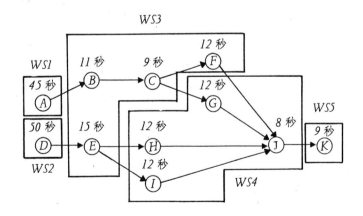

圖 4-7　X 汽車工作站與前置圖

第四節　群組別佈置

　　群組別佈置 (group technology layout) 是將工廠中要生產加工的零件或產品，依其設計屬性（例如外形）或製造屬性（例如車削或銑槽）之相似性，而予以分爲若干個工件族 (part family)，再將生產每一工件族的機器放置在一起，並依加工之順序予以排列，而將這些機器形成一個製造單元 (manufacturing cells)，此種製造單元之佈置乃稱爲群組別佈置。

　　群組別佈置特別適用於小批量多樣化的生產。由於一個製造單元可以加工一個工件族（包含幾種工件），故可適合多品種之生產，因此，也稱爲彈性製造單元 (flexible manufacturing cells)。由於一個製造單元之設備依加工順序排列，故有類似大量生產之高效率優點。由於彈性製造單元之特性，它有簡化生產計劃與控制、減少物料搬運與在製品、減少準備作業時間與生產期間等之優點。故群組佈置成爲目前生產自動化及電腦整合製造 (computer integrated manufacturing) 之基礎技術，且普遍的應用於世界各國之製造業中。

　　在從事群組別佈置時，一般使用下列三個步驟：

　　1.將工廠生產之產品分類爲幾個工件族。而分類的方法有：編碼與分類法 (classification and coding)，及生產流程分析法 (production flow analysis)。

　　2.列出每一工件族必須使用之設備，並將機器設備組合成製造單元。此步驟使用的技術亦以生產流程分析爲主。圖 4-8 是一個使用生產流程分析方法，將工件組成工件族，且同時將機器組合成製造單元的例子。圖 4-8 中，第 2 號零件會經由第 4、5、7 號機器加工，

故於該圖中列有 1 之符號。

3.將機器依工件族加工之順序予以組成製造單元。組成之方式可爲直線式佈置或 U 型佈置。一個 U 型佈置如圖 4-9 所示。U 型佈置也是豐田生產系統常用的方式。豐田生產系統使用 U 型佈置及多能工而將生產線組成單件流程生產 (one piece flow production)，因而大量縮短生產期間及減少在製品。

零件	機 器													
	7	4	5	13	1	12	11	3	2	10	8	9	6	14
2	1	1	1											
17	1	1	1											
20	1	1	1											
3	1	1	1											
8	1			1	1	1								
23		1	1	1										
19		1												
7				1	1									
9				1		1								
18				1										
4							1	1	1	1				
5							1	1	1					
21							1	1						
24										1				
15											1	1	1	1
10											1	1	1	1
12											1	1	1	
6											1	1		
1											1		1	
14											1		1	
16											1		1	
13												1		1
11													1	1

圖 4-8 生產流程分析圖例

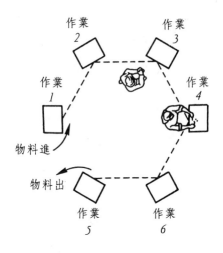

圖 4-9　U 型群組佈置

第五節　物料搬運

一、物料搬運的意義

　　美國物料搬運學會對物料搬運 (material handling) 所下的定義為：「物料搬運是對任何型式的物體進行移動、包裝與儲存的活動。」於工廠管理領域中，物料搬運決策重點在於處理公司內物料流動的問題，其範圍包含由收料至生產至成品出貨流程中的物料移動。物料搬運的目標有：(1)儘可能減少搬運作業，(2)縮短搬運距離，(3)減少在製品，及(4)使破損與腐壞減至最少。

　　在規劃或檢討物料搬運作業時，應考慮下列幾項因素：

1. 搬運的對象

(1)形狀：固體、液體、半固體或氣體。

(2)特性：包裝品、組件、散裝、易碎物品、體積龐大物品或不規則物品等。

(3)物理化學性質：機械性強度、導電性、熱變化性、化學反應等。

2. 搬運作業的條件

(1)數量。

(2)作業的頻率：規則性、持續性或不可預測。

(3)作業的出發點與目的地。

(4)作業的途徑：範圍、位置、經路、方向、水平度及路面等。

(5)搬運的距離：水平、垂直及傾斜等。

(6)速度：每單位時間移動的距離。

3. 搬運的方法

(1)搬運的單位：容器的結構、大小、形狀。

(2)人力：一人、多人或無人搬運。

(3)機器設備種類：輸送帶、起重機、手推車、堆高機或台車等。

(4)實體限制：通道寬度、門的大小、柱子間隔、所需空間、地板負荷量及滑動表面特性等。

　　總之，設計或規劃物料搬運作業時，應考慮搬運的物料為何 (what)、搬運的路徑與地點 (where)、搬運的時間 (when)、搬運的方法 (how)、搬運人員 (who)，及思考為何要搬運 (why)。透過 5W1H 的反覆分析，以達到物料搬運的目標。

二、物料搬運的原則

在設計物料搬運系統時,有下列原則可供遵循:

1. 計畫原則:一切物料搬運與倉儲工作都要有計畫,以求得最合理有效的物料搬運操作。

2. 系統原則:把所有搬運活動儘可能整合成一完整統合的系統,包括物料供應、收料、儲存、生產、檢驗、包裝、倉儲、裝運和運輸。

3. 物料流程原則:操作順序和設備的安排,應使物料的流程達到最佳境界。

4. 簡化原則:透過減少、消除或合併不必要的移動或設備,以簡化搬運作業。

5. 重力原則:儘量利用重力做為搬運物料的動力。

6. 空間利用原則:將建築物的空間做最大最有效的利用。

7. 單位負荷原則:儘可能增加每次搬運的數量、尺寸或重量,以降低單位搬運成本。

8. 安全原則:提供適當且安全的搬運設備和方法,以確保物料搬運的安全。

9. 機械化自動化原則:在可行的情況下,各搬運設備儘可能採行機械化和自動化。

10. 設備選用原則:在選擇搬運設備時,要考慮到所要搬運的物料,其所必須的移動和將使用的方法。

11. 標準化原則:搬運方法以及搬運設備的型式和尺寸都要標準化。

12. 彈性原則:除了特殊的設備外,所採用的方法和設備應具有適

應產品和工作運用變化的彈性。

　　13.呆重原則：將運載設備的重量比率減到最小，以降低單位載運的負擔。

　　14.移動原則：物料運送設備的設計，應減少上下料之裝卸時間，儘可能保持設備在移動的狀態。

　　15.閒置時間原則：減少搬運設備的閒置時間和人力的非生產性時間。

　　16.設備維護原則：要有預防保養及排定維修所有搬運設備的計畫。

　　17.報廢原則：當有更具操作效率的方法或設備時，就應將過時的方法或設備予以更新，改善操作。

　　18.控制原則：利用物料搬運來控制生產管制、存量管制和訂單的處理。

　　19.產能原則：利用物料搬運來協助全生產能量的達成。

　　20.績效原則：以單位搬運費用來衡量搬運的績效。

三、物料搬運設備

　　目前已有許多不同種類的物料搬運設備可供不同作業環境所使用。美國物料搬運學會將物料搬運設備分為九大類，分別為：(1)輸送帶、(2)起重機、升降機及吊重器、(3)定位、量稱及控制設備、(4)工業用交通工具、(5)內燃機交通工具、(6)鐵路車輛、(7)水上載運器、(8)空中運輸工具、(9)容器及輔助工具等。

　　以上九大類，若以移動方向區分，可分為平移設備、升降設備及平移兼升降設備：

1. 平移設備包括有：

(1) 手推車 (hand truck)

(2) 牽引車與拖車 (tractor)

(3) 纜車 (cableway)

(4) 工業鐵道 (railway)

(5) 輪管 (pipe line)

(6) 卡車 (truck)

(7) 獨輪車 (wheel barrows)

2. 升降設備包括有：

(1) 吊車 (hoist)

(2) 升降機 (elevator)

(3) 突臂升降機 (arm elevator)

(4) 懸盤升降機 (suspended-tray elevator)

3. 平移兼升降設備有：

(1) 滑槽 (chute)

(2) 輸送帶 (conveyor)

(3) 起重機 (crane)

(4) 旋臂起重機 (jib crane)

物料搬運設備若依搬運的範圍來區分，有下列三類：

1. 固定路線設備：例如輸送帶、吊重器、升降機、舉重機等。

2. 有限區域設備：例如牽引車、起重機、堆高機等。

3. 廣大區域設備：例如卡車、火車、飛機、輪船、貨櫃車等。

物料搬運常使用的輔助設備有：托板 (pallet) 或墊板 (skid)、容器 (container) 與包裝設備 (packaging)。

隨著電腦科技的發展，許多自動化搬運工具也被開發出來，常用

的有工業機器人 (industrial robots) 及無人搬運車 (automatically guided vehicle, AGV)。使用無人搬運車再配合自動倉儲系統 (automated storage and retrival system, AS/RS)，可形成無人化倉庫。

　以上各項物料搬運設備各有其特性及適用範圍，物料搬運規劃人員應針對作業之性質與設備之特性，而慎重選擇適用之搬運設備，以達成物料搬運之目標。

習題

一、何謂「製程別佈置」、「產品別佈置」及「群組別佈置」？各適用於何種生產型態？

二、某工廠有九個部門，其部門間每天的搬運次數如下表所示，試提出適當的佈置方案。

從＼至	部門								
	1	2	3	4	5	6	7	8	9
1		20				80		20	
2			20	90	10				
3									100
4			50		40				
5			30					20	20
6							10	70	
7	10								
8	90				20				
9									

三、假設某生產線有五項工作單元，其加工時間分別為 0.2 分、0.7 分、1.0 分、0.5 分與 0.3 分，而其一天之工作時間為 450 分，每天之產量為 450 單位，試計算其週期時間，能設定的最少工作站數、實際工作站數目及生產線平衡之效率。

四、試說明物料搬運的原則為何？

第五章

工作研究與改善

第一節　工作改善

　　企業經營的利潤是產品售價與產品單位成本的差值。欲提高企業的利潤，從工廠管理層面考慮時，一方面可經由提高產品品質而提高單位售價而達成，另一方面則可經由降低成本而達成。要提高產品品質或降低單位成本，則須從改善生產過程中的浪費或不合理的狀況開始。持續的工作改善及工作合理化可使現場的浪費降至最少，致使製造成本降低，也可間接或直接的改善產品品質，而達到提高利潤的目的。在競爭激烈的時代中，由排除浪費而降低成本是最穩當的做法，因一切操之在我。因此，工作改善及排除浪費是健全企業體質，提昇企業競爭力的利器。

一、浪費的種類

　　豐田生產系統中將浪費區分為下列七大類：

1.生產過多的浪費

即在沒有必要的時候，生產沒有必要的東西。造成此項浪費的原因有：大批量生產、無控制的生產、過剩的產能等。

2.等待的浪費

即人員、材料、作業、檢驗、搬運等的等待、閒置或監視作業。造成等待浪費的原因有：生產計劃不週全、產能不平衡、機器設備佈置不當、大批量生產及上游製程設備故障等。

3.搬運的浪費

即不必要的搬運、取放、換裝等，或距離太長的搬運。例如將物品搬到暫存區，爾後再將物品搬運到下一製造工程，其中有兩次的搬運作業，而第二次搬運作業是一種純浪費的作業（即屬於一種不必要的搬運）。造成此種浪費的原因有：機器佈置不當、大批量生產、單一功能的作業員工及使用坐姿作業等。

4.無效加工的浪費

即本來不必要的加工作業，例如對沖壓工件修整毛邊，或栓緊螺絲作業中前面幾轉之作業（因只有最後一轉才眞正將螺絲栓緊）。造成此種浪費的原因有：製造程序不良、作業內容不合理、治具夾具不週全、標準化不徹底等。

5.庫存的浪費

即指倉庫及製程間之材料、在製品等物料的停滯現象。造成之原因有：傳統對庫存觀念的影響、機器佈置不當、大批量生產、計劃不週全、先行生產及沒有管制的生產等。

6.無效動作的浪費

即指不必要的動作、不產生附加價值的動作、過快或太慢的動作等。例如將輸送帶上的零組件取放在身旁並予以排列整齊的動作。造

成此種浪費的原因有：機器佈置不當、獨立式工作站作業、老師傅的傳統作業方式、教育訓練不足等因素。

7.不良的浪費

指材料或加工不良的整修、檢驗及抱怨等。造成此項浪費的原因有：製程沒有自動偵錯防呆功能、抽樣檢驗、作業標準化不週全等。

以上七種浪費中，生產過多的浪費與庫存的浪費主要是生產系統設計不當及生產計劃不當所造成，因此，改善的方向應是朝整個生產系統來努力。豐田生產系統中是採用反傳統生產方式，由最後之裝配製程向前面之加工製程領料，且只在必要的時間才依看板 (kanban) 之指示到前製程領取所需的零件。由於看板的運用而達到生產及時化 (just-in-time) 及降低庫存的目標。至於其他的浪費種類，例如加工浪費、動作浪費、搬運浪費、等待浪費及不良品浪費等，則須從作業程序與作業方法來改善。因此，須使用工業工程中的工作研究來進行改善作業。在推行改善活動時，現場的 5S 活動是最重要的基礎活動。

二、5S 活動

所謂 5S 是指整理、整頓、清掃、清潔與紀律。

1.整理 (seili)

是指將現場與倉庫中需要與不需要的物品加以區分，並把不需要的物品貼上「紅牌」。因此，整理活動也稱為「紅牌作戰」。如果現場與倉庫未做好整理工作，則會呈現混亂與空間不夠使用之現象。基本上，因認為零件或機器設備在以後還會用得到之想法，致使現場及倉庫堆放了一堆沒有必要的物品，不但阻礙了生產活動，也造成了一些意外事件及降低產品品質。整理活動的做法如下：

(1)不要的物品應予以丟棄。

(2)偶而才用到的物品,不可放在身邊。

(3)時常用到的物品應放在身邊,並設法易於取用。

(4)對要用的物品應明確訂定存放場所、存放方法及最大與最小存量。

2.整頓 (seiton)

即在做好整理工作後,將要的物品整齊排列放好,並使用看板標示清楚,讓人一目瞭然,可以隨意取用。因爲使用看板來標示物品及設備,因此,整頓活動也稱爲「看板作戰」或「目視管理」。整頓工作的原則如下:

(1)消除尋找、清點及調查的工作。

(2)工具、在製品、半成品及零件應標示存放場所、品名及數量,或以顏色區分。

(3)模具、夾具應編號及標明名稱、標示存放場所。

(4)以看板標示機器設備名稱、工程名稱、使用者及取得時間,可提高效率。

3.清掃 (seisoo)

即將垃圾、油污及灰塵掃除使成乾淨狀態。垃圾、灰塵及污髒會造成機器設備的故障,也會縮短其壽命。因此,清掃是機器預防保養的基本活動。

4.清潔 (seiketsu)

即維持乾淨的工作場所,使現場沒有垃圾、無灰塵、無水漬與油污的狀態。清潔是整理、整頓、清掃三種活動的組合。經常地保持乾淨的工作現場,才能製造出高品質的產品。

5. 紀律（shitsuke）

即嚴守作業規則和維持良好的工作習慣。工廠對必要的事項應予以清楚規定，而對規定的事項則必須徹底地遵守。工廠能徹底地執行 5S 活動，則該工廠就能徹底地改變。

5S 活動可達到下列八大功能：

1.**零浪費**：可排除半成品及倉庫中不必要的庫存、排除不必要櫃子之佔用空間、排除找尋動作的浪費及排除一些搬運、取拿及沒有附加價值的動作。

2.**零傷害**：光亮與乾淨的設備可立刻看出故障與危險的地方；排放整齊的物品避免物品倒塌，並確保通路和休息的空間與場所。

3.**零故障**：實施機器保養制度，可預防生銹和漏油現象，且同時可掌握機器的性能。

4.**零不良**：由規定清楚的場所取出物品就不會發生拿錯物品之錯誤；清潔的工作現場可提高工作意識；實施器具檢查、機器的正確保管可提昇品質。

5.**零換模**：整理整齊的工具可排除尋找工具的動作；乾淨的工作場所可大幅提高工作效率；新進人員也可立即熟悉工作狀況。

6.**交貨期零遲延**：由於不良品的降低，因此可以按期交貨。

7.**零抱怨**：由整潔的工廠生產出來的產品沒有不良，因此，沒有抱怨，產品也是安全的，交期也不會延遲。

8.**零赤字**：施行 5S 的工廠可提昇品質、沒有不良品、受到客戶的歡迎，也可提高公司的信賴度。如此之工廠沒有浪費。

成功推行 5S 活動的工作重點有：

(1)全體人員參加推行 5S 活動。

(2)董事長爲負責人來推行 5S 活動。

⑶使全體人員徹底了解 5S 主題。

⑷耐心的說明推行方法。

⑸董事長及高級幹部親自巡視工廠,指出進行好與壞的地方,並
予以鼓勵。

⑹持續的改善,朝零缺點、降低成本方向努力。

第二節　工作研究

工作研究又稱為時間與動作研究,主要運用方法研究 (methods study) 與時間研究 (time study) 兩種技術。方法研究係以科學方法,研究工作方法、工作程序、作業動作等,以求出最有效率的工作方法。方法研究包括三種技術,一種是分析整個製造程序的大體分析,稱為程序分析 (process analysis);另一種是對某一項作業做詳細分析,稱為作業分析 (operation analysis);最後一種是對某一個動作做細微的分析,稱為動作分析 (motion analysis)。時間研究則是對經由方法研究而得的最有效工作方法,衡量其工作之時間,以建立工作標準時間。經由工作標準時間可做為訂定薪資、獎金及生產計劃與控制的依據。時間研究將在下一節中再介紹。

一、程序分析

程序分析係依工作進行之順序,所經過之製程,以圖號表示方式,自工作之第一工作站至最後一個工作站,分析是否有多餘的作業、重複作業、程序是否合理、搬運是否太多或太長及等待時間是否太長等問題,因而改善工作程序、工作方法,以達最高效率。生產過程中的五個製程現象及所使用的符號如表 5-1 所示。程序分析使用的

程序圖有操作程序圖 (operation process chart)、流程程序圖 (flow process chart) 及線圖或流程圖 (flow diagram)。

表 5-1　製程的 5 種現象

現象	符號	說　　　　明
操作 （加工）	○	表示原料、零件或產品，依其作業目的而受物理或化學變化的現象。
搬運	⇨	表示原料、零件或產品，由某位置移動至另一位置的現象。
檢驗	□	表示原料、零件或產品加以測試，並將其結果與基準比較，判定合格與否之現象。
等待	▽	表示原料、零件或產品，不在加工或檢驗，而在等待下一次加工或檢驗的現象。
儲存	▽	表示原料、零件或產品，不在加工或檢驗而在儲存狀態之現象。

1.操作程序圖

製程中有五個現象，而操作程序圖僅使用操作與檢驗兩項而已，因此不能做為整個製程完整的工程分析。操作程序圖能表示原材料、零件投入製程的起點，以及各種操作與檢驗的順序關係。因此，操作程序圖均用於新產品研究發展中，做為研究設計新生產線之用。

在操作程序圖上，加工操作之進行程序以垂直線表示，而原材料或零件之流動則以水平線表示。電容器之操作程序圖如圖 5-1 所示。

2.流程程序圖

流程程序圖係以記號表示工作程序中所發生之操作、搬運、檢驗、等待和儲存的順序，並記載所發生的時間及移動距離等資料。流程程序圖可用於分析及改善製造程序、物料搬運、工廠佈置、等待與儲存等問題。電容器的流程程序圖如圖 5-2 所示。

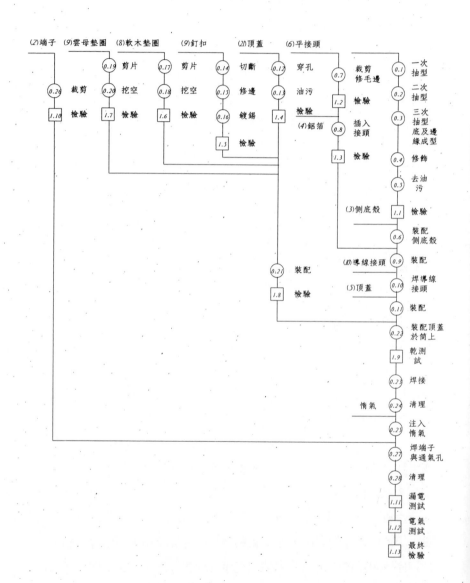

圖 5-1　電容器之操作程序圖

		流程程序圖		表格編號 _____				

工作物名稱：電容器 _____　　時間 _____
工作所編號：_____　參考圖號_____　方法（現行）或（建議）
工作部門：開始 _____　　終止 _____
研究者：_____　　審閱者：_____

距離 （呎）	時間 （分）	符　號	說　明	改善要點			
				剔除	合併	重排	簡化
		○⇨□ D ▽	一次抽型				
		○⇨□ D ▽	二次抽型				
		○⇨□ D ▽	三次抽型				
		○⇨□ D ▽	搬至修飾處				
		○⇨□ D ▽	等待修飾				
		○⇨□ D ▽	修飾				
		○⇨□ D ▽	搬至去油污槽				
		○⇨□ D ▽	等待				
		○⇨□ D ▽	去油污				
		○⇨□ D ▽	搬至檢驗處				
		○⇨□ D ▽	等待				
		○⇨□ D ▽	檢驗				
		○⇨□ D ▽					
		○⇨□ D ▽					
		○⇨□ D ▽					
		○⇨□ D ▽					
		○⇨□ D ▽					
			總　　計				

圖 5-2　電容器製造之流程程序圖

3.線圖

　　線圖係用以表示流程程序圖中的各種製程現象，依序在廠房佈置圖中移動的過程之圖示。線圖主要用於搬運分析，以從機器之佈置上改良搬運之情況。使用線圖分析搬運作業時，主要考慮是否有走回

路，或有不必要的搬運及擁擠之地點，藉此以改良廠房之佈置。線圖
之形式如圖 5-3 所示。

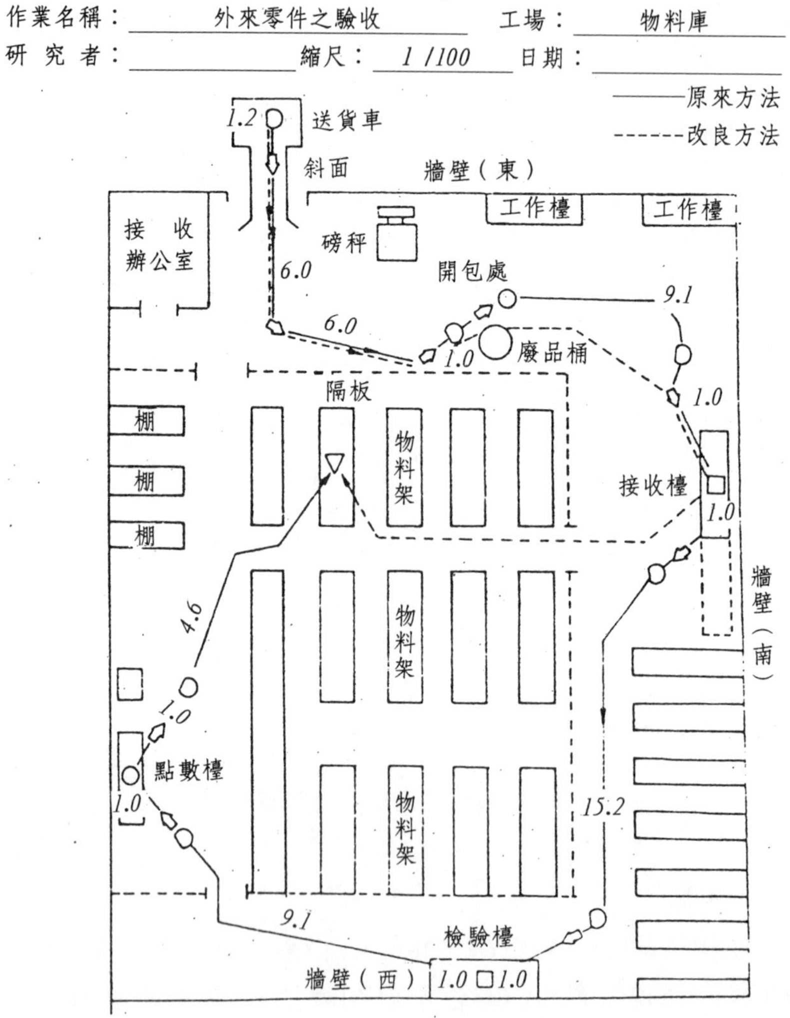

作業名稱： ___外來零件之驗收___ 工場： ___物料庫___
研 究 者： _____ 縮尺： __1 /100__ 日期： _____

圖 5-3　線圖

使用程序圖分析製程時，可以使用 ECRS 來加以檢討，即 ECRS 是工作改善的技巧，其意義如下：

1. 剔除 (eliminate)：是否可剔除流程圖中的某些操作與檢驗。

2. 合併 (combine)：是否可將某一作業與另一作業合併。

3. 重排 (rearrange)：是否可變更操作或檢驗的順序，使作業更有效率。

4. 簡化 (simplify)：是否可使某些作業更為簡化。

二、作業分析

作業分析在詳細研究某一工作站之作業內容。若是與機器有關的作業，則使用人機圖 (man-machine process chart) 或多動作程序圖 (multiple-activity process chart) 來分析作業，以降低機器的閒置時間，並改善操作人員與機器之平衡關係。

1. 人機圖

人機圖用以分析及改善同一操作週期內，操作人員與機器工作相互配合的問題，其目的在減少操作人員與機器的空閒時間。經由工作之重新設計，可讓人員與機器在操作週期內之閒置減到最少，以充分運用人員與機器之能量。圖 5-4 是鑄件精銑改善前之人機圖。該圖顯示人員之閒置比率為 40%，而機器之閒置比率為 60%。當人員有閒置時間時，可利用此閒餘時間操作另一部機器，清除削屑，或其他手工之操作。當機器空閒時間太多時，則應重新設計作業順序或作業方法，以充分應用機器產能。

2. 多動作程序圖

多動作程序圖可記錄多位操作員與機器設備之相關工作程序，可用於研究一複雜機器設備與多位操作員之相互配合操作之問題。由研

圖號 3	張號 1 之 1	統	計		
產品：○○鑄件			現 狀	改 善	節 省
	圖號：X103/1	週時	（分）		
		人	2.0		
程序：		機	2.0		
		工作			
銑製第一面		人	1.2		
		機	.8		
機器： 速度 補給		空閒			
某某廠牌		人	.8		
四號立銑		機	1.2		
		利用程度			
作業員： 編號：		人	60%		
製圖員： 日期：		機	40%		

時間（分）	人		機	時間（分）
.2	移開銑成件，並吹以壓縮空氣，以清潔機器			.2
.4	以樣板在面板上量取深度			.4
.6	銼去銳邊，吹以壓縮空氣，並清潔機器		空閒	.6
.8	放入箱內，取出新鑄件			.8
1.0	以壓縮空氣清潔機器			1.0
1.2	將鑄件夾上夾頭，並開機自動餵洗			1.2
1.4				1.4
1.6	空閒		精銑	1.6
1.8				1.8
2.0				2.0
2.2				2.2
2.4				2.4
2.6				2.6
2.8				2.8

圖 5-4 人機程序圖

究分析多動作程序圖，可設法減少多餘人力及有效使用機器設備之產能（減少閒置時間）。圖 5-5 是一多動作程序圖圖例，最左邊是一時間尺標，右方分別是各操作員與機器之操作。圖中黑或斜線表示在操作狀態中，而空白處則表示空閒。

三、動作分析

　　動作分析乃經由仔細地分析一項作業中人員之各細部身體動作，以刪除無效之動作，改善有效之動作，使操作更為精簡有效，以提高工作效率。用來改善人員動作的原則有所謂的動作經濟原則 (principles of motion economy)，用於分析動作操作的技術有操作人程序圖 (operator process chart) 及動作程序圖。

1.動作經濟原則

　　動作經濟原則為吉爾勃斯 (Gilbreth) 所創，經巴恩斯 (Barnes) 加以研究改進，綜合為二十二項並歸納為三大類，其目的在減少操作人員的疲勞和縮短操作時間。適當應用這些原則可改善工作場所、機器設備及操作動作。三大類及二十二項動作經濟原則如下：

第一類：人體運動之運用方面

(1)使用雙手並同時開始及同時完成動作。

(2)雙臂之動作應對稱，反向並同時為之。

(3)除規定休息時間外，雙手不應同時閒置。

(4)手之動作應以最低等級而能得滿意結果者為佳。

(5)儘可能利用物體之動量。

(6)儘可能使手和手臂之移動，作連續之曲線動作。

(7)彈道式運動，比受限制或受控制之運動，輕快而確實。

(8)工作儘可能保有輕鬆自然之節奏，使動作自然而圓滑。

圖號：078	張數：2-1		現行法	建議法	節省
品名：水泥攪拌作業		機器	41	42	1
操作法：水泥經攪拌後運至添裝處　填裝水泥模內		推車工	44.5	55	10.5
		添裝工	42.55	54.5	11.95
製圖員：×××					

現行使用法				建議使用法			
攪拌機	推車工	推車工	添裝工	攪拌機	推車工	推車工	添裝工

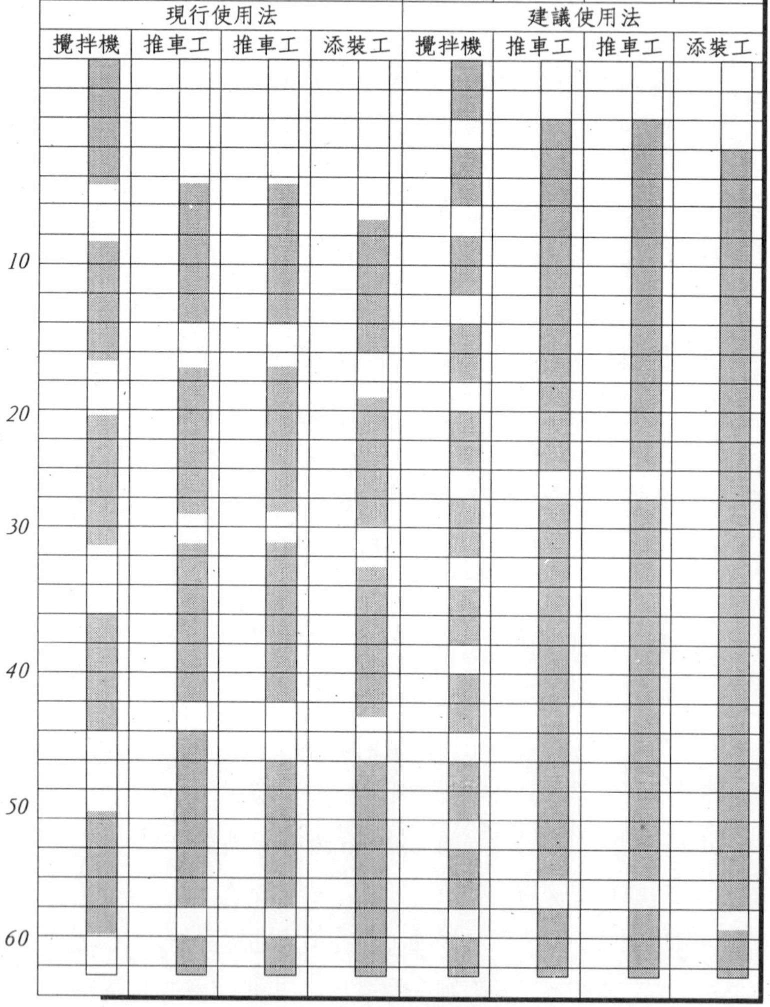

圖 5-5　多動作程序圖

第二類：工作場所之佈置方面

⑼應有適當之照明設備。

⑽工具及物料均應置於固定場所。

⑾儘可能利用「墜送」方法，減少搬運動作。

⑿手和手臂動作途徑應在正常工作區域內進行。

⒀工具物料應採取最佳之工作順序排列。

⒁工作檯及椅之高度，應適合工作者坐立並保持良好姿勢爲宜。

⒂工作區域應以最少移動爲原則。

⒃零件物料之供給，應利用零件物料本身之重量墜送至工作者手邊。

第三類：工具和設備

⒄儘量以夾具或足踏板代替手之工作，使手能執行更有用之工作。

⒅儘量利用多種用途之工具。

⒆手柄之設計，應儘可能使手之接觸面增大。

⒇手指分別工作時，應按其本能予以妥當之負荷分配。

(21)工具、物料應儘可能預放在固定工作位置。

(22)機器於上槓桿、十字桿及手輪之位置，應能使工作者極少變動其姿勢，且能利用機械之最大能力。

2.操作人程序圖

操作人程序圖詳細記錄操作人員左右手之各項動作，以便於分析及改善各項操作之動作。操作人程序圖又稱爲左右手操作圖，主要應用於高重複性，且在固定地點進行之手工作業。經由分析操作人程序圖，可運用 ECRS 及動作經濟原則來簡化工作。一個操作人程序圖如圖 5-6 所示，其中左手有 7 次操作及一次等待；右手有 5 次操作、

3次搬運動作及2次等待閒置動作。

圖號 *1*　　　張號 *1* 之 *1*	工作位置佈置圖
件　名：3公厘玻璃管	
操　作：切成定長	
地點：總廠	
操作人：	
繪圖人：＿＿＿＿日期：	

玻璃管　刻記號處　夾頭

左　手　說　明	符　號		右　手　說　明
	L.H	*R.H*	
將玻璃管放入夾頭	①	D	等　待
握持玻管	②	①	在玻管上作記號
將夾頭抵緊玻管	③	D	等　待
旋轉玻管	④	|	
	|	②	以銼刀在玻管上刻槽
將玻管自夾頭取出	⑤	⇨	放下銼刀
等　待	D	⇨	手回至玻管
	|	③	抓起玻管
幫助右手折斷玻管	⑥	④	折斷玻管(切斷之管落入箱內)
調換玻管抓持位置	⑦	⇨	手至銼刀
		⑤	取起銼刀

	統　　計			
	現　行		建　議	
方　法	*L.H*	*R.H*	*L.H*	*R.H*
操　作	7	5		
檢　驗	－	－		
運　送	－	3		
等　待	*1*	2		
儲　存	－	－		
合　計	8	10		

圖 5-6　操作人程序圖：玻璃管之切割

3.動作程序圖

吉爾勃斯夫婦研究操作人員之動作後，發現所有操作皆由一些基本動作所組成。他們把人體之基本動作分為十七種動素 (therblig)，如圖 5-7 所示。使用動素之觀念，再將人員之操作動作及其程序以動素符號來表達，便形成動作程序圖。分析動作程序圖可改善操作人員之細微動作。動作程序圖中分別記錄左右手之動素、操作程序及每一動素所費的時間。圖 5-8 是一個圖例，其中時間使用 TMU 單位，而一個 TMU 等於 0.0006 分鐘。

類別	動 素 名 稱	文字符號	形象符號	定 義
第1類	伸手 (*Reach*)	RE	∪	接近或離開目的物之動作
	握取 (*Grasp*)	G	∩	為保持目的物之動作
	移送 (*Move*)	M	⌒	保持目的物由某位置移至另一位置之動作
	裝配 (*Assemble*)	A	#	為結合 2 個以上目的物之動作
	應用 (*Use*)	U	U	藉器具或設備改變目的物之動作
	拆卸 (*Disassemble*)	DA	++	為分解 2 個以上目的物之動作
	放手 (*Release*)	RL	⌒	放下目的物之動作
	檢驗 (*Inspect*)	I	O	將目的物與規定標準比較之動作
第2類	尋找 (*Search*)	SH	⊙	為確定目的物位置之動作
	選擇 (*Select*)	ST	→	為選定欲抓起目的物之動作
	計劃 (*Plan*)	PN	ß	為計劃作業方法而遲延之動作
	對準 (*Position*)	P	9	為便利使用目的物而校正位置之動作
	預對 (*Preposition*)	PP	8	使用目的物後為避免「對準」動作而放置目的物之動作
第3類	持住 (*Hold*)	H	⌂	保持目的物之狀態
	休息 (*Rest*)	RT	Գ	不含有用的動作而以休養為目的之動作
	遲延 (*Unavoidable Delay*)	UD	⌒	不含有用的動作而作業者本身所不能控制者
	故延 (*Avoidable Delay*)	AD	Ⴑ	不含有用的動作而作業者本身可以控制之遲延

第 1 類：進行工作之要素； 　第 2 類：阻礙第 1 類工作要素之進行；
第 3 類：對工作無益之要素。

圖 5-7 動 素

改　善	左手動作	記　號	時　間 (TMU)	記　號	右手動作	改　善
	取　紙	RE	7			
		G	3			
		M	7			
		H	–			
			5	RE	取　筆	
			1	G		
			4	M		
			2	A	沾墨水	
			500	U	寫　字	
			4	M		
			–	RL		
			5	RE	取吸墨紙	
			3	G		
			5	M		
			200	U	吸墨水	
			5	M		
			–	RL		
	將紙放下	M	8			
		RL	–			
			759			

*1TMU = 0.0006 分

圖 5-8　動作程序圖

第三節　時間研究

　　時間研究又稱為工作衡量，是針對方法研究之後所得到的最佳工作程序與工作方法，而估計其在正常操作情況下之工作時間，並可進而建立工作標準工時 (standard time)。標準工時的定義為：「使用標準的工作方法與設備，由熟練且適性之作業員，在公司標準管理狀態下，生理情況正常不受有害影響下，以正常的工作速度，完成一個單位工作量所需要的時間」。標準工時的特性如下：

　　1.使用標準工作方法、標準工作程序、標準設備、標準動作及標

準機器轉速等。

2.工作環境與管理狀態標準化。

3.操作者之技能熟練，且能配合測試人員。

4.操作者之生理正常，且不受生理情緒的影響。

5.使用正常之工作速度。

標準工時的結構如下：

> 標準工時＝正常時間＋寬放時間
>
> ＝正常時間×（１＋寬放率）

　正常時間是指使用標準工作方法與設備，由具有要求熟練度與配合度的操作員，以正常的工作速度完成一件單位工作量所需要的時間。寬放時間 (allowance) 指為補償不可避免的延誤，例如產生疲勞、上洗手間、喝水等情況而增加的時間。通常以正常時間的百分率，即寬放率來表示。

　時間研究最常使用的方法有直接量測法的馬錶時間研究 (stop watch time study) 及間接量測法的預定動作時間標準法 (predetermined time standard, PTS)。

一、馬錶時間研究法

馬錶時間研究的步驟如下：

1.準備馬錶、夾板及觀測表如圖 5-9 所示。

2.將作業或動作劃分為若干個動作單元 (element)，單元與單元間須分明可辨，且須將人工操作時間與機器操作時間分開。

3.決定觀測的次數，原則上愈多次愈好。

4.進行各個週期的測時 (timing) 工作。一般可分為連續測時與

重複測時。前者指馬達轉動後不再歸零,而由測試者直接讀出錶上所指的時間;後者則在測定每一動作單元後,將馬錶歸零。

5.重複第 4 步驟,直至測完設定之週期為止。

6.決定操作員在各個動作單元的績效評比 (rating);即依操作員之操作速度及熟練度等因素,調整測時之時間以得到正常時間。

7.計算正常時間與標準時間:

正常時間＝平均觀測時間×績效評比係數

標準時間＝正常時間＋寬放時間

＝正常時間×（1＋寬放率）

動作單元	測時週期				平均觀測時間	績效評比	正常時間	寬放時間	標準時間
	1	2	…	n					
1…									
2…									
⋮									
⋮									
⋮									
N									

圖 5-9 標準工時觀測表

1.決定觀察的次數

假設觀測的工人作業時間呈常態分配,平均數為 μ,標準差為 σ,則作業時間母體分配為常態分配 N（μ,σ）。若抽樣觀測其作業時間,且假設抽樣之作業時間分配亦是常態分配,則其分配為 N（μ,$\frac{\sigma}{\sqrt{n}}$）,n 為抽樣觀測之次數。若抽樣之資料須具有 (1-α) 之信賴度（一般用 95% 之信賴水準）,且資料須具有 a 百分比之精確度

（一般取 ± 5%），則觀測次數 n 為：

$$n = \frac{(Z_{\alpha/2} \cdot S)^2}{(a\overline{X})^2}$$

其中，$Z_{\alpha/2}$ 是在信賴度 $(1-\alpha)$ 下之係數，$\overline{X}$ 是樣本平均數，S 是樣本之標準差。得到此項公式之理由為：

$$Z_{\alpha/2} = \frac{\overline{X}-u}{\delta/\sqrt{n}} = \frac{a\overline{x}}{s/\sqrt{n}}$$

$$\therefore \frac{Z_{\alpha/2}\,S}{a\overline{x}} = \sqrt{n} \Rightarrow n = \frac{(Z_{\alpha/2}\,S)^2}{(a\overline{x})^2}$$

例如已知 $\overline{X} = 6.4$，$S = 2.1$，$Z_{\alpha/2} = 1.96$（即 95% 之信賴水準），$a = 10\%$，則 n 為

$$n = (\frac{Z_{\alpha/2}\,S}{a\overline{x}})^2 = (\frac{1.96 \times 2.1}{0.1 \times 6.4})^2 = 41.36 = 42(次)$$

2.評比係數

由於每一位操作人員之熟練程度、努力程度及工作環境會有所不同，故其表現之作業時間也會有所不同，因此必須使用評比技術加以修正調整觀測之時間，以獲得工作之正常時間。常用的評比技術有西屋法 (the westinghouse system)、合成法 (synthetic rating)、速度評比 (speed rating) 及客觀評比 (objective rating)。於此限於篇幅，僅介紹西屋法，若讀者對其他方法有興趣，可參考工作研究的書。

西屋法決定評比係數所考慮的因素有四個：技巧 (skill)、努力程度 (effort)、工作環境 (condition) 及一致性 (consistency)。

技巧是指「進行某一既定方法的熟練程度」；它與個人的經驗及

先天條件（如手、眼協調配合能力）有關。西屋法將技巧分為六個等級，每一個等級同時再分為上下二個等級。表5-2 指出這些等級的分類，左邊一欄則為不同等級所應給予的係數。

表5-2　技巧係數

係數		等級	說明
+0.15	…………	A1	特優技巧 (superskill)
+0.13	…………	A2	特優技巧
+0.11	…………	B1	優
+0.08	…………	B2	優
+0.06	…………	C1	良
+0.03	…………	C2	良
0.00	…………	D	平均
-0.05	…………	E1	可
-0.10	…………	E2	可
-0.16	…………	F1	欠佳
-0.22	…………	F2	欠佳

努力程度是指「在工作時測量之作業人員增進效率之意願程度表現」。在某一固定的技巧水準之下，工人可以控制此因素，因此觀察衡量人員必須特別謹慎。西屋法將努力程度分為六個等級，分別給予不同的係數，表5-3 指出其內容。

表5-3　努力程度係數

係數		等級	說明
+0.13	…………	A1	特優 (excessive)
+0.12	…………	A2	特優
+0.10	…………	B1	優
+0.08	…………	B2	優
+0.05	…………	C1	良
+0.02	…………	C2	良
0.00	…………	D	平均
-0.04	…………	E1	可
-0.08	…………	E2	可
-0.12	…………	F1	欠佳
-0.17	…………	F2	欠佳

　　工作環境不會影響作業本身，但會影響作業人員，因此在評比時一般均假定工作爲正常（或平均）之狀況。影響工作環境的因素有溫度、通風、光線與噪音等，例如某工作場所標準的溫度爲 60 ℉，若其測量時之溫度爲 68 ℉～ 70 ℉則其評比應比正常（平均）狀況爲低。工作環境之等級亦分爲六級，如表 5-4 所示。

表 5-4　　工作環境係數

+0.06	…………	A	理想
+0.04	…………	B	優
+0.02	…………	C	良
0.00	…………	D	平均
-0.03	…………	E	可
-0.07	…………	F	欠佳

　　一致性是指同一操作人員在觀測週期時間內其表現是否一致。如果同一工作單元觀測之時間前異很小，則其一致性最爲理想。一致性係數見表 5-5 。

表 5-5　　一致性係數

+0.04	…………	A	完美
+0.03	…………	B	優
+0.01	…………	C	良
0.00	…………	D	平均
-0.02	…………	E	可
-0.04	…………	F	欠佳

　　假設經由實際觀測某項作業後，相關之評等係數：技巧爲 C2 ，努力程度爲 C1 ，工作環境爲 D ，一致性爲 E ，則其績效評比係數如下：

技巧	C1	+.03
努力程度	C2	+.05
工作環境	D	+.00
一致性	E	-.02
合　　計		+.06
績效評比係數		1.06

假設觀測平均時間爲 1 分鐘，則其正常時間爲 $1 \times 1.06 = 1.06$ 分。

3.寬放

寬放時間通常包括下列三種：

(1)私事寬放 (personal allowance)：即維持工作人員正常舒適狀況下所需的時間，例如喝水、上洗手間等。一般而言，一天中私事寬放約佔 5% 之工作時間。

(2)疲勞寬放 (fatigue allowance)：即爲恢復疲勞所需之休息時間。影響疲勞的因素有工作環境（如溫度、濕度、照明、噪音等）、工作本身（使用注意力程度、單調性、移動性、肌肉疲乏）及工人之生理與心理因素等。

(3)遲延寬放 (delay allowance)：分爲可避免與不可避免遲延兩種。可避免的遲延是指可由操作人員控制之事項，如找別人聊天。此種遲延不可計入寬放時間之內。不可避免的遲延指非由操作人員可控制者，例如主管的打擾等。此種遲延可計入寬放之內。

二、預定動作時間標準法

預定動作時間標準法係不經馬錶直接測時，而係直接將作業之動作單元依順序記錄後，再按動作之性質逐項查預定之標準表格，即預定之時間值，再經累加合計而爲該工作之「正常時間」，最後再加入

適當之寬放時間,而得該工作之標準時間。常用的預定動作時間標準法有工作因素法(work factor ,簡稱 WF) 及方法時間衡量(methods-time measurement ,簡稱 MTM) 。此方法用於設定標準時間之程序為:

　　1.將工作分解成基本動作單元。

　　2.考慮移動的距離或搬運的重量。

　　3.考慮動作單元的困難度或使用心智程度。

　　4.參考標準動作單元時間表,找出各項動作單元的預定時間值。

　　5.累加各動作單元之時間值而得該工作之工常操作時間。

　　6.加入寬放時間而得該工作之標準時間。

　　由於工作因素法與方法時間衡量考慮之因素不同,且須參考許多標準表格,限於篇幅,於此無法詳細介紹,有興趣讀者請參閱本書參考資料中與工作研究有關的書籍。

習題

一、何謂七大浪費？試各舉一例說明之，並思考與說明如何排除七大浪費。

二、何謂 5S 活動？為何實施工作改善前必須實施 5S 活動？實施 5S 活動有何效益？應如何推動 5S 活動？

三、試說明「操作程序圖」、「流程程序圖」、「線圖」、「人機圖」，並分別說明其功能。

四、試說明動作經濟原則，並舉例說明如何應用於現場工作改善。

五、何謂「正常時間」？何謂「標準時間」？何謂「寬放時間」？

六、試說明使用馬錶時間研究來設定標準時間的程序與步驟。

七、茲有時間研究記錄表一份如下表所示，係使用連續測時，請計算標準時間（假設評比係數為 1.2，寬放係數為 1.15，而時間單位為 0.01 分）。

週期 單元	1		2		3		4		5	
	R	T	R	T	R	T	R	T	R	T
1.取工件放在機台上	0015		21		22		34		62	
2.來緊夾具	37		33		46		66		83	
3.開機並自動加工	87		83		98		0420		0532	
4.停機鬆夾具	99		97		0310		38		44	
5.放零件於箱中	0107		0206		19		－		52	

第六章

生產計劃與管制

第一節　概　論

　　企業生產活動的目的在於提供產品或服務以滿足消費者的需求，並獲得適當的利潤以延續企業之生存。為提供顧客滿意之產品或服務，企業須對所有投入因素，包括原物料、人力、設備、技術、資金等，做適當的處理與組合，以生產合乎顧客要求的產品數量、品質及交期，並合乎利潤要求的成本。但上述顧客之需求與企業之生產因素有些是會有互相衝突的。例如顧客常需要多品種少量的產品，而生產活動中以大量生產為最有效率並能達到低成本。又如顧客希望訂貨時便可交貨（短交期），但工廠生產中則希望依訂貨生產可降低原物料及庫存成本。因此生產與業務部門及公司其他部門（如人事部門與採購部門）經常會有需要協調、配合的地方，故生產活動中的生產計劃與管制所扮演的角色就格外的重要。

一、生產計劃與管制的意義

所謂生產計劃 (production planning) 是協調生產部門與企業組織的其他部門，對於未來一段期間，規劃所需生產的產品種類、數量、品質、價格、生產程序、機器工具及生產期限等，以建立生產目標，並完成企業之使命的一種思考活動過程。為建立生產目標，必須考慮未來所需之各項資源種類（如人力、機器、原物料）及數量，並對這些有限的資源做合理的分配，希望以最低的成本來生產預定的產品種類及數量。經計劃過程而完成的可行方案稱為計畫。

所謂管制 (control) 是依原訂計畫，對執行結果做適時的核對與檢討，以檢核實際之進行結果是否符合預期之狀況。在生產活動中，必須管制生產進度，確保生產活動之進度與生產計畫一致，若不一致則須發掘原因，並採取適當行動，以期能完成顧客之需求。

二、生產計劃與管制的職責

企業活動中，生產計劃與管制所負責的職責包括由業務單位承接客戶訂單、準備完成該訂單所需之原物料、機器設備與工具、排訂生產時程及安排成品出庫等作業。主要的職責如下：

1. 生產預測。

2. 接受客戶訂單。

3. 分析每一訂單中所需的原物料與零件之種類與數量，並計算其合理之存貨量。

4. 分析生產所需之機器設備與工具。

5. 準備途程單 (route sheet) 及作業單 (operation sheet)，註明生產某一產品所需的作業及加工順序、所使用的機器設備與工具、各

項作業之準備時間及操作時間等。

6.指派作業至各機器，並計算機器的負荷量。

7.作成生產進度表，說明各項作業的開始及完成時間。

8.計算各項作業所需之人力，並指派工作。

9.管制生產進度，並採取必要之措施。

10.管制原物料、在製品及成品之存量。

11.依顧客之需求變動（例如設計或訂單內容變更），而修正生產計畫。

12.實際生產活動不符計畫時，採取修正活動。

13.計算生產成本。

14.評估各項作業工作站之績效。

以上之生產計劃與管制業務可歸納為：(1)預測 (forecasting)，(2)存貨管理 (inventory management)，(3)生產計劃 (production planning)，(4)途程安排 (production routing)，(5)生產排程 (scheduling)，(6)工作分派 (dispatching)，及(7)工作催查 (follow-up) 與進度管制。各項業務內容簡述於下：

1.預測

係評估未來產業界之經營環境及公司之經營能力，並預估未來一定期間內，公司可獲得之銷售量或銷售額，或公司必須生產之生產量。由於預測值是參考內外環境而做之預估值，故不可能完全正確。但各項生產計畫，如原物料採購、機器設備之擴充或人力需求等，均以滿足銷售或服務為目的，故一個企業必須要有預測功能，以做為後續各項計畫之依據。

2.存貨管理

係對工廠內之原物料、半成品或在製品 (work-in-process, WIP)

及成品等，設定安全庫存量、訂購之時間及訂購時應訂購之數量，以確保生產中不會有缺料情形，並能在最低成本下，滿足客戶對交期、品質與數量之要求。

3. 生產計劃

即將欲生產之產品種類、規格、數量及生產方式、生產地點、生產期間等，配合企業之資源，如人力、機器、原物料、資金等，做全盤性的考量，製作成合理有效的計畫。長期的生產計畫如廠址選擇、產能計畫、產品計畫等，其計畫期間涵蓋一年以上至十年。中期的生產計畫如人力僱用、採購計畫、存量計畫及生產量等，其計畫期間涵蓋一季至一年。短期計畫如生產排程、原物料採購、人員工作分派及進度管制等，其計畫期間涵蓋一週至一個月。

4. 途程安排

即依照產品之加工方法及程序，排定製造途程，製作成途程單。若再考慮作業人員數目、作業時間及材料使用量，則可作成生產作業單。某一零件之生產作業單如圖 6-1 所示。

5. 生產排程

即決定途程單上每一作業、在特定機器上之開始作業及完成作業的日期，以期產品之完工能配合交貨期。生產排程有時亦稱為日程計劃。某產品之日程計畫如圖 6-2 所示。

6. 工作分派

即依據途程計畫與日程計畫，開出製造命令，指示現場開始產品之生產作業，包括原料物之請領、工具之請領、人員分配於各機器、開始生產，並填製生產日報表或完工報告表等。

7. 工作催查與進度管制

即跟催現場之生產進度，調查是否與計畫一致。現場之生產會因

生產管制組		生　產　作　業　單				日期	
品名 *Socket* 套筒	規格	½ "		製造批號		*D 401*	
批量 *20000*	開工日期	×月×日		完工日期		×月×日	
順序	加工項目	加工部門	機器設備	工人數	每件工資	作業時間	材　料
1	下料	倉庫	*60T* 沖床	*1*	*1.0*	*5"*	*16φ × 15m/m*
2	鍛造	鍛造課	*50T* 沖床，加熱爐	*2*	*4.0*	*10"*	碳鋼
3	切兩端	車床班	*5* 尺普通車床	*1*	*0.5*	*10"*	
4	車外徑	車床班	*5* 尺普通車床	*2*	*0.9*	*9"*	
5	車肩徑	車床班	*5* 尺普通車床	*2*	*0.6*	*7"*	
6	倒角端邊	車床班	*5* 尺普通車床	*2*	*0.8*	*6"*	
7	切溝槽	車床班	*5* 尺普通車床	*1*	*0.8*	*6"*	
8	銑六角邊	車床班	油壓自動銑床	*1*	*0.6*	*6"*	
9	粗磨	研磨組	無心研磨機	*2*	*0.5*	*5"*	
10	熱處理	熱作組	加熱爐，油槽	*2*	*0.5*	*5"*	
11	精磨	研磨組	無心研磨機	*2*	*0.4*	*6"*	
12	酸洗	電鍍班	酸洗槽（筒）	*1*	*0.4*	*10"*	
13	電鍍	電鍍班	電鍍設備	*8*	*0.6*	*10"*	
14	包裝	包裝班	高週波加熱機	*4*	*0.5*	*8"*	

圖 6-1　生產作業單範例

機器故障、品質不良、原物料短缺、人員缺席或意外事故等因素而使進度延誤，故生產管制中必須跟催進度，並且於必要時採取適當之補救措施，例如緊急採購、加班或外包等。

　　一個成功的生產計劃與管制應做到下列各點：

　　1.產品能如期交貨。

　　2.由生產部門提供之記錄報告，掌握生產進度。

　　3.有效利用人員與機器產能，消除工作量太高或太低之現象。

　　4.保持適量之存貨，在最低庫存成本下能避免停工待料之問題。

生產部管制組		品名	Socket	規格	1/2 "	數量	20000	製造批號	D401

製造單位	加工項目	加工日期 1 2 3 4 5 6 7 8 9 10 11 12 13 14 15 16 17 18 19 20 21 22 23 24 25
倉庫	下料	
鍛造課	鍛造	
車床班	切兩邊	
車床班	車外徑	
車床班	車肩徑	
車床班	倒角端邊	
車床班	切溝槽	
車床班	銑六角邊	
研磨組	粗磨	
熱作組	熱處理	
研磨組	精磨	
電鍍班	酸洗	
電鍍班	電鍍	
包裝班	包裝	

圖 6-2　日程計畫範例

5.沒有機器故障或工具短缺之現象。

6.在製品停滯等待時間短，且生產期間短。

7.順利達成生產目標。

三、生產管制的方式

生產管制的方式依企業之生產型態而可區分為存貨生產（計劃性生產）管制及訂貨式生產管制兩大類。

於存貨生產管制中，必須先預測未來一段期間內（如一個月）之

銷售量，依此預測值做成製成品庫存計畫及月別生產計畫。由月計畫
可展開計算每月之物料用量計畫，再由物料庫存計畫可決定應採購之
物料計畫。另外由月生產計畫可展開爲週生產計畫。生產單位於接到
生產命令時，直接向倉庫領料，不必等候採購，而生產完之成品直接
向倉庫辦理入庫。當業務接到客戶訂貨單時，則直接由倉庫提取成
品，並辦理出貨及裝運作業，因此，不必等候生產。存貨生產之生產
管制方式如圖 6-3 所示。

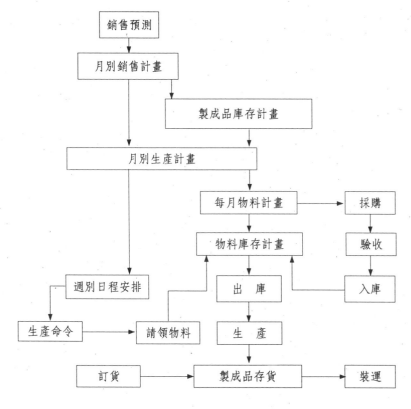

圖 6-3 存貨生產之生產管制方式

　　於訂貨生產方式中，是在接到客戶訂單之後才開始安排生產計畫（月計畫或週計畫），並由生產計畫展開計算需求之物料用量。經由核對物料庫存量可決定應採購之物料量。部份共同物料則可根據預測值以預先備妥，以縮短備料期間。由週生產計畫可展開為每日之日程計畫。生產單位於接到生產命令後，依每日日程計畫到倉庫領取原物料並加工生產，生產之成品則向倉庫辦理入庫。生產管制單位依據生產報告或入庫資料，通知業務單位辦理出貨及裝運作業。訂貨性生產之生產管制方式如圖6-4所示。

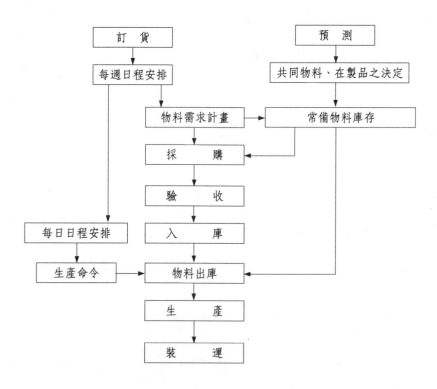

圖 6-4　訂貨生產之生產管制方式

第二節　生產計劃

一、生產計劃的意義

生產計劃是指在開始生產產品之前，對所欲生產之產品類別、數量、生產方法、機器設備、物料、人員及生產期限等編成一最有效的預定計畫之一種思考活動過程。生產計劃在企業中所扮演的功能如下：

*1.*生產計畫乃依據銷售計畫而製作，故是產銷配合的重要工具。生產計畫必須由產銷單位共同制定或核定，以做為企業經營之目標。

*2.*生產計畫是企業內各部門共同努力的目標，例如人事部門以招募及提供生產計畫所需的人力為目標；採購部門以適時提供適質與適量原物料，以供生產部門生產等。

*3.*生產計畫是細部生產作業的指導原則。例如生產進度、日程計畫等均須依據生產計畫來編製。

二、生產計畫的內容

生產計畫的內容依企業的生產條件而有所不同。一般而言，長期生產計畫以處理長期之生產條件為對象，例如產能之擴充、人員之招募培訓、技術之引進、衛星工廠之建立等均是長期生產計畫的內容。短期生產計畫則以處理短期可調整、可準備與可協調之事項為主。企業常用之長短期計畫及其內容如下：

1.長期生產計畫

是規劃超過一年以上之生產條件的計畫，且須與企業的經營目標

相配合。此項計畫所包含的項目有：

(1)產品計畫：即企業未來要生產或發展的產品項目與組合。此項
計畫可引導研究發展、產品設計及製造技術的發展。

(2)產能計畫：即廠房之擴充、設備之採購、自動化技術之引進
等。

(3)長期原物料來源之掌握與採購。

(4)長期自製或外購政策與供應商之建立等。

(5)長期人才訓練計畫。

(6)生產技術研究發展、長期效率之改進、成本降低等改善計畫。

2.年度生產計畫

年度計畫在於配合長期生產計畫、修正調整長期計畫的執行內容
及做爲年度生產單位努力的目標，其內容如下：

(1)各種產品之預定生產數量及各月份概略之生產數量。

(2)年度物料採購計畫：包括各種原物料之需求計畫、各月份中各
種原物料之購置與庫存量計畫、新供應商之洽商、進口原物料
之採購計畫等。

(3)年度人力需求與訓練計畫：包括各月份各單位人力需求計畫與
各月份各單位人員訓練計畫。

(4)各月份產能調整計畫：包括淡旺季生產時間之計畫，例如每月
上班日數、加班時數等；外包或委託代工之數量；設備之增
減、汰換、保養等。

3.半年或季生產計畫

此計畫係根據年度計畫再做細部性之規劃，亦可對年度計畫之執
行結果，做半年或季之修訂。修訂時可採部份、全部或重疊式
(rolling planning) 修訂之。所謂重疊式即以一年爲期做部份重疊計

畫，而重疊部份則對原計畫加以修正。

4.月份生產計畫

此計畫須配合銷售或訂單數量，而對生產條件做適當的分配，因此月生產計畫與生產進度須互相配合，其內容須與實際生產狀況相配合，且內容須詳盡。一般而言，月生產計畫的內容包括有：

(1)各項產品之生產數量、金額與生產期間。

(2)各生產單位預計所需之人力。

(3)月份上班日數及加班時數。

(4)原物料之供應採購量與外包數量。

(5)各生產單位之生產目標。

第三節　途程計劃

一、途程計劃的意義

途程計劃係依據產品設計圖及施工說明而決定之加工作業順序。由於一般產品之設計圖只標示產品之最終尺寸、公差、形狀及使用材料等資訊而已，並沒有說明加工之方法、使用之機器及加工之步驟等。另外。對同一產品設計圖，不同之操作人員可能會有不同之加工方法及途徑。因此，必須事先訂定出最經濟有效之加工方法及順序，以供所有操作人員所遵循。因此，途程計劃是規劃自原料開始至加工及至產品完成期間，所經過最經濟有效的加工途徑，使成本最低（消耗材料及加工成本）、效率最高、品質最適當的一項計畫。對一項新產品，製程規劃人員或技術人員必須規劃出此產品之途程計畫，此計畫可做為生產排程之依據。

二、影響途程計劃的因素

影響途程計劃設計的因素如下：

1.生產型態

在連續性生產中，工廠佈置一般是產品別佈置，故操作程序係沿生產線由前向後推進方式前進，因此，其生產途程較固定。在多種少量生產中，工廠佈置以製程別佈置或群組別佈置爲主，每一產品必須由專家規劃出一最經濟的途程計畫。

2.機器設備之性能

若一產品可由兩種以上之機器來加工，則一般係選擇功能相同而製造費用較少的機器來加工。若有兩台機器，一台可加工之產品種類較多（即較有彈性），另一台則較少，則應先選擇加工能力較小者來加工，而將能力大者留作加工其他產品之用。

3.機器設備之負荷與產能

機器之負荷若達到飽和或經常發生故障，則途程計畫中就不應再考慮使用此機器。

4.員工之安排

途程計畫中若有需求高技術之操作，則應安排有經驗的人員來擔任，而較容易操作之工作則可分派初經訓練之人員來擔任。另外途程計畫中亦需考慮某一操作所需的作業員人數。

5.標準化作業之建立

應有標準化操作方法、標準作業時間、品質標準、用料標準及工具夾具類別等資料，以利於途程計畫中設計操作時間及準備工具等作業。

三、途程計劃的設計程序

途程計劃的設計程序如下：

1.決定生產的程序

對於裝配性的產品，可由產品裝配圖或操作程序圖（如圖 5-1 所示）而設定其生產的程序。對於加工性的產品，則需由有經驗的製程技術人員，依產品使用之原材料形狀，依加工之步驟與方法，例如車削、銑槽、搪孔、磨光等方法，逐一的列出由原材料變成最終產品的步驟，而形成該產品的生產程序。由於每一位技術人員有其不同之經驗，故同一產品之生產程序可能依不同操作人員而有所不同，此時公司須依最佳之程序或最經濟之程序而決定一標準之生產程序。由於電腦及自動化的發展，許多電腦輔助製程規劃 (computer-aided process planning, CAPP) 系統已被開發，用來協助人們設定途程計劃。

2.決定每一製程所用之機器及工具

若每一產品均選擇使用某一最佳能力之機器，則該機器很可能形成所謂的瓶頸機器，而其他機器則會有閒置現象。故應考慮機器之產能、加工能力與負荷以決定所使用之機器。選擇機器時，除考慮經濟性及最低成本之外，應同時考慮各機器負荷平衡，使生產時能有最佳之效率（生產期間最短與在製品數量最少）。

3.決定所需材料型態及數量

材料之材質於設計階段應已指定，但材料之尺寸及型式（如圓柱形或方塊）則須配合加工方式及機器設備來決定。另外，所需材料數量則由產品所展開之物料清單 (bill of material, BOM) 可決定。

4.決定操作人力及時間

由標準操作方法、機器之能力（如每分鐘之轉速）、再配合工作研究與時間研究，可決定每一項作業所需的人員數目及作業時間，而決定之人數及作業時間亦形成加工此產品之標準作業之內容。另外由作業之困難度或需求之技術程度可選擇所需之操作人員。

5.決定檢驗點

即決定生產程序中何時於何作業做何種之檢驗項目，以確保所生產之產品符合規格要求。

經由以上之設計程序，可產生途程單 (route sheet) 及作業單 (operation sheet)。途程單中係說明操作之順序、使用之機器、工具夾具等規範，而作業單中則有更詳細內容說明，包括：使用的機器、工具夾具、操作人員應具之技術能力、標準工時、加工部位與尺寸、加工細節與操作順序等。生產作業單如圖 6-1 所示。

第四節　生產排程

一、生產排程的意義

排程 (scheduling) 是對已決定進行的工作或作業訂定進行的時間表。在途程單及作業單中已規定加工進行的順序、使用的機器與工具及操作的標準工時。在生產排程時是依途程單與作業單之資料，配合生產計畫及客戶交期的要求，以及機器的負荷與人力負荷計畫，而訂定出適當的作業日程表。

生產排程依規劃期間的長短及內容詳細程度而區分為三種：

1.總排程 (master schedule)

又稱為大日程計畫,其考慮的期間以一年為單位,係針對工作的整體做安排。其內容包括有:(1)向外採購零件之準備日期與完成日期,(2)材料與工具之準備與到廠日期,(3)裝配開始與完成日期。

2.中排程 (shop schdule)

係依總排程計畫範圍內,取一時段,依產品別、訂單別,或生產線別為基礎,訂定各零件與各成品之相關作業的開始生產與完成日期。中排程以季或月為考慮的時間安排單位。

3.細排程 (detail schedule)

係依機器別、製程別、人員別等為基礎,所安排更詳細的日程表。時間單位可以週、日、時為安排單位。

以上三種日程表之關係與訂定程序如下:

(1)先以總排程計畫決定月別生產量後,再依工廠能力分為自製或外包。

(2)決定各製程所需能力、工作負荷及工作餘力。

(3)依總排程計畫決定各零件或各成品別之開始生產日期與完成日期,並以數字或圖表表示,此即為中排程計畫之生產進度表。

(4)決定各作業別或機器別之工作開始與完成時間,並以數字或圖表表示,此即為小日程計畫之作業預定表。

二、日程安排的方法

常用的日程安排方法有兩種:

1.前推排程法 (forward scheduling)

即以規劃當日為起算日期,依各作業所需之時間,逐步由前向後製程排定日程的方法。在產品所含之零件不複雜情況下,可適用本方

法。

2.後溯排程法 (backward scheduling)

即以最後需要日期（或交期）為起算日期，依各作業所需時間，由最終製程逐步向前製程推算各作業之開始時間之方法。此方法在裝配型的工廠最常見。

在安排日程計畫時，不論是採前推法或後溯法，均必須以某種工具來表達，而常用的工具是甘特圖 (gantt chart)。甘特圖是由 Henry L. Gantt 所發明，它是編製生產進度中最為廣泛使用的工具。使用甘特圖於日程計畫的範例如圖 6-2 所示。圖中列出產品之各加工作業名稱與順序，及各作業之起始與完成日期。

三、生產排程應注意事項

為使所排定之日程計畫能實現，於排程時應注意下列事項：

1.產銷政策

例如，於淡季與旺季時，公司之生產政策；品質異常時之處理原則；缺料時之處理原則等。

2.緊急訂單問題

工廠中因顧客之時效需求或因規格變更而引起趕工，均會產生緊急訂單。但若緊急訂單太多或進度經常異常落後，則即使普通訂單也會變成緊急訂單。解決緊急訂單之問題，常用的方法是對作業所需之時間再予以額外加 5% 之寬放時間，即對一項作業預留 5% 之產能以應付緊急訂單。另外加班或外包亦是常用來處理緊急訂單的方式。唯經常性的加班會使作業員產生反感。

3.學習效應問題

生產速度可因人員之熟練程度增加而增加，因此，排程時應考慮

人員之技術能力與學習效應，而妥善規劃進度。

　　4.生產進度之調整及補救

　　日程計畫常因機器故障、品質異常、人員請假、原物料待料、工具短缺等因素而發生異常。故生管人員應注意生產進度之各項異常因素，並採取補救措施或調整日程計畫。

第五節　工作分派、工作催查與進度管制

一、工作分派

　　工作分派或派工 (dispatching) 是指依據途程計畫及日程計畫，對現場發出製造命令或派工單以開始生產製造，其目的在於使人員與機器能依照排訂的時間完成規定的作業。

　　工作分派的內容有：

　　1.依據日程計畫、機器負荷圖及其他工具，並考慮工作之優先順序與日程，將作業分派給機器作業組及作業人員。

　　2.簽發製造命令及工作通知單，開始實施製造。

　　3.簽發領料單，由倉庫領出所需原物料。

　　4.簽發工具領用單，準備各種必要之工具與夾具。

　　5.簽發檢驗命令，對指定之作業於作業完成後進行檢驗。

　　6.依照加工順序搬運加工品及半成品。

　　7.記錄各項作業之開始與完成時間，機器設備停工時間及理由。

　　8.記錄不良物料及加工之不良品數量與原因。

　　9.記錄並說明排程作業延遲的原因。

　　10.收集現場工作負荷與餘力資料。

工作分派的方式有集權式派工與分權式派工兩種。

在集權式派工的工廠中,每一項作業均由生產管制部門統一集中分派,再交由生產現場領班負責執行。此種分派方式由於領班沒有分派工作的權力,較易產生不合作的心理。但由於事權集中,較易做全盤性的調配。在連續性生產工廠或大量生產工廠可採用此種派工方式。

在分權式派工的工廠中,生產管制部門僅將製造命令單及領料單發給生產現場,由現場領班或管理幹部調派操作人員、指派人員所負責的機器及機器所應生產之產品種類等事項。由於領班對實際作業最清楚,由領班來負責派工可使領班對現場掌握更為有效。在訂貨式的生產工廠中,一般均採用此種派工方式。

二、工作催查

工作催查 (follow-up) 是指對正在進行之製造命令,查核各項作業(包括由原料至加工及裝配與包裝之作業)之實際進度,以確保生產進度與計劃進度一致。若生產活動因某些因素而使進度落後,則催查員或生產管制員應找出問題原因,協調相關部門,並採取適當的補救措施,以使實際進度能與預定進度相符。若修正之行動仍無法使實際進度趕上計劃進度,則生產管制部門就必須修正日程計劃。以上催查工作進度與調整修正各部門生產活動以配合計劃進度的過程也稱為進度管制。

在理想情況下,實際進度會與預定進度相符,但工廠生產活動中常有一些因素會影響實際進度,這些因素包括有:

1.原計畫因產能、操作時間或其他因素估計不正確,而使原計畫所訂進度不正確。

2. 機器設備發生故障。

3. 設計內容變更。

4. 緊急訂單插單。

5. 品質發生異常（包括原物料品質及產品品質）。

6. 人員缺勤。

7. 原物料或託外加工零組件未入廠而待料停工。

催查員在瞭解各工作站之實際進度及進度異常原因後，應協調各相關部門以採取適當的補救措施，並將異常狀況及處理情況以某種報告方式，通知生產管制部門主管或相關主管。例如發現有品質異常現象，則應採取適當行動，並通知品管部門；發現有待料停工狀況，則應通知採購部門。若有重大事故而催查員無法自行採取措施時，則應向上級反應。例如機器故障而訂單交期已到，則應向上級反應以決定是該加班、託外加工，或由業務向客戶要求延期交貨等。

三、進度報告

進度報告在於指出製造命令實際進行的狀況，若有進度落後情況則應修正製造命令或日程計畫。故進度報告中須列出已完成的工作及未完成的工作，並同時說明進度落後的原因。

一般生產工廠中常用的進度報告方式有下列幾種：

1. 口頭報告：即由生產領班報告實際之生產進度，此方式可適用於小型工廠。

2. 電話報告：因走動費時，或因緊急工作而來不及寫報告時，可採用電話報告。此方式用於規模較大的工廠。近來有採用燈號顯示的目視管制，亦屬於此種報告方式。

3. **書面報告**：書面報告是生產管制部門收集生產現況的正式方

式，主要的書面報告有：

(1)生產日報表：由生產現場領班填寫當日作業項目或生產之產品
別、開始與完工時間、完成數量及不良品數量。有時亦可由檢
驗員註明檢驗結果。

(2)在製品移轉單：當在製品或物料需由某一製程移轉至另一製程
時，則使用移轉單註明物料名稱、目前所在地點、移轉之目的
地等資訊。移轉單由物料搬運人員填寫並送至生產管制部門。
生產管制部門由在製品移轉單可獲知物料與在製品之所在處所
及目前之生產進度。

(3)檢驗報告書：檢驗報告書由檢驗部門人員填寫，其內容包括製
造命令編號、產品代號、產品批號、合格數、不合格數及不合
格原因等。檢驗報告書一份須送給生產管制部門。生產管制部
門由檢驗報告書可獲知某批訂單之生產進度，以及是否可以訂
單要求之數量如期的交貨。若不良數太多而使生產量低於訂單
要求數量，則生產管制部門必須及早追加生產數量，以期能如
期如數的交貨。

(4)週生產報表：週生產報表是由生產管制部門將一週內生產方面
的數量、機器使用率（稼動率）、不良率、進度，落後原因及
一些重大問題與改正措施等填報送呈廠長及其他高級主管，以
利高級主管能瞭解及掌握生產概況，並能做適當的決策。

習題

一、試說明生產計劃與管制的意義及其職責。

二、試分別說明存貨生產方式與訂貨生產方式之管制方式，並說明其相異之處。

三、何謂「途程計劃」？如何設定途程計畫？途程計畫與產品設計及生產製造的關係為何？

四、何謂「生產排程」？如何訂定日程計畫？影響生產排程計畫實現之因素有那些？應如何排除這些因素？

五、何謂「工作分派」？其程序為何？

六、試說明工作催查與工作報告在生產管制活動中所扮演的角色與功能。

第七章

物料管理

第一節 物料管理的意義

一、物料的意義

企業經營與工廠管理中主要的四個 M 為：機器 (machine)、人力 (manpower)、物料 (materials) 與金錢 (money)。其中物料是一項主要投入資源。對一般的製造業而言，物料成本約佔其總成本的 50% 以上，有的行業甚至高達 80%。因此，物料管理的良否，對企業經營的成效影響非常的大。

工廠中之物料可分為下列幾項：

1. 原料 (raw materials)：即未經過加工處理，而準備直接用於產品製品的材料，例如鋼板、木材、紙漿、棉花、塑膠粒等。

2. 零配件 (component parts)：即製造過程中不改變其形狀或性質，而直接用於裝配為成品的配件，例如螺絲、輪胎、燈泡等。

3. 間接材料或供應品 (indirect materials or supplies)：即於生產

過程中，非直接投入產品中之用料，但屬製造上所必須使用之物料，例如機械維護零件、辦公用品、冷卻劑、催化劑等。

4.在製品（work-in-process）：即原料經過若干製程的處理，其形狀、尺寸、性質已有一些改變，而尚未完成全部製造過程的物料，即為在製品。

5.成品（finished products）：即已完成製造，而可銷售到消費者之物料。

6.殘廢料（salvage stores）：即不能使用之物料，例如車削下來之鐵屑、木屑，或維護所替換下來之配件等，通常其價值甚低。

二、物料管理的意義

物料管理乃是有系統地計劃、協調與控制物料作業，以達到適時、適地、適量、適質及適價的供應企業各部門所需的物料，並使閒置的呆廢料減少、資金週轉靈活及降低產品成本。

物料管理的主要活動內容為：

1.預測或決定物料之需求。

2.尋找及獲得物料。

3.使用物料。

4.監督物料的使用。

物料管理的詳細活動內容與範圍為：

1.擬定物料供應計劃與物料預算。

2.辦理供應商的調查及採購物料。

3.辦理物料進料驗收及物料之領發料。

4.辦理物料倉儲管理與運輸作業。

5.辦理物料庫存管制作業。

6. 辦理物料盤點。

7. 處理呆廢料。

以上七大項物料管理內容中，預測率涉到許多預測技術，其範圍應以一章甚或一本書方能介紹清楚，故本章中將不予介紹。另外，物料需求計劃 (material requirement planning, MRP) 亦是生產管理中之主題，且須以一專章方能介紹清楚，故本章中亦予省略，有興趣的讀者請參閱本書參考資料中相關之生產管理書籍。基於此，本章中將逐一介紹物料採購、驗收與領發料、倉儲管理、庫存管制、物料盤點與呆廢料處理等主題。另外，物料編號是物料管理之基礎與首要工具，故一併介紹。

三、物料管理的目標

由物料管理的定義中可知，物料管理須達到以下之目標：

1. **低價格**：即以低價格採購物料，以降低產品成本，提高利潤，並增強產品之競爭力。

2. **高的存貨週轉率** (high inventory turnover)：存貨週轉率是指銷貨成本除以平均存貨。存貨週轉率愈高表示銷售量愈大且存貨愈少，故積壓在存貨上的資金就少，也因此，資金的使用率就高。

3. **低的物料保管成本**：即在物料驗收、搬運及儲存方面能有效率地運作，以減低保管及取得成本。

4. **物料供應不會間斷**：即能適時、適地、適量、適質地提供各部門所需的物料，以避免工廠停工待料。

5. **保持品質一致性**：即使購入之物料在品質上能維持一定水準，即使不同批次之相同物料亦應有一致的品質水準，以利工廠生產及品質管制。

6.低的人工成本：即儘量減少處理物料管理之人員數量。

7.維持良好的供應商關係：良好的供應商關係不但使物料易於得到連續的供應，且品質一致，甚至可以低價購入，以提昇利潤及競爭力。

8.培植人員：即教育訓練物料管理人員，以提昇其工作效率。

9.完善的物料記錄：完善的物料使用記錄可協助物料需求的預測、庫存管制作業及價格的控制。

第二節　物料編號

一、物料編號的意義

物料編號乃以簡短的文字、數字或符號來代表物料、品名、規格或其他特性的一種管理工具。物料編號的功能有：

1.查核管制容易：經物料編號後，每一項物料有一個簡單的代號，對於物料之請購、驗收、跟催、領發料、儲存管理等均有物料編號可以查核，使查核工作容易，且可增進物料資料的正確性。

2.便於電腦化管理：有物料編號後，可將物料編號及物料之規格與重要管理項目（例如請購點、安全存量、清購量與現有存量等）儲存於電腦中，以利於電腦化的物料管理作業之進行。

3.防止機密外洩：利用編號來代表各種物料，使企業之新產品及原物料機密資料不易外洩。

4.可減少庫存：物料編號可使領發料、庫存管制及盤點作業易於進行，而可降低庫存量。

5.便於資訊的傳達：工廠內各部門或工廠與顧客及供應商之間可

依物料編號以進行各種交易與聯繫活動，使資訊傳達易於進行。

二、物料編號的原則

物料編號時應遵循的原則有：

1. **簡單性**：編號時應避免繁瑣，以節省閱讀、抄錄的時間。

2. **整體性**：即所有的物料均需有一個編號。

3. **單一性**：即一項物料僅能只有一個編號。

4. **彈性**：即編號方法應能允許日後可用於編訂新物料的代號。

5. **組織性**：即編號方法應有組織及排列規則，以便可很方便由物料編號查知該項物料之帳卡或資料。

6. **充足性**：即所採用的文字、數字或符號必須有足夠的數目，以代表所有的物料。

7. **易記性**：即編號具有暗示性或聯想性以利於記憶。

8. **可電腦化**：即編號方法應配合電腦化物料管理。

三、物料編號的方法

主要的物料編號方法有：阿拉伯數字法、英文字母法、暗示法及混合法。

1. **阿拉伯數字法**

阿拉伯數字法係以數個阿拉伯數字代表一項物料。此法容易瞭解，但不易記憶。通常須準備有物料項目與編號之對照表。此方法有下列幾種編號方式：

⑴連續數字編號法：即將所有物料依某種方式排列，再自 1 號起依序編流水號以分別代表各種物料。此編號法之缺點為編號與物料項目間沒有關聯性，且日後之新物料無法插入原有排列順

序之料號內。

⑵階段式數字編號法：係將物料主要屬性區分為大類，並編定其
號碼，其次再將各大類按其物料之次要特性分為次級之類別，
並編定其號碼，此方法之優點為有系統且每一物料僅有一個編
號，但缺點為無用之空號太多。

⑶十進位編號法：此法由美國 M. DeWey 於 1876 年為圖書編目
而發明。此法先將所有物料分為十大類，分別以 0 至 9 號碼
來代表。其次每一大類再依某一標準再劃分為十個中類，再分
別以 0 至 9 之數字來代表，如此類推繼續往下細分。此編號
之缺點為冗長且沒有暗示功能。

2. 英文字母法

本法係對某項物料予以指定一個字母或一組字母為其編號。例如
以 A 代表金屬材料，B 代表塑膠，C 代表本材；而以 AA 代表鐵金
屬， AB 代表銅金屬；再以 AAA 代表鐵礦石， AAB 代表鑄鐵等。

3. 暗示編號法

此種編號方法很容易由編號本身聯想出編號所代表之物料的內
容。暗示編號法可使用文字暗示法及數字暗示法。於文字暗示法中係
採取物料之英文字來做為其編號。例如以 C 代表棉製品 (Cotton) 或
以 S 代表鋼製品 (Steel)。於數字暗示法中係直接以物料之數字（例
如長度、寬度、厚度、直徑等尺寸資料）做為物料之編號。

4. 混合法

此方法混合使用英文字母與阿拉伯數字來做物料編號。一般採用
英文字母代表物料之類別或名稱，再使用十進位或其他方式編數字號
碼。

第三節　物料之請購與採購

一、請購的意義

　　請購是指提出購買物料之申請，它是採購的先期作業。在採購單位向供應商發出購買物料訂單之前，這些物料應先由某些單位（例如倉儲單位或生產管制單位）提出購買之需求，並填寫請購單。請購單內須註明物料之名稱、規格、單位、購買數量及需求時間（若需求時間緊迫則註明緊急採購）等資訊。為防止請購浮濫，造成太多呆廢料，通常請購單必須經由某階層主管的核准才能送到採購單位進行採購。另外，請購單位在提出某項物料之請購時，必須先決定何時應請購（即請購點）及請購數量。在決定請購點及請購量時必須要有完善的庫存管制作業。故此部份留在庫存管制時再加以說明。

　　由上述的說明可知，請購作業的主要功能為：

　　*1.*建立完善的內部管制程序，請購作業需經一定主管人員的簽核。

　　*2.*劃分各部門之採購權責，授與各部門對某種物料之請購權責。

　　一般企業採用的請購原則如下：

　　*1.*依請購金額之高低，授與各階層主管簽核權責。金額較高者須較高階層的核准。

　　*2.*由於一個企業之物料種類繁多，因此，依物料之類別，由各部門提出請購。一般的劃分方式為：

　　⑴生產用之原物料由生產管制部門依生產計畫提出請購，而由廠長或廠務經理核准。

⑵貴重的原料（例如銅）或大宗原料（如玉米或棉花）通常由公司高層人員（如總經理）或經營者親自負責請購與採購。

⑶經常性之維護用料，由倉儲部門依庫存管制原理提出請購，而由倉儲主管或廠長核准。

⑷辦公用品或機器設備由總務課統籌辦理提出請購，而由總務主管核准。

二、採購的意義與採購方法

採購係指企業為獲得各種所需的原物料，而向外界所做的買賣行為。因此，採購活動必須考慮以最低的成本，購買最適當的品質，最適當數量的原物料，而於所需最適當的時間與地點執行交貨，並且能保持物料來源連續不斷。一般而言，採購業務的內容包含有下列幾項：

1.尋找物料供應來源，分析市場。

2.與供應商洽談，安排工廠參觀，建立供應商資料。

3.進行物料之報價與議價。

4.獲取所需之物料。

5.查證進廠物料之數量、品質與交貨時間。

6.收集市場供給與需求價格，並做成本分析。

7.預防與處理呆料與廢料。

採購方法的種類很多，一般企業的採購方法有下列幾種：

1.招標採購

招標採購係將物料之所有條件，包括物料名稱、規格、數量、交貨日期、付款條件、罰則、投標押金、廠商資格、開標日期等，詳細列明，登報公告。投標廠商依公告之所有條件，於規定時間內交納投

標押金參加投標。招標之開標依規定必須至少有三家以上之廠商從事報價投標才能開標。招標採購的程序如下：

　　(1)發標，包括審查採購內容及買賣條件，印製標單、公告等。

　　(2)開標，包括出售標單，準備開標場所及有關投標與開標工作，審查廠商資格及投標、開標及整理開標文件。

　　(3)決標，包括審核報價單，公告與通知決標結果。

　　(4)簽訂合約。

2.議價採購

　　係採購人員依據物料成本、合理利潤及市價，與個別供應商接洽，經雙方討價還價而議定價格之採購行為。此種採購方式較適合特殊規格物料、緊急採購或僅有少數供應商時採用。因議價採購中採購人員可能串通供應商共同舞弊，故我國審計法中規定公家機關之議價採購必須符合下列條件才可進行：

　　(1)在同一地區僅有一家廠商有此項物品者。

　　(2)物品為專利品，或國內試驗製品，或原廠牌之配件，不能以他物品替代者。

　　(3)各機關相互間洽購物品者。

　　(4)一次所需物品，雖有數家可資供應，但無一家能全部供應者。

　　(5)軍事用品急需者。

　　(6)經連續辦理比價兩次，僅有一家參加者。

　　(7)比價採購案件，屢經公告無人報價者。

3.比價採購

　　係指採購人員依以往交易之實績，選擇殷實之供應商，請其提供價格後，從中加以比價，挑出最低價且符合規格之廠商而進行採購行為。

4. 詢價採購

係指由採購人員向三家以上之供應商發出詢價單或詢價函電,要求供應商依規格、交易條件,寄送樣品或型錄,並註明價格及有效期限,經採購人員比較後發出正式採購訂單。

5. 定價採購

即於採購數量龐大,且供應來源分散各地時,由採購單位訂定統一價格收購之採購方式,例如農產品(楊桃、番石榴、稻米等)之收購。

第四節　物料之驗收與領發料

一、物料驗收

所謂驗收乃查驗所收到的物料之數量與品質,並核對是否符合契約之規定,以決定允收或拒收該批物料。通常由倉儲部門收到物料後,若非經正常之驗收手續,該批物料不能入庫。

物料之驗收工作包括有品質的檢驗及數量的點收兩項。當供應商送貨到工廠時,倉儲部門之人員會找出請購單或採購單之倉儲聯,並依送貨者送來之發票、送貨單等,核對供應商名稱、物料規格,並點收數量,並將清點結果註明於驗收單上,且於送貨單上簽收。同時,倉儲人員應通知品管人員至倉儲部門做品質之檢驗。進料之檢驗通常採取抽驗檢驗(例如使用 MIL-STD-105D 抽樣表進行抽樣),將所抽取之樣本進行物理試驗、化學分析及外形檢查(例如尺寸大小與公差)等。檢驗員將檢驗結果填寫於檢驗單上,並於驗收單上簽明檢驗結果。如果檢驗結果合格,則驗收作業就完成;若檢驗結果有問題,

則一般由品管主管做下列之處置：

1.**退貨**：若品質異常而不堪使用或不影響生產之進行情況下採行。

2.**折價或罰款後驗收**：依據合約規定，要求供應商折價或負擔損害賠償責任。

3.**全數檢驗後對合格品予以驗收**：要求供應商全檢，或負擔額外的全檢費用，並提供良品以替換不良品。

4.**特採**：若品質異常，但仍在可用之範圍內，而且工廠之生產急於使用該物料，則可由品管主管下達特採之命令。唯生產過程中及產品完成後交付使用者後，對該批使用特採物料之產品應特別加以列管及追蹤，並加以記錄。

物料經驗收後，由倉儲部門開列驗收單送會計部門，做為付款之準備及依據。另外倉儲部門亦應通知請購部門，以做為領發料之準備。物料驗收後，於日後使用中若仍發現有不良品，一般是由使用單位將該不良品向倉儲部門辦理退料，再由倉儲部門向供應商辦理退貨手續。

二、領發料

物料驗收完畢入庫後，使用單位便可依一定程序，填寫領料單至倉儲單位領料，或倉儲單位依據製造命令，主動發料至使用單位，此等活動稱為領發料。由以上定義可知，發料方式分為兩種：即「領料」與「發料」。

在採用領料方式的工廠中，由製造部門的人員開立領料單，經主管（例如課長）核章後，親自到倉儲部門進行領料。物料管理員在備妥材料後，核對材料名稱與規格與領料單內容無誤後，送請倉儲主管

核章,之後一聯領料單隨材料由領料人員帶回生產部門準備製造工作。另一聯領料單留存在倉儲部門,做為存貨記錄之用。另外一聯領料單則由倉儲部門轉送至會計部門,做為計算成本之用。

採用領料方式的缺點如下:

1.使用單位或生產單位於生產期間必須派出一人或多人至倉儲單位領料,致使生產有中斷之虞。

2.領料單位必須自備搬運物料之工具。

3.若有多人同時至倉庫領料,則會有等待之浪費。

4.領料時間須配合倉庫人員之時間,否則若允許任何時間均可領料,則倉儲人員就沒時間整理庫存資料。

5.於加班趕工情況下,由於倉儲管理人員已不上班,而由現場幹部允許生產人員至倉庫取料,而沒有填領料單,且事後亦沒補領料單,容易造成庫存料帳不符之情況。

在採用發料方式的工廠中,係由生產管制部門依據生產日程表開立製造命令單給倉儲部門,由倉儲部門填發料單。倉儲部門若發覺物料不足,則將製造命令單退回生產管制部門,由生管部門改變生產日程計畫,重新填記製造命令單。若物料充足,則由倉儲部門之發料人員備妥物料,並連同發料單、製造命命單送交製造部門準備生產。在此發料方式中,有些公司是由生產單位或物料使用單位每天依據需要時間開出領料單,而倉儲部門收到領料單後,集中整理準備,並在規定時間或生產單位需要之時間前,由倉儲人員將物料送到生產單位。此種發料方式可節省成本,也強化了倉儲部門的支援角色,亦且沒有上述領料方式之缺失,實值得推廣。

另外,領發料時應遵循的原則如下:

1.先進先出原則:發料應按進料之先後次序,採先進先發之原

則，以避免物料超過存放期限而發生變質損壞。

2.正確原則：領發料須依一定作業程序與單據辦理，所發之數量與品質應與單據上記載相同。

3.安全原則：於物料搬運過程中應注意安全，不使人員受傷，不損害物料品質，不發生遺失等。

4.經濟原則：在不積壓工作原則下，應減少雇員。

5.時間原則：物料之領發應配合需要的時間，並在規定的時間內為之。

第五節　存量管制

一、存量管制的意義

　　存量管制是工廠為生產之需要及配合生產進度，需對其物料、工具、在製品、零件及成品等做某一數量的儲存，並以最低的成本維持存量儲存的活動。由於物料自請購至物料驗收入庫需有一段不短之購備前置時間 (lead time)，因此，倉庫必須保有一些存量，以備在購備期間讓工廠之生產能繼續進行下去，且不會發生有待料停工的問題。另一方面，倉庫之原物料庫存量高低，代表公司資金積壓的多寡，故庫存量亦不能保留太多。因此，存量必須加以管制，一則必須配合生產之需要與進度，避免停工待料；另外，必須設定訂購基準及訂購數量，以最低成本維持存量於一最適當之水準。

二、存量管制的基本概念

　　於存量管制時，一方面必須準備充分之物料以配合生產之需要，

另一方面則必須儘量降低存貨量以減少資金積壓及儲存與保管成本,因此,存量管制中心必須解決下列之基本問題:

1. 訂購點 (reorder point)

訂購點決定了某一物料之訂購時間。一旦該物料之存貨量低於訂購點時,則必須對該物料發出請購之申請。若訂購點太高,則會發生訂購時間過早,存貨增加,因而增加物料之儲存成本與資金積壓問題。相反的,若訂購點太低,則會有訂購過遲,而發生待料停工之損失。訂購點如圖 7-1 中之 P 點所示,由該圖中可知訂購點等於實際最低存量。

2. 請購量或訂購量

即一次訂購時必須訂購的數量。若訂購數量太多,則會增加存貨持有成本 (inventory carrying cost),且積壓資金;若訂購數量太少,則勢必增加訂購次數,而增加訂購成本及搬運成本,而且會有物料供應中斷之虞。訂購量如圖 7-1 中之 Q 所示。由該圖可知訂購量等於最高存量減安全存量。

3. 存量水準 (inventory level)

即應該維持多少存量而言,包括最低存量與最高存量。最低存量係指在某特定期間內,能確保配合生產所需之最低物料庫存量。最低存量可分為理想最低存量及實際最低存量兩種,可以下列公式表示之:

> 理想最低存量＝購備期間×每日耗用量
> 實際最低存量＝購備期間×每日耗用量＋安全存量

存量管制中保有安全存量之目的在於:(1)預防物料耗用速率之變動而造成缺料。若物料耗用速率穩定,則安全存量可減少。(2)預防購

備期限到時，請購物料尚未入廠而造成缺料。由於物料耗用速率可能
變動及物料請購入廠時機可能被某因素延誤（例如交通阻塞或氣候因
素），因此，必須保留一定數量的安全庫存。安全存量如圖 7-1 之
R_2 所示，理想最低存量如圖 7-1 R_1 所示，實際最低存量如圖 7-1 R
所示。

最高存量係指在某特定期間內，某項物料之最高庫存量，如圖 7-
1 之 M 所示。最高存量可以下列公式表示之：

最高存量＝生產週期×每日耗用量＋安全存量

最高存量是做為限制存量的標準，而不是做為訂購或儲存物料的目
標。

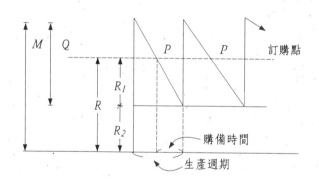

圖 7-1　存量管制名詞解釋

三、經濟訂購量 (Economic Ordering Quantity, EOQ)

存量管制的方法有許多種，可分為三類：複倉制 (two-bin
system)、定量訂購制 (fixed quantity ordering system) 及定期訂購
制 (fixed period ordering system)。

所謂複倉制係將物料分別裝於兩個箱子中，且只能由某一箱中物料來發料，當該箱物料用完後，則發出請購一箱用量之物料。於請購期間則使用另一箱子之物料，此種管制方式適合用於價格低廉而使用量多的零件，如鉚釘、華司、文具用品等消耗品。

所謂定量訂購制是指存量降到某一水準時（即訂購點），則開始發出請購，請購一定數量（即請購量）之物料以補充庫存量。因此定量訂購制是請購量一定而請購時期不一定之存量控制法。定量訂購制之基本問題是一次要訂購多少量才合乎經濟原則，因此也是經濟訂購量的問題。

定期訂購制是指事先決定一固定的訂購期間（如一週或兩週），進行請購物料，而訂購量是指訂購時之存量與最高存量的差額。因此，定期訂購制是訂購期一定而訂購量不一定的存量控制法。

定量訂購制中的經濟訂購量係指在存貨總成本最低情況下所訂購的批量(lot size)。存貨總成本包括訂購成本(ordering cost)、存貨持有成本及物料訂購價值。訂購成本包括：

1. **請購手續成本**：請購之人工費用、事務用品費、主管及相關單位審查費用。

2. **採購成本**：詢價、比價、採購、連絡、通信及事務用品費用。

3. **檢驗驗收成本**：驗收人員之人工費、檢驗儀器使用費、文具用品費等。

4. **入庫與會計入帳成本**：入庫搬運與存貨入帳，會計入帳之人工成本。

存貨持有成本包括有：

1. **資金成本**：維持存貨所需投入資金之成本。這些資金若用於其他投資機會（如存款有利息收入），則喪失之投資機會即為存貨之維

持資金成本。

　2.**搬運與裝卸成本**。

　3.**倉儲成本**：倉儲之租賃費、倉庫管理之警衛、保養、盤點及其他設施費用等。

　4.**折舊與陳腐成本**：存貨因發生品質變異、破損、報廢、盜竊、存貨價值下跌等損失。

　5.**保險與稅金**：存貨投保之費用等。

　存貨持有成本隨訂購量之增加而增加，而訂購成本則隨訂購量之增加而減少。經濟訂購量是指在物料之購價不受訂購量影響之下，於訂購成本與存貨持有成本兩者總和下，總成本最小時之訂購量，如圖7-2所示。

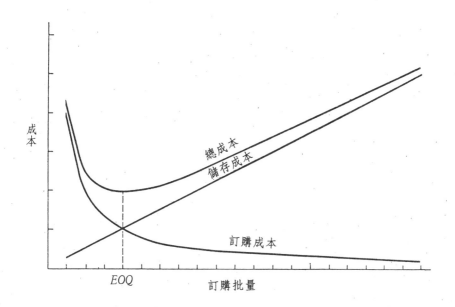

圖 7-2　存貨成本與經濟訂購量

假設，

D ＝某項物料之年需求量（件／年）

P ＝每件之單價

Q ＝每次之訂購數量（件／次）

i ＝儲存費率，即每件物料儲存一年費用與其單價間之比率 (%)

C ＝每件物料儲存一年之持有成本＝ Pi

S ＝訂購一次之平均成本

TC ＝每年用在該項物料之總成本

則：

每年持有成本＝平均存貨×單位持有成本＝ $Q/2 \times C$

每年訂購成本＝每年訂購次數×每次訂購成本＝ $D/Q \times S$

每年物料購買成本＝單價×年需求量＝ $P \times D$

故總成本＝ $TC = Q/2 \times C + D/Q \times S + P \times D$

當總成本最低時之訂購量 Q ，即為經濟訂購量 Q* 。當以 TC 對 Q
做一次微分，其值為零時可得到 Q* ，即

$$\frac{d(TC)}{d(Q)} = \frac{C}{2} = \frac{DS}{Q^2} = 0$$

$$故 \ Q^* = \sqrt{\frac{2DS}{C}} = \sqrt{\frac{2DS}{Pi}}$$

四、 ABC 存貨分析

在存貨管制中，並非對所有之存貨都做相同程度的管制，而是將
存貨項目，依其重要性加以分類，對不同重要性之物料賦予不同程度
的管制。 ABC 分析乃將物料分為 ABC 三類，其中 A 類是屬於存貨
項目少而所佔金額相當高的物料，即是所謂重要的少數之物料，應特

別加以管制。C 類是存貨項目相當多,而其所佔金額卻相當少之物料,即是所謂的不重要的大多數物料。而 B 類則是介於 A 類與 C 類之間,其項目及金額佔有相當的比率。 ABC 分析也是所謂的柏拉圖原理 (Pareto principle)。在管理上如能掌握這些重要的少數,即可獲得事半功倍的效果,也稱爲重點管理。

在物料管理中,少數的物料項目,佔了大多數的資金。因此,只要針對這些少數項目的物料確實管理,就能控制大多數的資金運用。於 ABC 分類中, A 類物料之項目只佔全體項目的 20% ,而其金額佔總金額的 80% ; B 類物料之項目佔 30% ,而其金額佔 15% ; C 類物料之項目佔 50% ,而其金額佔 5% 。值得一提的是,這些百分比僅是概略的數字,而非絕對數字。典型的 ABC 存貨分析如圖 7-3 所示。

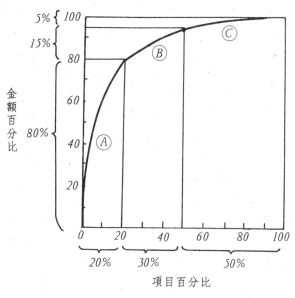

圖 7-3　ABC 分析

於 ABC 分析時，必須先收集每一種物料之單價與年使用量等基本資料，再計算每一種物料之年使用金額、物料年總金額，及計算每一種物料之年使用金額百分比，再依每一種物料之年使用金額大小，由大至小排列，再依 ABC 分類之比率值，就可決定工廠中那些物料是 A 類、B 類及 C 類。

對 ABC 三類物料之管制程度各有不同，詳述如下：

1. A 類

即為價值高的貴重物料，應採嚴格的管制政策，需要有完整的記錄，以分析其需求型態、需要數量及需要時間，並管制購備期間，適時提出請購，儘量降低存量以降低資金積壓。此類物料亦須經常盤點，且領用此類物料應經一級主管簽核。

2. B 類

採用經濟訂購量加以採購即可，不必嚴格管制，只要對每日之存量之增減加以記錄即可。

3. C 類

即為價值低而項目多之物料，例如鉚釘、迴紋針、文具用品等，這些物料應放在使用人員附近，以便於取用，存量管制應採用複倉式，且大批量購買較合適。

第六節　盤點與呆廢料處理

一、盤點

物料盤點乃將倉庫內現有原物料之存量實際做個清點，以確定庫存材料之數量、狀況及儲位等，使實物與帳卡記錄相符，以提高倉儲

作業效率，並提供管理上正確及完整的資料。正確的原物料實物與料帳資料使原物料之請購、領發料等作業能順利的進行，也可避免缺料停工或堆積物料及資金成本的狀況發生。

物料盤點的方法主要分為定期盤點制及連續盤點制兩種。

1.定期盤點制

係選定一定之日期，關閉工廠與倉庫，動員所有人力，以最短的時間，清點現存之所有物料。此種盤點之優點是對在製品之盤點較易進行，且盤點之精確度較高。其缺點則須停止生產招致停工損失；另外對臨時支援盤點人員，因對物料不熟悉，可能無法發揮預期效果。此種盤點方式又因採用之工具不同而分為下列三種：

(1)盤點單盤點法：係以物料盤點單彙整記錄盤點結果之盤點法。

(2)盤點籤盤點法：係使用盤點籤，於盤點後拴在實物上，而於複核時，經複核人員查核無誤後再撕下之方法。

(3)料架籤盤點法：係以原有之料架籤做為盤點之工具，於盤點人員點清數量後將數量填在料架籤上。複核人員查核無誤後，取下原有之料架籤而填上不同顏色之料架籤。

2.連續盤點制

係於盤點時不關閉工廠與倉庫，而將工廠與倉庫分為若干區，或依物料類別，逐區或逐類輪流連續盤點，或於某物料達到最低存量時再予盤點之方式。此方式又可分為下列四種：

(1)隨時隨地盤點法：即依每次收發情況而做隨時的盤點。

(2)分區分類巡迴盤點法：即將倉庫分成數區，或將物料分類，排定日程依一定之順序做巡迴實際清點。

(3)分批分堆盤點法：係於一透明塑膠袋內置放一張收發記錄單，於發料時將發料數量與日期記於記錄單上，並將領料單副本置

放於塑膠袋內,而於盤點時只清點已經動用之物料而已。

⑷最低存量盤點法:係當庫存物料達到最低存量或訂購點時予以
盤點之方法。此方式之最大缺點是對呆料不會進行盤點。

進行物料盤點時,應注意下列事項:

1.應有完整的盤點計劃,以確定盤點項目、範圍、時間、儲存場
所、方式、執行人員、監督人員等。

2.材料保管人員應事先將材料整理排列妥當。

3.帳務人員應將材料收發、移轉等單據入帳,以確定帳面結存數
量。

4.盤點人員應瞭解材料包裝數量及容器體積計算方式,並應校正
各種磅秤及儀器。經盤點過之材料應予適當記號以避免重複清點。盤
點期間應儘可能停止物料之收發,以期盤點結果能正確。

5.盤點時若發現物料變質或毀損不堪使用,應予分開置放並做成
記錄。

對於盤點結果應填製下列報告:

1.發生物料盤點數量帳面或帳卡不符者,應填製「差額報告表」,
並追查發生之原因。

2.超過預定週期而未曾有收發作業者,應填製「呆料報告單」。

3.若物料變質時,應填製「廢料報告單」。

4.規格、編號、單位有差誤者,應列表指明錯誤處。

二、呆廢料處理

所謂呆料係指物料之存量過多,耗用量極少,而庫存週轉率極低
或根本閒置不用之物料。呆料是百分之百可用的物料,只是呆置於倉
庫中,很少動用而已。所謂廢料係指報廢之物料,即指經過相當之使

用而磨損或失去原有之功能而本身無利用價值之物料；或加工過程中所產生之物料零頭。

呆廢料之發生原因可分為下列幾種：

1.變質：如金屬生銹、塑膠硬化等。

2.驗收之疏忽。

3.設計變更或營業種類改變。

4.設備更新，使舊設備之維修零件不再被使用。

5.剪截之零頭邊屑，經濟價值低，而被視為廢料。

6.拆解之包裝材料，經濟價值低，而以廢料處理。

至於如何判定原物料為呆廢料，則應有一定的原則與處理程序。一般呆料之判定依未使用之時間長短來判斷，故其程序須先確定每種物料之週轉率（即年用量除以平均庫存量），再依週轉率求出物料標準儲存天數（即 365 除以物料週轉率）。依此公式及物料之特性，訂定標準儲存天數，若儲存之天數超過此標準，則可視為呆料。

廢料的來源可能為報廢的設備及拆散後的殘骸。而設備或物料的報廢須經過一定的程序。例如，價值在某一限度範圍以上之設備，其報廢須經高級主管的核准；而在此限度以下之工具機械，其報廢可直接由部門主管（如廠長）核准即可。至於庫存物料之報廢，應由主管人員依物料之實況，做成表格，經由主管核准及使用部門之確認才能成立。

呆廢料的處理方式如下：

1.自行加工：設立一專門部門，處理有價值的廢料（例如由不良積體電路零件中煉取黃金）

2.調撥：將某廠之呆廢料調撥至另一極需該物料之工廠。

3.拼修：將數件報廢之機器予以拆解，取其完好之零件，重新組

合成另一個可用的機器。

　　4.拆取零件：將報廢的機件拆散，而取下並保存可用的零件，以供其他類似機器維修之用。

　　5.讓予：將報廢之設備贈與教育機構。

　　6.出售或與機器供應商抵換新設備。

　　7.銷燬：將無價值之廢料自行銷燬或掩埋。

習題

一、何謂物料管理？其主要活動內容為何？工廠內的主要物料可歸為那幾類？

二、物料編號的主要方法有那些？試詳細說明之。

三、試說明物料請購與採購的程序。

四、試說明物料驗收的程序。

五、試說明訂購點、訂購量與安全存量的意義。

六、某工廠對 A 零件每年需求 1200 件，每件價格為 250 元，若每次訂購 100 件為最經濟，而處理一次訂購的成本為 100 元，則每件物料儲存一年的持有成本為何？

七、何謂 ABC 分析？ABC 三種物料之管制方式有何不同？

八、何謂定期盤點制？何謂連續盤點制？

九、試說明如何可達到物料管理的目標，即能降低成本又能及時供應必需的數量且合乎品質的物料。

第八章

品質管制

第一節　品質管制的意義

一、品質的意義

　　CNS 12889，Z 4083 對「品質」的定義為：「品質是產品或服務的總合特徵或特性，此種總合性的特徵與特性使得產品或服務，具有滿足顧客明訂或潛在的需求之能力。」由此定義可知品質是產品或服務的特性。例如產品的外觀、壽命、信賴性、結構、尺寸、均勻性、精密性……等均是產品的特性，而這些特性的好壞便是產品品質之高低，因此，在品質管制中必須對這些產品特性加以管制。

　　另外，由以上品質之定義可知，品質是以滿足顧客之需求為主。因此，品質管制之「品質」並非是「最好」的品質，而是顧客所滿意及適用的品質。因此，為滿足各種不同之需求，而將產品之特性或特徵予以分級或分類，而形成各種之產品等級 (grade)。例如水果有高級及優良的等級，又旅館有五星級、四星級及三星級等之等級。顧客

之需求通常可轉換為具有特定基準的特徵或特性，而需求可能包括下列幾項：使用性、安全性、可靠性、維修性、經濟性及環境影響等。

1. **使用性**：亦即產品之性能，是指產品實際使用性能發揮而言。例如電視機之使用性是指其畫面與音響之清晰度、色彩之色澤等。

2. **安全性**：指使用產品時，因產品缺陷或失效而產生對使用者或第三者之損害。廠商或經銷商對產品之安全性具有賠償責任，稱為產品責任 (product liability)。

3. **可靠性**：指產品在規定的操作環境下，在規定時間內不發生故障而能正常操作的機能特性。完成此機能特性的機率稱為「可靠度」。

4. **維修性**：指產品在維修時的速度與能力等。一般以要求維修服務至開始服務的時間，及服務的平均時間來衡量。

5. **經濟性**：指產品之品質與其成本之特性。若品質很好，但價格偏高，則顧客基於品質價值之判斷，可能不會購買。因此，須使品質與成本保持均衡。

6. **環境影響**：包括生產過程中的品質問題，如工廠排放之廢棄物，及產品使用後之品質問題，如垃圾問題及資源再回收等。

二、品質管制的意義

在管理機能中，「管制」是指建立標準、衡量績效並採取適當矯正行動，以達成標準的程序。將管制的程序應用到生產活動上，是在使產品達成顧客之適用性。美國品管專家 Juran 認為，「品質管制」(quality control) 係先訂定品質規範，且於生產過程中，使品質達成既定的規範，所採行的一切措施。由於近代之品質管制採用統計方法，因此有所謂的統計品管 (statistical quality control, SQC)。美國品管專家 A.V. Feignbaum 認為不僅應注重製造過程中的品管，也

應將管制之範圍向前擴展至產品之設計、開發及市場調查，而向後延伸至產品之包裝、出售及售後服務，使公司全體員工為提高品質而努力，此即為全面品質 (total quality control, TQC) 之概念。

A.V. Feignbaum 對全面品管的定義如下：

「全面品質管制是將一個組織內各部門的品質發展、品質維持及品質改進的各項努力集合起來，使生產與服務皆能在最經濟的水準上，使顧客完全滿意的一種制度。」

戴明 (W.E. Deming) 將品質管制的活動表示成圖 8-1 之「戴明循環」。戴明認為品質管制是由設計階段開始，並延續到顧客使用階段，直到產品報廢為止。

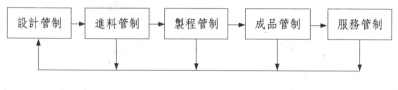

圖 8-1　品質管制系統

1. 產品設計階段

在產品設計階段，廠商除了考慮產品之性能及特點之外，亦應同時考慮顧客之需求、成本、技術程度及機器能力，最後才決定產品之設計品質。當產品之設計品質提高時，產品之成本會急遽上升，但產品之價值上升速度較緩慢，因此，廠商必須決定一個最適之品質水準，使產品之利益會最大。另外，廠商在設計產品時，亦應考慮產品在加工及檢驗時之製造性與檢驗性，使所設計的產品是容易加工及檢驗的，以降低製造成本。

在產品設計階段，廠商除了訂定產品之品質標準外，亦決定了下

列事項：

　　(1)原材料之檢驗標準及抽樣計劃。

　　(2)檢驗站之管制項目、抽樣計劃及測試之工具。

　　(3)成品之檢驗標準及抽樣計劃。

　　(4)量規儀器管制計劃。

　2.進料管制階段

　　進料管制是對外購或外包的原物料及零組件，設定檢驗標準、進行檢驗及分析檢驗資料等，以確保公司每一項進料之品質、數量符合規定，並能適質、適時及適量地供應生產。進料管制經常使用抽樣計劃進行抽驗，而抽樣計劃將於第二節中詳細介紹。

　3.製程管制階段

　　此階段是在管制製造過程中的品質，利用對材料、加工流程、治工具、加工方法、製品規格等之詳細規定，使產品之品質變異能在要求之管制狀態下。一旦發生品質異常問題，也能及早發現，並找出原因及對策，使異常現象不再發生。實務上，製程管制常利用統計方法來進行，故也稱為統計的製程管制。常用的統計圖表是管制圖(control chart)，將在第三節詳細介紹。其他常用的圖表及方法將在最後一節中詳細說明。

　4.成品管制階段

　　產品經加工裝配完成後，通常需做功能測試，以保證顧客不會買到不良品。經常進行的檢測項目有：性能測試、耐用測試、壽命測試、震動及天候測試等。測試時可採用全檢或抽樣計劃。

　5.服務管制階段

　　服務管制包括購買前與購買後之服務。購買前之服務如產品之說明及使用示範，而購買後之服務如維修、退換及抱怨處理等。尤其對

於客戶的品質抱怨，廠商應有一套完整的管制及處理流程，以確保客戶所提之品質問題得到解決及改善。

三、品質管制的沿革

A.V. Feignbaum 將品質管制的沿革分為以下幾個歷程：

1.操作員的品質管制（～ 1900）

在此階段每一操作員對整個產品之製造負責，因此，每一位操作員也完全自行負責其所製造的產品之品質。此階段已有零件互換及設定合理公差的觀念。

2.領班的品質管制 (1900 ～ 1918)

廿世紀初葉，泰勒 (F.W. Taylor) 提倡科學管理及分工，在工廠制度興起後，採用大量生產，並將工廠人員分組，因而設立領班以監督工人，並負責產品之品質。

3.檢驗員的品質管制 (1918 ～ 1937)

在第一次世界大戰期間，工廠規模變成較龐大且複雜，每位領班所管理之工人太多，而無法兼顧產品的品質，因此產生了專任的檢驗員，也設立了檢驗部門。

4.統計的品質管制 (1937 ～ 1960)

於 1931 年，W.A. Shewart 發表了「製成品品質之經濟管制」(Economic Control of Quality of Manufactured Product) 一書後，使品質管制應用大量統計方法，而邁入新的領域。可用的統計方法有管制圖、抽樣檢驗、實驗計劃、統計推論與變異數分析。利用統計品管可適當地管制品質，並經濟有效地降低品管活動之成本。

5. 全面品質管制 (1960 ～)

由 A.V. Feignbaum 所提倡,即與產品品質有關之各部門,由市場調查、產品設計、製造、出貨、銷售及服務等,均須對品質負責,成一完整之體系,而不只是由製造及技術部門負責。

第二節　抽樣檢驗

一、抽樣檢驗的意義

每一個廠商都會有外購或外包的原物料或零組件,而原物料之品質係直接的影響成品之品質及可靠性。因此,品質管制系統係由原物料管制開始。

對於原物料之檢驗可採用全數檢驗、抽樣檢驗或免檢。所謂全數檢驗係將每一個原物料加以檢驗,允收其良品,而退回不良品。抽樣檢驗係由送驗原物料中隨機抽取一樣本加以檢驗,再將檢驗結果與判定標準相比較,以決定該批原物料為允收或拒收。對於免檢,通常是針對品質穩定之供應商所送交之原物料予以不用檢驗之意。

對於全數檢驗,由於成本較高,除了用於高單價的原物料之外,實務上採用的廠商較少。而抽樣檢驗是較常用的做法,但抽樣檢驗則會有接受較差品質的原物料,或拒絕了高品質原物料批量之風險。

二、抽樣計劃

所謂抽樣計劃也就是抽樣允收計劃 (acceptance sampling plan),即對大批貨品抽取一個小批次的樣本進行檢驗的計劃,若樣本之檢驗結果符合規定則接受整批貨品,否則拒絕該批貨品。常用的抽樣方式

有單次抽樣與雙次抽樣。

1. 單次抽樣計劃 (single sampling plan)

根據一次抽樣樣本的檢驗結果，來判定送驗批為允收或拒收的計劃。假設 N 是送驗批的貨品件數，n 是所抽取之樣本大小，m 是樣本中之不良貨品件數，而 C 是樣本中所允許之最大不良數，即允收數 (acceptance number)，則

$m \leqq C$ 　則允收該批送驗貨品

$m > C$ 　則拒收該批送驗貨品

例如 N = 100，n = 10，C = 1，其意義為自一批 100 件貨品中隨機抽取 10 件來檢驗，若其不良數小於等於 1，則接受該批貨品。

2. 雙次抽樣計劃 (double sampling plan)

即將第一次抽樣檢驗的結果判為允收、拒收及保留三種情況。若判為保留時，則再進行第二次抽樣檢驗，再依該二次檢驗結果之總和來判定允收或拒收。假設自一批 N 件品中，第一次抽取樣本 n_1 件，而不良數為 m_1 時，則

$m_1 \leqq C_1$ 　則允收該批

$m_1 > C_2$ 　則拒收該批

$C_1 < m_1 \leqq C_2$ 　則做第二次抽樣

假設第二次抽取樣本 n_2 件，而其不良數為 m_2 件，則

$m_1 + m_2 \leqq C_2$ 　則允收該批

$m_1 + m_2 > C_2$ 　則拒收該批

三、 MIL-STD-105E 抽樣表

於 1960 至 1962 年間，美國、英國及加拿大等三國的軍方代表組成一個委員會，稱為 ABC 工作小組（A 為 America 的字首，B 為 Britain 之字首，C 為 Canada 之字首），共同制定三國所通用的計數值抽樣表 (attribute sampling plan)，而於 1963 年正式發表為 MIL-STD-105D 表。所謂計數值抽樣計劃是被檢驗的對象，其品質只區分為良品或不良品，而不管其他的尺寸與大小之抽樣計劃。此一抽樣表後來經美國品管學會及歐洲品管組織所認可，更經美、英、加、澳等四國之國防部正式採用而風行於國際。我國中央標準局也將此表列為 CNS-2779 Z4006 為國家標準。於 1989 年「美軍軍備研究發展中心」又加以修訂，而於 1989 年五月公佈 MIL-STD-105E 之抽樣計劃。

MIL-STD-105E 之抽樣程序如下：

1.決定良品或不良品之判定基準。

2.決定允收水準 (acceptance quality level, AQL)。在抽樣表中所列的 AQL 值均為 1%、1.5%、2.5%、4.0%、6.5% 之倍數。

3.決定檢驗水準。通常採用一般檢驗水準第 II 級。

4.選取樣本大小代號。依據批量大小及檢驗水準，由表 8-1 中查出樣本大小代號。

5.決定抽樣方法：單次、雙次或多次抽樣。

6.決定嚴格程度：為正常、嚴格或減量。

7.查 AQL 之行與樣本代號之列相交而得 Ac 與 Re，Ac 即表示允收之不良數，Re 是拒收不良數。另外也可查出抽樣之樣本大小。表 8-2 為單次抽樣表，表 8-3 為雙次抽樣表。

8.抽取樣本加以檢驗，並依樣本中之不良個數而決定允收或拒收該批貨品。

例如，有一批製品 N = 1000 個，AQL = 1.0%，若採用一般檢驗水準第 II 級，正常檢驗下之單次與雙次抽樣計劃為：

1. N = 1000，AQL = 1.0%，由表 8-1 得到樣本代號為 J。

*2.*由表 8-2，AQL = 1.0%，代號為 J，得樣本數為 n = 80，Ac = 2，Re = 3，此即為單次抽樣計劃。

*3.*由表 8-3，AQL = 1.0%，代號為 J，得 n_1 = 50，n_2 = 50，Ac_1 = 0，Re_1 = 3，Ac_2 = 3，Re_2 = 4，此為雙次正常檢驗之抽樣計劃。

表 8-1 樣本大小代字

批量			特殊檢驗水準				一般檢驗水準		
			S-1	S-2	S-3	S-4	I	II	III
2	至	8	A	A	A	A	A	A	B
9	至	15	A	A	A	A	A	B	C
16	至	25	A	A	B	B	B	C	D
26	至	50	A	B	B	C	C	D	E
51	至	90	B	B	C	C	C	E	F
91	至	150	B	B	C	D	D	F	G
151	至	280	B	C	D	E	E	G	H
281	至	500	B	C	D	E	F	H	J
501	至	1200	C	C	E	F	G	J	K
1201	至	3200	C	D	E	G	H	K	L
3201	至	10000	C	D	F	G	J	L	M
10001	至	35000	C	D	F	H	K	M	N
35001	至	150000	D	E	G	J	L	N	P
150001	至	500000	D	E	G	J	M	P	Q
500001	及 以 上		D	E	H	K	N	Q	R

表 8-2　單次抽樣計劃・正常檢驗（主抽樣表）

允收品質水準（正常檢驗）

注：下表每一允收品質水準欄位內之數字為「Ac Re」（Ac＝允收數，Re＝拒收數）；⇩＝向下箭頭，⇧＝向上箭頭。

樣本大小代字	樣本大小	0.010	0.015	0.025	0.040	0.065	0.10	0.15	0.25	0.40	0.65	1.0	1.5	2.5	4.0	6.5	10	15	25	40	65	100	150	250	400	650	1000
A	2	⇩	⇩	⇩	⇩	⇩	⇩	⇩	⇩	⇩	⇩	⇩	⇩	⇩	⇩	⇩	⇩	0 1	1 2	2 3	3 4	5 6	7 8	10 11	14 15	21 22	30 31
B	3	⇩	⇩	⇩	⇩	⇩	⇩	⇩	⇩	⇩	⇩	⇩	⇩	⇩	⇩	⇩	0 1	1 2	2 3	3 4	5 6	7 8	10 11	14 15	21 22	30 31	44 45
C	5	⇩	⇩	⇩	⇩	⇩	⇩	⇩	⇩	⇩	⇩	⇩	⇩	⇩	⇩	0 1	1 2	2 3	3 4	5 6	7 8	10 11	14 15	21 22	30 31	44 45	⇧
D	8	⇩	⇩	⇩	⇩	⇩	⇩	⇩	⇩	⇩	⇩	⇩	⇩	⇩	0 1	1 2	2 3	3 4	5 6	7 8	10 11	14 15	21 22	30 31	44 45	⇧	⇧
E	13	⇩	⇩	⇩	⇩	⇩	⇩	⇩	⇩	⇩	⇩	⇩	⇩	0 1	1 2	2 3	3 4	5 6	7 8	10 11	14 15	21 22	30 31	44 45	⇧	⇧	⇧
F	20	⇩	⇩	⇩	⇩	⇩	⇩	⇩	⇩	⇩	⇩	⇩	0 1	1 2	2 3	3 4	5 6	7 8	10 11	14 15	21 22	30 31	44 45	⇧	⇧	⇧	⇧
G	32	⇩	⇩	⇩	⇩	⇩	⇩	⇩	⇩	⇩	⇩	0 1	1 2	2 3	3 4	5 6	7 8	10 11	14 15	21 22	30 31	44 45	⇧	⇧	⇧	⇧	⇧
H	50	⇩	⇩	⇩	⇩	⇩	⇩	⇩	⇩	⇩	0 1	1 2	2 3	3 4	5 6	7 8	10 11	14 15	21 22	30 31	44 45	⇧	⇧	⇧	⇧	⇧	⇧
J	80	⇩	⇩	⇩	⇩	⇩	⇩	⇩	⇩	0 1	1 2	2 3	3 4	5 6	7 8	10 11	14 15	21 22	30 31	44 45	⇧	⇧	⇧	⇧	⇧	⇧	⇧
K	125	⇩	⇩	⇩	⇩	⇩	⇩	⇩	0 1	1 2	2 3	3 4	5 6	7 8	10 11	14 15	21 22	30 31	44 45	⇧	⇧	⇧	⇧	⇧	⇧	⇧	⇧
L	200	⇩	⇩	⇩	⇩	⇩	⇩	0 1	1 2	2 3	3 4	5 6	7 8	10 11	14 15	21 22	30 31	44 45	⇧	⇧	⇧	⇧	⇧	⇧	⇧	⇧	⇧
M	315	⇩	⇩	⇩	⇩	⇩	0 1	1 2	2 3	3 4	5 6	7 8	10 11	14 15	21 22	30 31	44 45	⇧	⇧	⇧	⇧	⇧	⇧	⇧	⇧	⇧	⇧
N	500	⇩	⇩	⇩	⇩	0 1	1 2	2 3	3 4	5 6	7 8	10 11	14 15	21 22	30 31	44 45	⇧	⇧	⇧	⇧	⇧	⇧	⇧	⇧	⇧	⇧	⇧
P	800	⇩	⇩	⇩	0 1	1 2	2 3	3 4	5 6	7 8	10 11	14 15	21 22	30 31	44 45	⇧	⇧	⇧	⇧	⇧	⇧	⇧	⇧	⇧	⇧	⇧	⇧
Q	1250	⇩	⇩	0 1	1 2	2 3	3 4	5 6	7 8	10 11	14 15	21 22	30 31	44 45	⇧	⇧	⇧	⇧	⇧	⇧	⇧	⇧	⇧	⇧	⇧	⇧	⇧
R	2000	⇩	0 1	1 2	2 3	3 4	5 6	7 8	10 11	14 15	21 22	30 31	44 45	⇧	⇧	⇧	⇧	⇧	⇧	⇧	⇧	⇧	⇧	⇧	⇧	⇧	⇧

⇩ ＝使用箭頭下第一個抽樣計劃。如樣本大小等於或超過批量時，則用 100% 檢驗。

⇧ ＝使用箭頭上第一個抽樣計劃。

Ac ＝允收數。

Re ＝拒收數。

表 8-3　雙次抽樣計劃·正常檢驗（主抽樣表）

允收品質水準（正常檢驗）

> 下表各欄 AQL 下皆有 Ac（允收數）與 Re（拒收數）兩欄，儲格內以「Ac Re」表示。

樣本大小代字	次別	樣本大小	累積樣本大小	0.010	0.015	0.025	0.040	0.065	0.10	0.15	0.25	0.40	0.65	1.0	1.5	2.5	4.0	6.5	10	15	25	40	65	100	150	250	400	650	1000
A	第一	2	2	↓	↓	↓	↓	↓	↓	↓	↓	↓	↓	↓	↓	↓	↓	↓	↓	↓	↓	↓	↓	↓	↓	↓	↓	↓	↓
B	第一	2	2	↓	↓	↓	↓	↓	↓	↓	↓	↓	↓	↓	↓	↓	↓	↓	•	0 2	0 3	1 4	2 5	3 7	5 9	7 11	11 16	17 22	25 31
	第二	2	4																	1 2	3 4	4 5	6 7	8 9	12 13	18 19	26 27	37 38	56 57
C	第一	3	3	↓	↓	↓	↓	↓	↓	↓	↓	↓	↓	↓	↓	↓	↓	•	0 2	0 3	1 4	2 5	3 7	5 9	7 11	11 16	17 22	25 31	↑
	第二	3	6																1 2	3 4	4 5	6 7	8 9	12 13	18 19	26 27	37 38	56 57	
D	第一	5	5	↓	↓	↓	↓	↓	↓	↓	↓	↓	↓	↓	↓	↓	•	0 2	0 3	1 4	2 5	3 7	5 9	7 11	11 16	17 22	25 31	↑	↑
	第二	5	10															1 2	3 4	4 5	6 7	8 9	12 13	18 19	26 27	37 38	56 57		
E	第一	8	8	↓	↓	↓	↓	↓	↓	↓	↓	↓	↓	↓	↓	•	0 2	0 3	1 4	2 5	3 7	5 9	7 11	11 16	17 22	25 31	↑	↑	↑
	第二	8	16														1 2	3 4	4 5	6 7	8 9	12 13	18 19	26 27	37 38	56 57			
F	第一	13	13	↓	↓	↓	↓	↓	↓	↓	↓	↓	↓	↓	•	0 2	0 3	1 4	2 5	3 7	5 9	7 11	11 16	17 22	25 31	↑	↑	↑	↑
	第二	13	26													1 2	3 4	4 5	6 7	8 9	12 13	18 19	26 27	37 38	56 57				
G	第一	20	20	↓	↓	↓	↓	↓	↓	↓	↓	↓	↓	•	0 2	0 3	1 4	2 5	3 7	5 9	7 11	11 16	17 22	25 31	↑	↑	↑	↑	↑
	第二	20	40												1 2	3 4	4 5	6 7	8 9	12 13	18 19	26 27	37 38	56 57					
H	第一	32	32	↓	↓	↓	↓	↓	↓	↓	↓	↓	•	0 2	0 3	1 4	2 5	3 7	5 9	7 11	11 16	17 22	25 31	↑	↑	↑	↑	↑	↑
	第二	32	64											1 2	3 4	4 5	6 7	8 9	12 13	18 19	26 27	37 38	56 57						
J	第一	50	50	↓	↓	↓	↓	↓	↓	↓	↓	•	0 2	0 3	1 4	2 5	3 7	5 9	7 11	11 16	17 22	25 31	↑	↑	↑	↑	↑	↑	↑
	第二	50	100										1 2	3 4	4 5	6 7	8 9	12 13	18 19	26 27	37 38	56 57							
K	第一	80	80	↓	↓	↓	↓	↓	↓	↓	•	0 2	0 3	1 4	2 5	3 7	5 9	7 11	11 16	17 22	25 31	↑	↑	↑	↑	↑	↑	↑	↑
	第二	80	160									1 2	3 4	4 5	6 7	8 9	12 13	18 19	26 27	37 38	56 57								
L	第一	125	125	↓	↓	↓	↓	↓	↓	•	0 2	0 3	1 4	2 5	3 7	5 9	7 11	11 16	17 22	25 31	↑	↑	↑	↑	↑	↑	↑	↑	↑
	第二	125	250								1 2	3 4	4 5	6 7	8 9	12 13	18 19	26 27	37 38	56 57									
M	第一	200	200	↓	↓	↓	↓	↓	•	0 2	0 3	1 4	2 5	3 7	5 9	7 11	11 16	17 22	25 31	↑	↑	↑	↑	↑	↑	↑	↑	↑	↑
	第二	200	400							1 2	3 4	4 5	6 7	8 9	12 13	18 19	26 27	37 38	56 57										
N	第一	315	315	↓	↓	↓	↓	•	0 2	0 3	1 4	2 5	3 7	5 9	7 11	11 16	17 22	25 31	↑	↑	↑	↑	↑	↑	↑	↑	↑	↑	↑
	第二	315	630						1 2	3 4	4 5	6 7	8 9	12 13	18 19	26 27	37 38	56 57											
P	第一	500	500	↓	↓	↓	•	0 2	0 3	1 4	2 5	3 7	5 9	7 11	11 16	17 22	25 31	↑	↑	↑	↑	↑	↑	↑	↑	↑	↑	↑	↑
	第二	500	1000					1 2	3 4	4 5	6 7	8 9	12 13	18 19	26 27	37 38	56 57												
Q	第一	800	800	↓	↓	•	0 2	0 3	1 4	2 5	3 7	5 9	7 11	11 16	17 22	25 31	↑	↑	↑	↑	↑	↑	↑	↑	↑	↑	↑	↑	↑
	第二	800	1600				1 2	3 4	4 5	6 7	8 9	12 13	18 19	26 27	37 38	56 57													
R	第一	1250	1250	↓	•	0 2	0 3	1 4	2 5	3 7	5 9	7 11	11 16	17 22	25 31	↑	↑	↑	↑	↑	↑	↑	↑	↑	↑	↑	↑	↑	↑
	第二	1250	2500			1 2	3 4	4 5	6 7	8 9	12 13	18 19	26 27	37 38	56 57														

⇩ ＝ 使用箭頭下第一個抽樣計劃。如樣本大小等於或超過批量時，則用 100% 檢驗。

⇧ ＝ 使用箭頭上第一個抽樣計劃。

Ac ＝ 允收數。　Re ＝ 拒收數。

• ＝ 使用相當之單次抽樣計劃（或者使用下面之雙次抽樣計劃亦可）。

第三節　製程管制

　　產品的品質在生產過程中，多少會產生一些差異，而製程管制的目的在確保產品品質的變異情況是在管制之界限下，並發現異常之變異情況，然候採取必要之矯正措施，以改進品質。

　　製程中的變異情況有兩種，一種是可辨識原因的變異 (assignable causes)，也稱爲非機遇原因，例如刀具磨損或人員之操作失誤等。另一種稱爲共同原因 (common causes) 或機遇原因，它是由一些目前技術上無法控制的因素所產生的變異。例如加工過程使溫度提高而影響材質及加工尺寸等。如果製程中有可辨識原因的變異存在，則該製程是在失去控制 (out of control) 之狀態，此時應找出原因，並設法排除這些狀況。若製程之變異是由共同原因所形成，則製程是在管制狀態下 (in control)。製程的管制經常使用管制圖 (control chart) 來監測。

　　管制圖係由 W.A. Shewhart 於 1920 年代所創的，其精神在收集製程中的資料，並編成各式圖表，再以這些圖表來監控製程的品質。管制圖依管制項目之特性而可分爲計量值管制圖及計數值管制圖。常用的計量值管制圖爲 $\bar{X}$-R 管制圖，而常用的計數值管制圖有 P 管制圖及 C 管制圖。

一、$\bar{X}$-R 管制圖

　　$\bar{X}$-R 管制圖可用以管制長度、重量、拉力、強度、硬度等計量值的品質特性。用 $\bar{X}$ 管制圖可管制平均值的變化，而 R 管制圖可管制變異量的變化。利用 $\bar{X}$-R 管制圖進行製程分析的步驟如下：

*1.*收集數據。依據預訂之時間至製程採取樣本（例如每次抽取 5 件），總共大約收集 100 個數據，並記錄在表 8-4 中。

*2.*計算每組樣本之平均值 $\overline{X}$ 。

$$\overline{X} = \frac{X_1 + X_2 + \ldots + Xn}{n}$$

*3.*計算各組樣本之全距 R 。

$$R = （X 最大值）-（X 最小值）$$

4.計算管制界限線，中心線 (central line, CL)、上管制線 (Upper Control Limit, UCL) 及下管制線 (Lower Control Limit, LCL)。

以 $\overline{X}$ 的平均值 $\overline{\overline{X}}$ 做為 $\overline{X}$ 管制圖的中心線：

$$\overline{\overline{X}} = \frac{\Sigma \overline{X}}{k} \quad , \ k 為組個數$$

以 R 的平均值 $\overline{R}$ 做為 R 管制圖的中心線：

$$\overline{R} = \frac{\Sigma R}{k}$$

$\overline{X}$ 管制圖的 $UCL = \overline{\overline{X}} + A_2\overline{R}$

$$LCL = \overline{\overline{X}} - A_2\overline{R}$$

R 管制圖的 $UCL = D_4\overline{R}$

$$LCL = D_3\overline{R}$$

A_2 , D_3 , D_4 依樣本大小而定，如表 8-5 所示。

*5.*繪製管制界限線，如圖 8-2 所示。

*6.*檢討管制狀態。

若所繪的點沒有在管制界限線之外，或點的排列沒有一定的規則或趨勢，則判定製程是在管制狀態，否則便是在非管制狀態。當有非

管制狀態時，應查明原因，並採取矯正措施，以預防再度發生異常狀態。

表 8-4　　$\overline{X}$-R 管制圖的數據表

日期	組號	量測值					合計	平均	全距	摘要
		X_1	X_2	X_3	X_4	X_5	ΣX	$\overline{X}$	R	
	1	9	6	8	7	2	32	6.4	7	
	2	3	9	6	6	8	32	6.4	6	
	3	8	6	7	9	8	38	7.6	3	
	4	6	9	7	8	5	35	7.0	4	
	5	6	5	6	7	12	36	7.2	7	
	6	9	8	9	5	6	37	7.4	4	
	7	9	7	8	11	11	46	9.2	4	
	8	7	7	8	7	6	35	7.0	2	
	9	6	7	6	6	8	33	6.6	2	
	10	6	7	8	12	8	41	8.2	6	
	11	6	6	11	9	8	40	8.0	5	
	12	6	10	9	9	12	46	9.2	6	
	13	11	6	8	10	9	44	8.8	5	
	14	7	12	4	9	6	38	7.6	8	
	15	10	12	9	8	8	47	9.4	4	
	16	6	7	6	2	8	29	5.8	6	
	17	12	9	10	7	6	44	8.8	6	
	18	6	5	7	8	6	32	6.4	3	
	19	10	1	9	6	9	35	7.0	9	
	20	6	6	5	9	3	29	5.8	6	
	21	7	6	8	7	9	37	7.4	3	
	22	5	7	4	9	6	31	6.2	5	
	23	8	9	4	8	5	34	6.8	5	
	24	10	4	9	7	9	39	7.8	6	
	25	6	10	9	8	7	40	8.0	4	

表 8-5　$\overline{X}$-R 管制圖係數表

樣本大小 n	$\overline{X}$ 管制圖 $UCL = \overline{\overline{X}} + A_2\overline{R}$ $LCL = \overline{\overline{X}} - A_2\overline{R}$		R 管制圖 $UCL = D_4\overline{R}$ $LCL = D_3\overline{R}$	
	A_2	D_3	D_4	
2	1.88	—	3.27	
3	1.02	—	2.57	
4	0.73	—	2.28	
5	0.58	—	2.11	
6	0.48	—	2.00	
7	0.42	0.08	1.92	
8	0.37	0.14	1.86	
9	0.34	0.18	1.82	
10	0.31	0.22	1.78	

（註）D_3 欄「－」表示不考慮下限

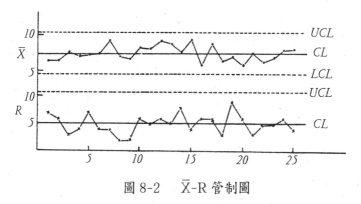

圖 8-2　$\overline{X}$-R 管制圖

二、P 管制圖

　　P 管制圖係以不良率 P 來管制製程，並適用於每次抽樣的樣本數不定的情況。P 管制圖的中心線採用抽樣各組不良率之平均值 $\overline{P}$，而管制界限之上下限為：

$$上限：UCL = P + 3\sqrt{\frac{\overline{P}\,(1-\overline{P})}{n}}$$

$$下限：LCL = P - 3\sqrt{\frac{\overline{P}\,(1-\overline{P})}{n}}$$

例如某產品之分類，每次抽取 100 件來檢驗分類是否正確，共測試 20 次，其結果如下：

測試次數	1	2	3	4	5	6	7	8	9	10	11	12	13	14	15	16	17	18	19	20
錯誤次數	3	2	0	1	4	5	2	4	3	1	0	0	1	1	5	3	3	2	7	9

則 $\overline{P} = \dfrac{P_1 + P_2 + \dots + P_{20}}{20 \times 100} = \dfrac{3+2+\dots+9}{20 \times 100} = 0.028$

$\widehat{\sigma}_P = 3\sqrt{\dfrac{\overline{P}(1-\overline{P})}{n}} = \sqrt{\dfrac{0.028(1-0.028)}{100}} = 0.0165$

故 $UCL = \overline{P} + 3\,\widehat{\sigma}_P = 0.028 + 3(0.0165) = 0.0775$

$LCL = \overline{P} - 3\,\widehat{\sigma}_P = 0.028 - 3(0.0165) = -0.0215$

由於 LCL 為負值，故取 LCL $= 0$

三、C 管制圖

C 管制圖用於管制每單位不良品的數目。假設每單位不良品發生的次數為 C，則 C 管制圖中心線與上下限為：

中心線：$\overline{C} = \dfrac{\Sigma C}{k}$，k 為抽樣之組數

管制上限：$UCL = \overline{C} + 3\sqrt{\overline{C}}$

管制下限：$LCL = \overline{C} - 3\sqrt{\overline{C}}$

當 LCL 為負值時，則取其值為零。

　　例如某廠商生產鑄件，經抽取 20 件以檢查砂孔數，每件的砂孔數如下：

樣本	1	2	3	4	5	6	7	8	9	10	11	12	13	14	15	16	17	18	19	20
孔數	3	4	7	4	5	5	2	2	3	5	1	4	3	2	2	3	4	2	1	0

　　則管制中心線為：$\bar{C} = \dfrac{3+4+....+0}{20} = \dfrac{62}{20} = 3.1$

　　　管制上限 UCL $= 3.1 + 3\sqrt{3.1} = 8.382$

　　　管制下限 LCL $= 3.1 - 3\sqrt{3.1} = -2.182$

　　由管制下限為負值，故取 LCL $= 0$

第四節　品管圈與七大手法

一、品管圈的意義與進行步驟

　　品管圈 (quality control circle, QCC) 是 TQC 活動的一環，是實施自主品管活動的小集團。其定義為：「在同一單位內，自動自發實施品管活動所組成的小組。這個小組構成全公司品管活動的一環。在自我啟發、相互啟發的原則下，小組成員運用各種統計技術，以全員參與方式，改善自己的工作場所。」

　　通常品管圈每週聚會 1～2 小時，每月大約兩次，共同討論一個改善提案。一個改善提案也許要歷經 6 至 7 次的圈會討論才會完成。推動品管圈的步驟如下：

　　1. 組成品管圈：品管圈活動由員工自動參加，最適合的組成人數為 5 至 7 人。

　　2. 品管圈的命名：使用腦力激盪法，由成員在第一次圈會上為自

己之品管圈命名。

3.**掌握問題點**：第二次圈會中由成員提出工作中之問題點，以共同討論要解決之主題。

4.**決定主題**：主題以符合成員之共同關心，又可自己動手解決，而能提高品質的問題爲優先。

5.**設定目標**：決定主題後，便可設定預期達成之目標。

6.**擬定活動計畫**：把每次圈會要討論的內容或活動及進度做成計畫，並加以檢討。

7.**現狀的調查**：須將待解決問題之現狀做詳細的調查與分析，以利找出眞正的問題點。

8.**追究原因：**運用統計資料及七大手法，以找出眞正的問題原因。

9.**研擬對策**：針對問題之原因，運用腦力激盪法想出解決的對策。

10.**確認效果**：將對策付諸實施後，要確認實施後之效果。

11.**維持成果，並將作業標準化**：當改善計畫實施後，會改變現有之作業方式。當實施之效果不錯時，應將新的作業方法、順序或標準等予以標準化，以維持成果。

12.**檢討，並規劃下一個主題**：當一個主題完成後，應坦率地進行檢討，並以此經驗，進行下一個主題的規劃。

13.**整理與發表**：將活動之內容整理出整套的資料，並在發表會上公開發表。

二、品管七大手法

品管七大手法是指特性要因圖、柏拉圖、圖表、檢核表、直方

圖、散佈圖及管制圖。其中管制圖已於本章第三節中介紹過，其他手法之內容於下分別說明。

1.特性要因圖

特性要因圖 (ishikawa diagram) 係有系統的把工作的結果及其原因之關係以圖來表示。因此圖類似魚骨，故又稱爲魚骨圖。由於工作的結果深受設備、材料、零組件、工作方法、人員等原因的影響，故要有好的工作結果，必先確認有那些因素會影響工作結果。而特性要因圖是表達此種要因與結果關係之良好工具。例如鉗子不良與其要因之特性要因圖如圖 8-3 所示。

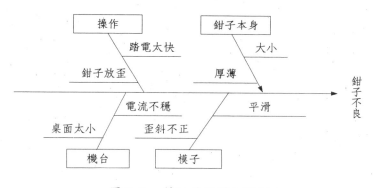

圖 8-3　特性要因圖之圖例

2.柏拉圖

柏拉圖 (Pareto chart) 是重點管理的有效方法，其基本精神是：大部份的不良品或損失金額，來自於少數幾個項目而已。因此，針對這少數幾個項目加以改善，往往可以獲得鉅大的效果。

繪製柏拉圖時，係依項目別，依其出現次數大小順序排列，並計算其累計和，而以圖形表示之。例如，某產品不良項目所組成之柏拉

圖如圖 8-4 所示。

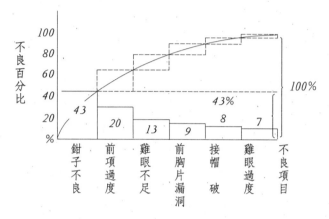

圖 8-4　柏拉圖之例子

3.圖表

將所收集之數據以圖表 (graph) 表示，可以一目瞭然地判斷數據中之趨勢或大小之關係，並可正確地掌握情況。圖表依其形式可分為折線圖、條形圖、圓形圖及 Z 圖等。圖表例示如圖 8-5 至圖 8-7 所示。

4.檢核表

檢核表 (check sheet) 係把所有的必要項目及圖表均事先印製好，而只要利用簡單的打勾或劃記號來記錄檢驗的結果或作業的檢點結果。例如在機器定期維護保養時，將必須檢查之項目做成檢核表，則有利於維護人員之作業。維護人員只要依檢核表中每一項目作業，並在完成時在該項目下打勾或劃記，便不會有遺漏或其他失誤發生。

5.直方圖

即使在同一製程，使用同一設備、同一材料及同一作業標準所做

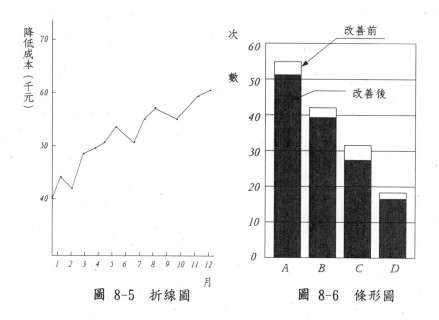

圖 8-5 折線圖　　　　　　　　圖 8-6 條形圖

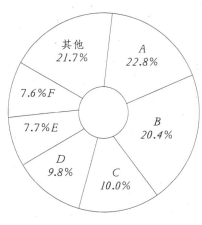

圖 8-7 圓形圖

出來的物品，其品質特性值必然有變異存在。爲掌握影響品質變異的原因，首先須正確地掌握品質特性值變異的狀態。爲此，需要繪製直方圖 (histogram)。

直方圖係將量測值存在的範圍分成幾個區間，以各區間爲底邊，與該區間所屬量測值出現次數爲縱軸所繪製的圖形。

直方圖的圖例如圖 8-8 所示。

直方圖有助於了解品質特性的中心位置及變異狀態，或判斷製品之品質是否符合規格。

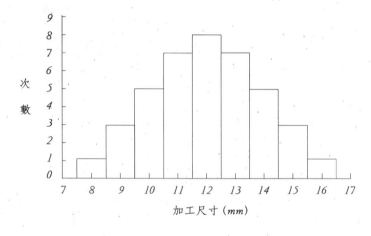

圖 8-8　加工尺寸直方圖

6.散佈圖

直方圖或管制圖係用於處理一個品質特性的手法，而散佈圖 (scatter diagram) 則用於處理兩個品質特性間之關係。散佈值係將兩個品質特性的量測值分別繪製在橫軸與縱軸上而形成之圖。例如某產品瑕疵深度與儀器之波高值之關係所形成之散佈圖如圖 8-9 所示。

散佈圖可用以掌握原因與結果間、結果與結果間及原因與原因間之關係。

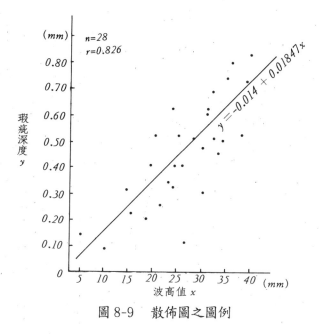

圖 8-9 散佈圖之圖例

習題

一、試說明品質管制的意義？

二、何謂「戴明循環」？

三、試說明單次抽樣計劃與雙次抽樣計劃的意義。

四、若有一批產品 *500* 件， *AQL = 1.0%* ，若採用一般檢驗水準第 Ⅱ級檢驗，試求其單次與雙次抽樣計劃。

五、試依表 *8-4* 之數據，分別計算 $\bar{X}$ 與 *R* 管制圖的 *UCL* 與 *LCL* 值。

六、何謂「品管圈」？試說明其推行步驟。

七、試說明品管七大手法，並舉例說明之。

第九章

財務分析與成本分析

生產、行銷與財務是企業最重要的三項功能,工廠的管理者與幹部除了專精於生產事務之外,亦應有基本的行銷及財務觀念。工廠管理者有了行銷觀念,才會以行銷導向或顧客需求導向來經營或管理一個工廠,並使產銷協調合作能通暢,以使整個企業之利益爲最大。工廠管理者亦須具備財務與成本觀念,才能通曉公司之財務狀況、工廠營運之盈虧及控制經營之成本。因此,本章中將對財務報表與分析,及成本結構與分析做一個介紹,而對行銷管理將在第十一章中再做介紹。

第一節 財務報表簡介

一個企業中最基本的財務報表有資產負債表(balance sheet)及損益表(income statement),茲就上述兩種報表做一介紹。

一、資產負債表(Balance Sheet)

資產負債表係表達一個企業在某一個特定日期財務狀況的報表。

由於在營運期間一個企業的資產與負債項目一直會有變動，因此，只能表達某一特定日期的狀況。常用的日期爲會計期間的最後一天，例如 12 月 31 日。某 ABC 公司的資產負債表如表 9-1 所示。

表 9-1 ABC 公司資產負債表

ABC 股份有限公司

資產負債表

民國 年 12 月 31 日

帳戶名稱	金額		帳戶名稱	金額	
	小計	合計		小計	合計
資　　產			**負　　債**		
流動資產：			流動負債：		
現　　金	$88,400		應付票據	$54,200	
有價證券	65,000		應付帳款	57,600	
應收票據	33,800		應付費用	13,000	$124,800
應收帳款 $42,900			長期負債：		
減：備抵壞帳 2,145	40,755		抵押借款	$80,000	
存貨 (12/31)	98,800		公司債	200,000	280,000
預付保險費	36,045	$362,800	其他負債：		
固定資產：			存入保證金	$15,000	
土　　地	$100,000		代收款	5,000	20,000
房　　屋 $208,000			負債總額		$424,800
減：累計折舊 20,000	188,000		**股東權益**		
機器設備 $120,000			股　本：		
減：累計折舊 20,000	100,000		普通股	$300,000	
廠　　房 $150,000			特別股	200,000	
減：累計折舊 15,000	135,000		資本公積	6,000	
運輸設備 $85,000			特別公積	5,000	
減：累計折舊 28,000	57,000	580,000	未分配盈餘	8,000	
其他資產：			本期純益	54,000	
存出保證金	$50,000		股東權益總額		573,000
暫付款	5,000	55,000			
資產總額		$997,800	負債與股東權益		
			總額		$997,800

資產負債表的內容分爲資產、負債、業主權益（或股東權益）三大部份。由於公司資產的來源管道分別由業主投資或公司舉債購買而得，因此，資產總額恒等於負債總額加業主權益總額，也因此，在西方國家以 balance sheet 來稱呼資產負債表。若以公式表示，則

資產＝負債＋業主權益

在資產項下，尚有許多項目，一般依流動性大小，由大至小排列；在負債項目則依償還日期之遠近，由近至遠排列。資產負債表中各項目及其性質說明如下：

1.**資產**

⑴流動資產 (current assets)

係指在正常業務程序中，於一個營業週期或一年內可變成現金或減少現金支出的資產。所謂流動係指變現能力的程度。主要的流動資產有現金、銀行存款、有價證券、應收票據、應收帳款、存貨及各項預付費用（歸爲遞延資產 deferred assets ）。在應收票據與應收帳款中，有一些可能無法全數收回，因此，公司必須提列一些壞帳準備。因此，有備抵壞帳項目，列爲減項，並列於應收帳款之下。

所謂存貨是指年終結帳時盤存尚未售完的商品，乃是爲期末存貨 (ending inventory) ，及轉至下年度時，則爲下年度之期初存貨 (beginning inventory)。

所謂遞延資產是指部份預付費用和用品盤存，由於在本期期末尚未用完，而可至下一期繼續使用。由於具有遞延時效和延長使用期間之故，乃稱爲遞延資產。預付費用有預付保險費、預付廣告費、預付利息、房租及佣金等。而用品盤存 (office supplies inventory) 是指年終盤存時尚未使用完之各種文具紙張、油料等用品。

⑵固定資產 (fixed assets)

指企業所購置之各項財產，其目的在於供營業之繼續使用，而不在於出售；且財產的使用時效具有長期性之資產。包括有土地、廠房、機器設備及其他設備等，其中除土地外，其餘均隨時間之經過而減少其價值，因此，須提列折舊費用 (depreciation) 做為該項資產之減項。

⑶其他資產

包括企業之無形資產 (intangible assets) 及不屬於上述各項之資產。無形資產指企業在經營中，由於經營良好，或受到政府某種權力方式之保障，而無形中自然產生的一種價值。此種特殊價值雖無實體，但可使企業獲得很大的利益。無形資產有商譽、商標權、專利權、版權及特許權等。其他資產如開辦費、未攤銷費用、非常損失等。

2. 負債

負債是指債權人對公司的權益，可分為流動負債 (current liability)、長期負債 (long-term liability) 及其他負債。

⑴流動負債

又稱為短期負債，是指企業所欠他人的債款，而在短期（通常為一年）內必須償還的債務或其他義務。包括項目有銀行透支、應付票據、應付帳款、短期借款（如員工存款）、應付費用（如薪資、利息、房租、保險費、廣告費、運費等應付未付費用）及預收款項（如預收利息、預收房租、預收佣金等）。

⑵長期負債

指企業所欠他人債款，而在一年以後應償還的債務。包括有長期借款（如信用借款）、抵押借款（以不動產作為擔保品，而償還期限

在一年以上之借款）及公司債（指股份有限公司依公司法所發行的債券）等。

(3)其他負債

即不屬於上述各項之負債，例如代收款、代辦費、暫收款、存入保證金等。

3.業主權益

業主權益在獨資企業又稱為資本主權益 (proprietor's equity)，在公司組織則又稱為股東權益 (stock holder's equity)。在獨資企業資本主權益之帳戶有如下項目：

(1)資本主資本：即業主所投入之資金。

(2)資本主往來：即業主在企業內臨時存放之資金、提取之商品及年終結算後之盈餘或虧損等。

(3)本期損益：即年終結算後之損益。如果有利益則稱為本期純益 (net income)，或本期淨利；如果發生虧損，則為本期純損 (net loss)。

在公司組織股東權益帳戶有如下項目：

(1)股本：即公司股東投資之資金，含普通股與特別股。

(2)公積金：

　　(A)法定公積：依公司法之規定，每年從盈餘中提存 10% 做為公積金，稱為法定公積。

　　(B)特別公積：依公司章程規定或股東會議的決議，於盈餘中提存一部份做為公積金，做為償債準備、改良及擴充設備之用之公積金。

　　(C)資本公積：由於非營業結果所產生的權益，例如股票溢價、捐贈收入及資產重估增值等。

(3)未分配盈餘：即截至本期爲止，未經撥用之盈餘或未經彌補之虧損，又稱爲保留盈餘。

二、損益表 (Income Statement)

損益表是表達企業於某一經營期間（如一季、半年或一年）之經營成果之報表。企業經營之盈虧決定於當期之收益與費用，因此，損益表之內容包括收入、成本及費用三大部份。ABC 公司之損益表如表 9-2 所示，損益表中各項目說明如下：

1.**營業收入**：指經營正常業務項目之收入，例如銷貨收入、勞務收入等。在銷貨收入中應扣除銷貨退回及銷貨折讓。

2.**營業成本**：指因銷售產品或供應勞務而發生之成本及費用，例如製造業之製造成本及服務業之銷貨成本。而銷貨成本係期初存貨（如 1 月 1 日）加上當期進貨減去期末存貨（如 12 月 31 日）之總額。

3.**營業毛利**：指營業收入減去營業成本之餘額，營業毛利若爲負數，表示虧損，在報表中以括弧括起來，或於前面加負號表示。

4.**營業費用**：指因銷售或管理活動而發生的各項支出，因此，營業費用也可分爲銷售費用及管理費用，而兩者合稱爲管銷費用。所謂銷售費用指營業部門之薪金、廣告、保險、運輸、租金、折舊、樣品及交際等費用。管理費用指不屬於生產現場之各部門之一切費用，如總公司之人事、水電、文具、折舊等費用。

5.**營業淨利**（或營業純益）：營業淨利是營業毛利減去營業費用之餘額。

6.**非營業收益**：即非因直接營業而獲得之各項收入，例如佣金、利息、投資盈餘或出售資產盈餘等。

表 9-2 ABC 公司損益表

ABC 股份有限公司
損益表
民國 年 1 月 1 日至 12 月 31 日止

帳 戶 名 稱	金		額
	小 計	合 計	總 計
銷貨收入			
銷貨總額		$876,400	
減：銷貨退回	$20,000		
銷貨折讓	54,000	25,400	
銷貨淨額			$851,000
銷貨成本			
存貨 (1/1)		$84,500	
加：進貨	$709,600		
進貨運費	15,400	725,000	
減：進貨退出	$29,400		
進貨折讓	4,600	34,000	
存貨 (12/31)		94,700	
銷貨成本			68,800
銷貨毛利			$170,200
營業費用			
銷貨運費		2,600	
職員薪金		35,400	
廣告費		2,500	
保險費		3,555	
壞帳損失		2,145	
文具用品		850	
水電費		1,200	
郵電費		400	
房屋折舊		10,000	
機器設備折舊		10,000	
廠房折舊		7,500	
運輸設備折舊		14,000	90,150
營業純益			$80,050
非營業收益			
佣金收入		$5,870	
利息收入		580	6,450
非營業費用			
利息支出		$32,500	(32,500)
稅前純益			$54,000

7.**非營業費用**：即非因直接營業而發生之各項支出，例如利息、投資虧損、盤存虧損或出售資產虧損等。

8.**稅前純益**：

稅前純益＝營業淨利＋非營業收益－非營業費用

第二節　財務比率分析

要對財務報表做有意義的分析時，必須對報表中各項目之關係做深入之探討。而探討各項目間之關係常用的方法是比率分析。財務報表的比率分析可以提供一種分析公司財務之指標，可以與公司前期之比率或同業之比率相互比較，以顯示可能產生之財務狀況或問題。值得注意的是財務比率只是提供經營者或對公司財務有興趣者之一項指標而已，本身不是一項結論。

使用財務分析時，一般可以分析企業之短期償債能力、長期償債能力及公司之獲利能力。茲對各項財務比率說明如下：

一、短期償債能力分析

短期債權人及企業管理者比較關心公司之短期償債能力，而短期償債能力與公司之流動資產及流動負債最有關係。因此，常用流動比率來評估企業之短期償債能力。另外，營運資金、速動比率、存貨週轉率、應收帳款週轉率等也常用來衡量企業之短期償債能力。

1.**流動比率** (current ratio)

指流動資產對流動負債的比率。以本章第一節 ABC 公司為例，流動資產是 $362,800 ，流動負債是 $124,800 ，則流動比率為 362,800

/124,800 ＝ 2.90 。流動比率表示對每一元的流動負債，有幾元的流動資產可用以來清償。一般流動比率以 2.0 為原則，比率太低表示短期償債能力不足，太高則表示未能有效運用。

2.**速動比率**(quick ratio)

指速動資產對流動負債的比率，而速動資產是不包括存貨在內的流動資產。以 ABC 公司為例，速動資產為 $264,000 ，而流動負債為 $124,800 ，因此速動比率為 264,000/124,800 ＝ 2.16 。一般速動比率以維持在 1.0 為理想。速動比率又稱為酸性測驗比率 (Acid Test Ratio) 。

3.**營運資金**(working capital)

指流動資產總額減去流動負債後的餘額。以 ABC 公司為例，其營運資金＝ $362,800 － $124,800 ＝ $238,000 。如果一個企業的營運資金多，表示企業資金的運用與週轉靈活。相反的，若營運資金少，則資金週轉會比較困難，甚至會有使業務停頓之趨勢。

4.**存貨週轉率**(inventory turnover)

即銷貨成本與平均存貨的比率。當商品出售後轉為現金或應收帳款，此週轉之週期即為商品存貨的週轉。以 ABC 公司為例，銷貨成本為 $680,800 ，平均存貨為 1/2 （期初存貨 $84,500 ＋期末存貨 $94,700 ）＝ $89,600 ，其存貨週轉率為 680,800/89,600 ＝ 7.60 （次／年）。表示 ABC 公司存貨在一年中週轉 7.6 次。管理者必須儘可能加速存貨的週轉，但也必須避免發生短缺而無法應付客戶之需求。

5.**應收帳款週轉率**(account receivable turnover)

指銷貨淨額與平均應收帳款的比例。所謂平均應收帳款是指期初應收帳款與期末應收帳款和的平均。 ABC 公司中因只列了期末應收帳款，而沒列前年度之期末應收帳款（即本期之期初應收帳款），故

無法計算其應收帳款週轉率。一般週轉率愈高,表示週轉愈快,償債能力也愈強。

二、長期償債能力分析

公司股東、債券持有人、設定抵押權人或其他長期債權人比較關心公司之長期償債能力。他們關心公司的財務結構是否會造成財務負擔,而間接影響他們的權益。一般有下列幾個比率可用來衡量公司之長期財務狀況:

1. 負債比率

即總負債對總資產的比率。此比率愈大,表示債務負擔愈重,利息費用愈多,資金週轉困難。反之,對債權人愈有保障。以 ABC 公司為例,負債總額為 \$424,800,資產總額為 \$997,800,負債比率為 42.57%。這表示業主的投資超過企業的負債,對債權人的保障相當不錯。

2. 股東權益總額與負債總額比率

此比率高,表示自有資金愈多,對債權人愈有保障。反之,長期償債能力不佳。此比率若太低,表示企業大部份以舉債方式來經營,一旦經逢業務衰退或經濟不景氣,就會有資金短少現象。若債權人再抽銀根,則有發生財務危機的風險。以 ABC 公司為例,股東權益為 \$519,000(不包括本期純益),而負債總額為 \$424,800,故股東權益與負債總額比率為 122%。

3. 固定資產與股東權益比率

又稱為固定資產與資本比,是表示企業投資於固定資產佔股東權益的成數。此比率過高,則表示資金有呆滯的現象,甚至有以負債方式購買固定資產的現象。若此比率低,表示企業可做為日常運用的資

金充裕，財務週轉較好，一般此比率以不超過 1 為宜。

4.固定資產與長期負債比率

由於一般企業均以固定資產做為擔保品，以取得長期資金。因此，此比率高表示業主的投資財力雄厚，對長期債權人提供了適當的保障。一般固定資產與長期負債的比率以維持在 3 或 2 為適當。其比值為 1 時，表示企業尚有償債能力，若小於 1 ，則對長期債權人就失去保障了。以 ABC 公司為例，固定資產為 \$580,000 ，長期負債為 \$280,000 ，故固定資產與長期負債比率為 2.07 ，表示 ABC 公司財務狀況良好。

三、獲利能力分析

利潤是一個企業財務結構優劣的基礎，唯有公司獲取利潤，才能維持生存。因此，利潤對企業經營者、股東及關心目前及未來償債能力的債權人而言，非常的重要。一般使用與利潤相關的比率來測度一個企業的獲利能力，常用的比率如下：

1.投資報酬率 (return of investment)

即稅後淨利與平均總資產的比率。此比率是衡量管理績效及公司獲利能力的重要指標。平均總資產是指期初總資產與期末總資產和的平均值。此比率之高低應與同業比較為宜，比率愈高，表示運用資源之獲利能力愈強。

2.股東權益報酬率

即稅後淨利與平均股東權益的比率。平均股東權益是指期初股東權益與期末股東權益和的平均值。股東權益報酬率是指每年管理者運用股東（或所有者）的資金，而賺取的利潤百分比。此報酬率不僅依賴管理者有效運用資產之外，而且須維持一個有利的資本結構，即負

債比重不太大。如果管理者以舉債來經營，務必使所產生的收入大於舉債成本（即利息），如此才能增加股東權益報酬率。股東權益報酬率也稱爲自有資本報酬率。比率愈大，表示投資人所獲利潤愈高，獲利能力愈強。

3.每股盈餘

即稅後淨利扣除優先股股利後，再除以發行在外的股數。由於個別股東關心的是每股股票所能獲取的盈餘大小，及股票的現有及未來價值，因此，常使用每股盈餘來衡量公司的獲利能力。每股盈餘與每股市價的比值乃稱爲利值率(earing- price ratio)。利值率也是目前每股股票價值的報酬率。因此，可做爲投資人選擇最佳投資方案的考慮因素。

第三節　成本分析

企業要能永續經營或生存的最基本條件是獲取利潤，而利潤是產品價值減去產品成本的餘額。此餘額若爲正值，則企業有獲得利潤，否則便是虧損。爲獲取最大的利潤，一方面可設法提高產品之附加價值，另一方面則應降低產品的成本。當產業進入成熟期後，由於沒有創新的替代品，生產廠家又多，因此，競爭相當激烈。此時要提高附加價值（或價格）、或擴展銷售額均不太容易。而降低成本或控制成本支出是企業本身可自己掌握的事，又是提高利潤最穩健踏實的做法。因此，在競爭激烈的今天，控制與降低成本是相當重要的。在介紹成本控制與降低方法之前，須先對成本之結構及分析先有概念才可以，以下逐一介紹。

一、工廠成本結構

工廠中的製造成本係指與生產活動有關的成本，包括直接原料、直接人工及製造費用等三要素。

1.直接原料

係指加工後成為產品之一部份者，其為構成產品的主要部份，例如成衣中的布料、汽車中的鋼板等。其成本包括原料的購價、運費和倉儲費用，並扣減購貨折扣。

2.直接人工

係指直接從事產品製造的工作人員，例如加工與裝配人員、領班等。其成本包括直接人工的薪資與福利。

3.製造費用

係指直接原料與直接人工之外的一切製造成本，包括間接材料、間接人工、折舊、水電費用、租金、保險費、修護費、文具印刷……等。間接材料如製造過程中所需之工具、夾具、模具、潤滑油、洗劑、接著劑及螺絲釘等。間接人工指與產品之生產並無直接關係之人員，例如各級管理人員、品管人員、維修人員及清潔人員等。

成本可依其是否隨產量而變動，區分為下列三種：

1.變動成本

係指成本之高低隨生產量的變動而發生正比例的變化而言，例如直接原料與直接人工，隨生產量之增加而增加。

2.固定成本

係指在短期某一產能下，成本高低不受生產量之多寡所影響者，例如房租、折舊等。

3.半變動成本

係指隨生產量之變動而增減,但其增減不呈現正比關係者,例如租用卡車運貨,租金包括一固定金額,外加依行車里程計算之費用。

成本依其是否可追溯其歸屬而區分為下列兩類:

1.直接成本

即能直接以單據或工具而確立成本歸屬於某批產品或部門之成本者。例如由領料單可確定材料成本歸於某批產品或某部門。又如根據計工單可直接將人工成本歸於某產品或部門。

2.間接成本

即無法以明確單據或工具而歸屬其成本者。例如廠房租金必須依廠房面積而分攤於各部門。

成本依其管制性及與決策的關連性而區分如下:

1.可控制成本與不可控制成本

可控制成本係指某一成本項目歸屬於某一部門,而且該部門之管理者可充分控制該成本之高低者,例如某部門之加班費。不可控制成本係指某一成本項目歸屬於某一部門,但該部門管理者無法影響成本之高低者,例如廠房租金及設備折舊費用等。

2.沉沒成本

為某項工作而投入之成本,如原目的無法達成,所投入之成本無法經由改變用途或變現而收回的部份,稱為沉沒成本 (sunk cost)。

3.機會成本

指因選擇某一方案,而放棄其他方案,則放棄其他方案的代價,即為實施方案的機會成本 (opportunity cost)。

4.標準成本

指事先審慎訂定之某項生產成本,此項成本一經設定,就成為達

成之目標成本。標準成本可用以與實際成本相互比較，以考核某一部門或單位之績效。

二、成本分析方法

　　成本分析乃是利用所收集之成本數據資料，加以分析比較，以做為成本控制及訂定企業決策之用。常用的分析方法有平均成本法與損益平衡分析，茲分別說明如下：

1.平均成本法

　　平均成本是總成本除總產量之值，它可做為訂定售價之依據，也可做為管制成本之參考。平均成本一般是隨產量之增減而做反方向的變動，即產量增加時，平均成本就降低了，此乃由於平均固定成本隨產量之增加而降低之故。另外，大規模的生產，由於資源的充分運用及大批量訂購與採購的因素，有時也可以降低平均變動成本。例如充分運用工廠之人工產能而使平均人工成本降低，大批量採購原物料，而使平均原物料成本降低等。此種利益乃由於生產規模經濟 (Economics of Scale) 所形成的。

2.損益平衡分析 (break even analysis)

　　損益平衡分析乃指運用收支平衡的方法，求出一個能使損失與收益相等的生產量或銷售量，此值稱為損益平衡點 (break even point)。由損益平衡點可看出產銷數量與利潤間的關係；當產銷數量大於損益平衡點時會有利潤，而小於損益平衡點時會造成虧損。另外，損益平衡點也可用來評估各替代方案之優劣，及用於設定售價。

　　在損益平衡分析中，以產銷數量列於橫座標，而以金額列為縱座標，而總收入線與總成本線相交會之點所對應的產銷數量即為損益平衡點，如圖 9-1 所示。凡產銷數量低於此點則為虧損，高於此點則有

盈餘。

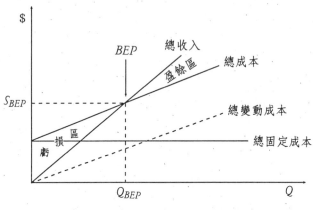

圖 9-1　線性損益兩平圖

損益平衡點之計算方式如下：

利潤＝總收入－總成本

　　＝（單價×銷售量）－（總固定成本＋總變動成本）

　　＝（單價×銷售量）－（總固定成本＋單位變動成本×
　　　銷售量）

假設 FC ＝固定成本

　　　VC ＝單位變動成本

　　　Q ＝數量

　　　P ＝價格

　　　PF ＝利潤

則　　PF ＝ P × Q －（FC ＋ VC × Q）

當損益兩平時，利潤為 0，即 PF ＝ 0，則

$$P \times Q = FC + VC \times Q$$

故損益平衡時之銷售量 $Q_{BEP} = \dfrac{FC}{P-VC}$

損益平衡之銷售額 S_{BEP} 為

$$S_{BEP} = Q_{BEP} \times P = \dfrac{FC \times P}{P-VC} = \dfrac{FC}{1 - \frac{VC}{P}}$$

假設某商店每天之店面租金為 2,000 元,人員薪金為 1,500 元,這些成本即為固定成本。又假設商品之進價為 200 元,售價為 300 元,則每天必須銷售幾件才會達損益平衡?

由於 $FC = 3,500$ 元,$P = 300$ 元,$VC = 200$ 元,故

$$Q_{BEP} = \dfrac{3500}{300 - 200} = 35 \text{ 件}$$

第四節 成本控制

成本控制乃是運用以成本會計的資料及成本計算方法,設定成本之標準值或上限值,再與實際發生之成本相互比較,由此而找出異常之成本項目。針對這些異常項目,可經由工作改善、管理程序,及一些成本降低方法來降低其成本。因此,成本控制之目的在控制成本,使其降低至一適當合理之水準,並經由成本之降低而提高利潤。基於上述之說明,成本控制之程序如下:

1. 建立衡量成本績效的標準,包括標準成本項目及其數額。標準之設定必須適中,不太高也不太低。若訂得太高,則造成員工的工作壓力,使工作士氣低落;若訂得太低,則因太容易達成而沒有激勵作用。

2.依所設定之成本標準，收集必要的成本資料，以取得實際發生之成本資料。

3.比較成本實績與成本標準間的差距。

4.若成本實績與成本標準間之差距過大，則應分析造成差異之原因，再採取改正行動，以降低成本。做成本差異分析時可就直接原料之價格與耗用數量、直接人工之工資率與實際工時，及各項製造費用去深入分析，以找出造成差異的原因。

一、成本控制的方法

常採用的成本控制方法有下列幾種：

1.標準成本法

即針對每項產品，依一定之程序計算其合理之成本數額，並以此數額作為該項產品之標準成本，並以此標準成本與實際發生之成本相互比較。此種成本控制方法稱為標準成本法。採用此方法時，企業必須先有一套完整的標準作業規範。例如加工某一工件必須經過幾個作業程序、每一個作業中必須使用何種機器、多少加工時間、使用多少人力與人工時間等，這些資料必須具備才可用以計算標準成本。

2.預算控制法

即由各部門主管依其控制之成本項目，定期擬訂預算數額，再交由高層主管分析及核定。各部門主管再依核定之預算來執行。執行期終時若發現實際發生之數額與預算數額有差異時，再檢討發生原因及採取改正對策。

3.歷史成本法

即採用各項成本項目以往實際發生之數額，製成統計表，分析出每種產品之單位成本及各項成本項目之變動原因，而設定為成本之管

制值（或稱爲標準）。歷史成本法較適用於公司沒有一套標準作業的情況。

二、降低成本的方法

在競爭激烈的時代中，由降低成本以提高利潤是最妥當可行的辦法。在實施成本降低專案時，有下列原則可供遵守：

1.**全員經營**：由全體員工上下一心，共同努力來降低成本。

2.**提高成本意識**：將正確之成本意識灌輸給全體員工，喚起員工之成本覺醒，以推動降低成本專案。

3.**引進成本降低技術**：如效率管理、自動化、價值工程與分析、提案制度、品管圈與豐田生產系統等。

4.**高層主管之重視及推行**：唯有高層主管之重視及全心投入，才能喚起員工及各級主管之執行。

5.**建立獎勵制度**：讓員工一起分享降低成本之成果，以利於降低成本之推行。

至於降低成本的方法，可由成本結構上去努力，即由降低直接人工費用、直接原料費用、間接人工費用及其他製造費用上著手。

在降低直接人工費用上，可採用工業工程方法，由工作之重新設計，或由簡化及消除不必要之作業與流程而減少操作時間；採用自動化機器取代人工；使用一人負責多台機器方式等方式來減少人工費用。

在降低直接原料費用上，可經由產品之重新設計以減少零件數；或經由規格之放寬以提高製造能力而節省材料成本；使用價值工程與分析以找出相同功能但材料不同而價格便宜之零件以取代舊零件；加強庫存管理以減少原料之損壞及資金積壓；降低不良率以有效使用原

料等。

在降低間接人工費用方面，可採用事務流程合理化以簡化人員處理時間；加強教育訓練提高作業績效；裁汰冗員等。在降低其他製造費用方面，應從節省支出及徹底排除浪費方面著手，例如由防止意外之發生、能源之再生與利用、照明之改善以節省電力等可降低其他製造費用。

另外，由徹底排除現場及製程中的浪費亦可降低成本。豐田生產系統中認為徹底排除浪費是降低成本最有效的方法，且將現場的浪費分為下列七大項：

1. 生產過剩的浪費：指在不必要的時候，生產不必要的東西。

2. 等待的浪費：指人員、材料、作業、檢驗、搬運等的等待及寬裕或監視作業。

3. 搬運的浪費：指不必要的搬運、取放、換裝等，或太長的搬運等。

4. 加工的浪費：指無效的加工作業，例如修補不良品或磨光鑄模毛邊。

5. 庫存的浪費：指倉庫及製程間之材料、在製品等物料的停滯現象。

6. 動作的浪費：指不必要的動作、不產生附加價值的動作、太快或太慢的動作。

7. 不良品的浪費：指材料或加工不良的整修、檢驗及抱怨等。

對上述七種浪費，豐田生產系統中對庫存的浪費又特別的注意及努力去消除。庫存雖能短暫的使生產安定，但卻隱藏了各種不合理的問題及浪費，例如機器故障、製程不良、生產線不平衡、品質問題、供應商交貨問題等。豐田生產系統中因努力徹底排除庫存浪費及其他

浪費，因而陸續發展出許多技術，例如流程式生產、多能工、自動化、快速換模、平準化生產、看板系統等。由於豐田生產系統的徹底排除浪費，不但降低了成本、提高利潤，也同時提高了品質，因而造成風靡全球的豐田生產系統（又稱為剛好及時生產系統）(JIT)。

習題

一、試說明何謂「資產負債表」？何謂「損益表」？各有何種功能？

二、何謂流動資產？何謂流動負債？試各舉三個例子加以說明。

三、試說明損益表的構成內容。

四、試說明可用以分析一個企業短期償債能力、長期償債能力及獲利能力的比率（或指標）各有那些項目。

五、何謂成本之三要素？試詳細說明之。

六、試說明如何設定單位成本（即一件產品的成本）。

七、何謂損益平衡分析？試說明其基本原理。

八、某工廠未實施工作改善前，其一年營業收支如下：

營業收入	$10,000,000
原料成本	4,000,000
人工成本	2,000,000
變動製造費用	1,000,000
固定費用	2,000,000
盈餘	1,000,000

實施工作改善後，在人工成本不變下，生產量提昇 20%。若市場銷售沒問題，則該廠每年增加多少利潤？人工成本百分率降低多少？

九、某工廠生產某產品可使用 A 製程或 B 製程，使用 A 製程之固定成本為 10,000 元，單位變動成本為 8 元；使用 B 製程之固定成本為 4,000 元，單位變動成本為 20 元。試問當需求量為 400 單位時，應使用何種製程？需求量各為 500 單位或 1000 單位時，則又應使用何種製程？

———— 第十章 ————

人事管理

第一節　人事管理的概念

一、人事管理的意義

　　「人」是企業組織最重要的資產。一個企業不論其設備如何精良，技術如何先進，計劃如何周密，這一切均需要人員來操作或執行；而且最後決定經營成敗的還是人。因此人的因素相當的重要。一個企業選對了適當的人員，並派予稱職的工作，而且能留住優秀的人才，對企業經營之成功是相當重要的。故人事管理是工廠管理或工業管理中很重要的一項管理功能（任用功能）及企業機能。

　　所謂人事管理 (personnel management) 乃是研究組織中如何有效進行人力資源的羅致、運用、發展及留置，使人與事做適當的配合，而使人力資源發揮最高績效的一門科學。人事管理是一門專業性的工作，其目標不僅在使人與事能妥善配合，使事得其人，人盡其才，更重要的是要使人與人及人與組織之關係和諧，使人願意留下

來，為組織目標而努力。

二、人事管理的範圍

　　人事管理也可視為運用管理功能（即計劃、組織、任用、領導與控制）來處理組織中的人事業務，使人與事互相配合。人事管理的工作範圍包括下列各項：

　　1. 工作分析：分析組織中每一項工作之任務、性質，及執行該項工作之人員所需之學歷、經驗與技術需求等。

　　2. 組織人力需求規劃及招募。

　　3. 甄選合適之員工。

　　4. 人員訓練與發展。

　　5. 薪資制度與管理。

　　6. 員工考績。

　　7. 福利、退休與撫卹。

　　8. 處理申訴與勞資關係。

第二節　工作分析

一、工作分析的意義

　　企業的組織設計結果會產生一個組織圖，圖中界定了組織中許多不同的工作與職位，及職位間彼此之關係。至於工作之職責為何？該工作應僱用何種條件人員來擔任？組織圖中無法做這些說明，而這就是工作分析的職責。工作分析是指分析一項工作，決定工作之內容及僱用何種條件人員來擔任該項工作。工作分析的結果會產生工作說明

書 (job description) 及工作規範 (job specification)。工作說明書在
於說明工作的內容，而工作規範則描述擔任此項工作的人所應具備的
條件與資格。

工作分析的資料最常用於人員招募與甄選；因為在招募與甄選員
工之前，必須先瞭解工作的內容。另外，工作分析的資料也用於訂定
薪資制度、評估績效及訂定訓練計劃。因為不同之工作內容與性質應
具有不同之薪資報酬；工作說明書之內容成為評估員工績效的依據與
標準；工作規範所規定之內容成為訓練員工之依據。

收集工作分析資料最常用的方式是面談法與問卷調查法。不論採
用那一種方式，都必須收集工作之內容、任務、責任及所需從事的活
動等資料。因此，一個系統化或結構化的問卷將有助於面談的進行或
問卷資料的收集。一個結構化的工作分析問卷如圖 10-1 所示。問卷
中的內容與資料可用來建立工作說明書及工作規範。

二、工作說明書

工作說明書是用來描述工作者應該做些什麼，如何去做，及在什
麼條件下去做之一種書面說明。工作說明書沒有標準的格式，並一般
均包含下列事項：

1. 工作識別：列出工作的職稱與頭銜、設立工作說明書的日期、
工作所屬之部門、工作說明書之訂定人與核准人、工作之上司及工作
薪資範圍等。

2. 工作摘要：即以簡單明瞭方式說明工作的主要功能及活動。圖
10-2 之工作說明書範例中，資料處理主任之工作摘要為負責指揮所
有資料的處理、資料管制及資料準備的需求。

3. 工作關係：指該職位與組織內外其他單位的關係。

工作分析問卷

姓名：_____　　工作職稱：_____
部門：_____　　工作編號：_____
主管姓名：_____　　主管職稱：_____

---

1. 任務摘要：以你自己的方式來描述你的工作任務

_____

2. 特殊條件：請列出執行你的任務所需要的執照、特許或證書。

_____

3. 儀器設備：請列出執行你的任務所需要的任何機器、設備或工具（例如
　　打字機、計算機、起重機、車輛等）

設備名稱　　　　　　　　　　　　　　平均每週使用時間

_____　　　　_____
_____　　　　_____
_____　　　　_____

4. 一般任務：請列舉你工作中的一般性任務，請依各項任務的重要性依次
　　填寫（由主要任務開始），如果需要請在後面自行增加附頁

_____
_____
_____

5. 人際接觸：請列舉你在工作中所需接觸的人，包含部門內的同仁、其他
　　部門的人員、以及組織外的人員，請說和他們接觸的性質、工作內容和
　　接觸頻率。

_____

6. 督導關係：請問你在工作中是否負有督導別人的責任？
　　□有　□無，如果有，請填寫另一份管理階層職位說明表，並當作本表
　　的附件一併繳交。

7. 決策責任：請說明你在例行工作中所需作成的決定，以及該決策可能產
　　生的影響。

_____
_____
_____

圖 10-1　結構化工作分析問卷(1)

8.記錄責任：請列舉你工作中所需製作的報告及所保管的檔案資料
　　檔案資料
　　報告名稱　　　　　　　　　　　　　　　　　　　　送交何人

保管檔案名稱及內容

9.受督導頻率：你是否經常須與你的主管，或其他人員討論你所作成的決
　策？　□每次決策都要　□經常　□偶爾　□很少　□幾乎不

10.工作環境：請描述你的工作環境，包含位置、設備、空調狀況等，特別
　　強調你覺得令你不舒適的地方或特殊的環境條件

11.工作條件需求：你認為執行你的工作所需的最低條件為
　　A. 學歷條件
　　　　最低學歷：
　　　　專長領域：
　　B. 工作經驗
　　　　工作職務：
　　　　所需年資：
　　C. 特殊訓練
　　　訓練名稱　　　　　　　　　　　　訓練時間

　　D. 特殊技術

12.其他資訊：是否有其他與工作相關，而未列在上述問題之內值得注意的
　　事項？請說明

　　　　　　　　　　　受訪者簽名 　　　　　時間
　　　　　　　　　　　訪問員簽名 　　　　　時間

圖 10-1　結構化工作分析問卷(2)

工作說明書範例

資料處理室主任	012.168
工作職稱	工作代號
1993 年 7 月 3 日	奧林匹亞－總公司
日期	工廠／部門
阿瑟艾倫	資料處理－系統
執筆人	部門／科別
坭塔曼里	12 736
批准人	級別 薪點
資料系統經理	17,760-20,720
直屬上司職稱	薪資範圍

摘要

指揮所有資料處理、資料管制及資料準備需求的作業

職責

1. 遵守一般性的指示。
   (a) 獨立作業。
   (b) 每週，每月，每季向資料系統經理報告。
2. 遴選、訓練及培植屬下人員。
   (a) 在工作小組間培養默契與團隊精神。
   (b) 確使工作組員得到應有的專業訓練以適切的操作機器、遵守正確的程序、使用正確方法。
   (c) 訓練人員執行教育、展示及與使用者溝通之角色。
3. 閱讀分析各種指導與訓練資料
   (a) 運用最新觀念與想法以改善組織需求條件。
   (b) 協助發展更新的手冊、程序、規範。
   (c) 協助準備軟硬體以做系統評估。
4. 計劃、指揮、控制各種作業項目，與其他資料系統經理密切配合，並配合其他部門主管的資料需求。
   (a) 接受、闡釋、發展、並分配各種性質與層次的指示給適當單位。
   (b) 建立／履行部門的年度預算。
5. 與各單位與組織人員交往與溝通。
   (a) 與相關人員做個人／非個人、口頭／書面，或紀錄式的溝通。
   (b) 參與當地資料處理之專業組織的會議。
   * 此部分也應包括不舒適、骯髒，或危險的工作指派。

圖 10-2　工作說明書範例

4.**職責**：指該職位所應執行的工作內容、與其他人員間必要的交互作用、必須使用的機器設備，及受人監督或監督他人的性質與範圍（即責任）。

5.**職權**：指在職者所擁有的職權，包含決策或簽核權限、對屬下的人事建議權及可使用的預算限制等。一個工作說明書的範例如圖10-2所示。

三、工作規範

工作規範是利用工作說明書的資料來設定應該招募何種條件的人員來執行該項工作。工作規範通常包括設定下列各項條件所應具備的能力：教育程度、經驗、訓練、判斷、創新能力、體力、技巧、溝通能力、情緒特性及感官能力（如視覺、聽覺或嗅覺等）。讀者若用心看報紙之求才廣告，當會發現，公司對某項職位之招募，會要求某種學歷（如大專以上）、經歷（如某項工作二年以上經驗）、訓練（如有某種技術執照），及其他事項等。這些內容即是基於工作規範而提出來的，並用於人才招募。

在建立工作規範時，最常使用的方法是主觀判斷法，即由有經驗的專業人士，例如人事經理或該項工作的直屬上司，來判斷完成該項工作所需具備的教育程度、智力、技術能力、訓練，及其他項目之能力等。另一種建立工作規範的方法是使用統計分析方法，即以統計分析方法找出重要的個人特質與工作績效之關係，依此訂定工作規範。

第三節　人力規劃與招募

一、人力規劃

人力規劃是對組織未來業務與環境的需求做預測，並規劃滿足這些情況所需的人力需求。因此，人力規劃包含了人力需求預測，及建立人力計劃（如應招募某類人才的數目，及應開辦的訓練課程等）。

在做人力需求預測時，一般需考慮以下因素，以估計所需的人力：

*1.*產品或服務的需求量。

*2.*人事流動率。

*3.*員工的素質及種類。

*4.*提升產品或服務品質，或進入新市場的決策。

*5.*增加生產力所需的技術或管理的改變。

*6.*可用的財務資源。

在決定人力需求時，可使用下列技術：

*1.***趨勢分析**：即研究過去五年員工的總數及各類員工的數目，由此找出變動的趨勢，以預測未來的需求。

*2.***比率分析**：即找出影響人力需求的主要因素，統計這因素與員工人數的比率關係，並以該因素在未來變動情形，依比率推估所需的人力。

*3.***散佈圖分析**：即使用散佈圖檢視兩變數（例如銷售量與人力數目）是否相關。若相關，則依一變數就可估計人力需求的數目。

*4.***管理者的判斷**：即由管理者依其主觀判斷而提出人力需求。管

理者在判斷時應是綜合利用上述所提之六項因素而提出人力需求的。

二、人力招募

一旦決定要填補某項職位空缺時，接著下來就是要找出一群合乎資格的人選。招募是一項很重要的用人活動，因為應徵者愈多，僱主就有愈多選擇優秀人才的機會。

最常見的招募方法如下：

1.內部選拔

指由公司內部人員或瞭解公司業務的有關人員中遴選適合的人員來填補工作空缺，這些相關人員包括有現職人員晉升調遣、重僱已被資遣人員、正式僱用已在公司服務之臨時人員或實習人員。

2.對外招募

企業對外招募人才可使用以下幾種方式：

⑴刊登徵才廣告或辦理公開招考。

⑵透過就業服務機構之介紹：如青輔會及各縣市就業服務站、勞委會或私營職業介紹所。

⑶校園招募：以建教合作、設立獎學金，或校園徵才方式前往各學校延攬人才。

⑷現職員工的介紹。

⑸以較高的待遇或較佳的工作條件，向同業挖取人才。

⑹與相關團體借調或企業間彼此交換人才，此方式適用於季節性或特殊專業人才。

第四節　人員甄選

一旦招募到人員後，下一個步驟是由這些應徵人員中挑選出最適合的人才。而人員甄選必須要有一個合理的程序，以確保能招募到所需要的人才。一般在辦理甄選時是以限定報名資格及審查申請書的方式，先行過濾淘汰不適任者，再對初審合格者進行一連串的測試及口試。

一、測試的類型

常用的測試包括：認知能力測試、操作與體能測試、個性與興趣測試及成就測試。

1.認知能力測試

這類型的測試包括智力測驗 (IQ) 及特殊的心理能力測驗，例如記憶力及推理能力。

(1)智力測驗：用來測試一個人的一般智力能力，包括記憶、語彙、口語流暢及數字能力等。

(2)特殊認知能力測驗：即衡量特殊心理能力的測驗，包括歸納與推理、語言理解、記憶及數字能力等。此類測驗有時也稱爲性向測驗 (Aptitude Test)，即用以衡量應徵者之性向或對某特定工作的傾向。

2.操作與體能測試

操作能力指協調與靈敏度能力，操作能力的測試項目包括有手指靈敏度、手臂靈敏度、手臂移動速度及反應時間。體能包括有力量及耐力，而體能測驗包括有靜態強度（如舉重或握力）、動態強度（如

拉力或推力）、身體協調性及耐力等。操作能力與體能測試可指出應徵者接受訓練的能力。

3.個性與興趣測試

一個人的心智能力與體能常不足以完整地解釋人員實際的工作績效，性格與人際關係對工作績效也有很大的影響。人格測驗是用來衡量應徵者的基本人格，例如內向／外向、自閉／開放、穩定性及動機等。許多研究結果發現，有五個人格因素對人員工作績效有很大的關係，此五大因素分別為：外向、情緒穩定、親切、擇善固執和心胸開放等。

興趣測驗是將應徵者的興趣與曾經做過此種測驗的不同職業的人們之興趣相比較。此種測驗有助於發掘應徵者之真正興趣所在，對生涯規劃很有幫助。

4.成就測試

成就測試是測驗一個人的學習效果。例如對應徵秘書人員測試打字能力，對應徵工廠管理儲備幹部測驗生產管理、品質管制及物料管理能力等。因此，成就測試在測驗一個人的專業知識及技術能力。

二、面談

面談是甄選程序中最重要的一項工具，甚至在許多場合中，它是甄選時唯一的工具。雖然面談是一種主觀的評估方法，但藉由面談，使面談者可以親自接觸到應徵者，且可察知應徵者的儀態、談吐、舉止、個性及動機等，故面談是非常有用的一項甄選工具。常用的面談類型有如下幾種：

1.非引導性面談：是沒有特別形式或遵循的方向，完全依面談之情況及應徵者的回答而發展面談的問題。

2.引導性面談：即必須遵循一個預先設定的問題程序，並對所有的應徵者都問到所有必要的問題。此種面談也稱為結構化面談，其優點是面談內容完整，且可避免遺忘了該問的問題。

3.情境化面談：係先由工作分析而發展出結構化的面談問題，而這些問題大都與工作有關，且已事先經過面談團隊評估而設定有理想答案，再依這些答案及應徵者的答覆內容來篩選應徵者。

4.系列式面談：即由多位面談者分別與應徵者面談，由每位面談者問自己所關心的問題，並以自己的觀點提出獨立的評估。

5.會談式面談：即由多位面談者同時與一位應徵者面談。此種面談方式可省略應徵者重複述說經歷與背景，但可能對應徵者產生額外壓力。

面談人員進行面談時，應遵循下列之原則以提升面談的效率：

1.使用結構式面談：通常依據結構式面談問卷可以引導至最佳的面談結果，也可避免遺忘重要的問題，及減少面談人員對於不利資料所造成的偏誤傾向。

2.訓練面談人員：面談人員可經由訓練而提升其面談技巧與能力，避免給予所有應徵者高分，或給予所有應徵者平均分數的傾向。

3.延緩做決定：面談者經常由申請表格資料或面談之最初幾分鐘便決定接受或拒絕。應延緩此決定直至面談結束之後。同時應於面談中做記錄，於面談結束後重閱這些記錄再做決定。

4.重視優點而不要強調缺點：面談者常有傾向於重視不利的情報，例如對應徵者的一個錯誤答案往往重於應徵者的五個正確答案。面談者應察覺此問題，並避免有此傾向。

5.集中注意力在比較能夠被正確評估的特質上：例如智慧、與他人相處的能力及工作的動機。

6.使應徵者開口說話：因面談的目的在發掘應徵者的資料，故應盡量讓他們說話。為此，於面談時應讓應徵者覺得輕鬆自在，避免問及個人私事的問題，避免提出暗示性的問題（如不反對加班吧？），而採用開放式問題讓應徵者能充分表達意見。

第五節　人員訓練與發展

由於人才是企業最重要的資產，為使企業內的人力資源能對組織提供更大的貢獻，一般須藉由訓練以發展人力，提升員工的素質，使其能在其職位上發揮出應有的績效，以達成組織所賦予的目標。

員工訓練可分為對一般工作人員（非主管人員）及對管理人員兩種。前者是狹義的員工訓練，旨在提供新進或現職員工執行其工作所需的技能，例如教導作業員如何操作機器，或教導業務人員如何銷售產品。後者則稱為管理發展，主要在訓練現在的管理者，或培養未來的管理者，提供解決組織中問題的知識與技巧，例如部門間的溝通。

不論是一般員工訓練或管理發展，一個理想的訓練計劃應包含四個步驟：⑴評估人員或工作訓練的需求，⑵設定訓練目標，建立一個可以具體觀察與衡量的目標，以說明被訓練人員所期望達到的績效，⑶選擇訓練的方法，包括份內工作訓練及計劃性的學習，⑷評估比較員工受訓前後的績效，以得到訓練計劃的效果。

一、一般員工訓練

一般員工訓練的方式有以下幾種：

1.在職訓練 (on-the-job training)

在職訓練是指由受訓者的主管或有經驗的人員來指導受訓者，並

由受訓者來實際執行工作以學習其工作的訓練方式。在職訓練的方式有「教導法」，即員工在有經驗的同仁或主管之指導下從工作中學習。「工作輪調」(job rotation)，在規劃期間，使員工從某一工作換到另一工作。

2. 工作指導訓練 (job instruction training)

許多工作都有操作順序及邏輯順序，因此，工作指導訓練是按工作的順序及邏輯，一步一步的教導之方式。其教導方式須依工作之順序列出必要之步驟，並說明各步驟之重點。工作步驟在顯示要做什麼，而重點則在顯示應如何做及為何須如此做。

3. 講授 (lecture)

即由專業人員開班授課，主要優點是可以在較短的時間內有效地提供知識給一群受訓者，持別是教導業務員有關新產品之特色，或教導操作員有關新設備之知識與操作方法等。

4. 視聽教學法

即使用視聽技術，如影片、閉路電視、錄影帶，提供訓練內容，視聽教學法可用於教導工作之操作技術（例如教導銲接技術），也可用於訓練管理才能（如人際關係、顧客抱怨的處理、領導方式等）。

二、管理發展

管理發展在於提供受訓者應有的管理知識與技能，培養受訓者擔任主管的見識與能力。管理發展的方式有工作中發展及工作外發展兩種。

1. 工作中發展

管理發展在工作中進行，可使受訓者不離開工作而獲得訓練與磨練的機會，並且能與實際工作環境相結合，對受訓者之激勵作用也最

大。常用的工作發展方法有：

⑴授權：指定部屬應負之職責，並授予他完成該項工作所需之職權，使部屬願意為工作之成果負責。

⑵教導：即不斷地指導、說明、詢問和討論，以啟發部屬發揮更大潛能。另外，指定部屬跟隨主管處理事務，參加會議，使部屬瞭解其處理事務的態度及原則。

⑶工作輪調：透過輪調可拓展受訓者的見識，體認不同部門彼此間的關係與立場，而不致有本位主義。

⑷專案指派：即對一些突發性或非經常性的工作，指派受訓者單獨或成立專案小組予以分析解決。在專案的資料分析、解決方案的擬訂、執行及檢討上，每一階段均可得到歷練。

⑸職務代理：即指定一主管的職務代理人，協助處理主管工作，當主管不在時，則代行其職務，透過漸進的方式，使其瞭解主管的工作內容。

⑹研讀書面資料：將有關之書刊雜誌、公司業務報告、會議資料或記錄等交其閱讀，並於指定期間內提出心得報告。

2.工作外發展

工作外發展大多以舉辦訓練課程的方式進行，如公司自辦或參加外界與學術界所舉辦的短期管理訓練課程等。一般工作外發展不構成日常工作中的一部份，其方式有如下幾種：

⑴講授法：是最基本與最傳統教學法，為單向的溝通，必須於課程內容做詳細規劃，講師充分準備，及學員專注聽講才會有效果。

⑵討論法：是讓受訓者彼此互相討論、交換經驗、知識及觀念。課程內容亦須慎密規劃。

(3)個案研究：乃將實務中之個案或有關資料提供受訓學員討論研究，尋找問題點及提出解決方法。

(4)角色扮演：乃由受訓學員假扮另外一些人員，來處理有關人群關係或其他問題。受訓者應把擔任的角色認眞扮演，並從中體認感受。

(5)感受性訓練：乃使受訓學員能夠省察自己對人及他人對己的反應，以增進學員重視人際間之相互關係。其做法是將受訓學員分爲數組，而各組成員以粗率方式表達彼此間的情感反應，使參加學員能增進其自省能力。

(6)參觀工廠及現場研究：參觀其他公司，對特定主題於參觀時及參觀後，提出問題討論，並提出建議與報告。

第六節　薪資制度

所謂薪資是指薪水 (salary) 和工資 (wage)。薪水是指定期發給固定金額的報酬，而工資是指依實際工作時間計算的報酬。一般而言，薪水人員大多是勞心的幕僚或主管人員，而工資人員則是勞力的直接作業人員。

薪資是工作者的主要收入來源，也是維持及改善其生活的依據。具有高薪收入，不但可提高生活水準，也代表了雇主對其貢獻的肯定，故薪資也代表著員工的社會地位，因此員工對薪資會相當重視。另一方面，薪資乃是企業的重要成本支出，故如何訂定合理薪資是人事管理中的一項重要課題。

一、影響薪資的因素

在決定薪資政策之前，應先分析出影響薪資結構的內外因素。內在因素是指與企業內部職務特性及狀況有關的因素，包括員工所任職務之權責、所需的技術與訓練、工作的時間性及危險性、雇主的負擔能力，及公司的福利狀況等。外在因素指非屬企業本身所能控制的因素，包括有人才供需情況、維持生活水準之必需費用、當地之一般薪資水準、機器代替人工之可能性，及工會之影響力等。企業應考慮以上內外因素，以訂定公平、合理且具有激勵作用的薪資制度。企業在制定薪資標準時應考慮以下之原則：

1.依據工作評價的結果：任務繁重且困難度高而對企業貢獻大者，應給予較高的薪資，反之則較低，以達公平合理。

2.應依據生活指數高低：合理薪資應讓員工能適度滿足生活需要。

3.應具有彈性且儘可能同工同酬：如此以激勵員工求得較佳的績效。

4.薪資計算應簡單明瞭：讓員工清楚計算方法及內容，以減少不必要的誤解。

5.應維持適當級距：同種工作的不同等級或不同工作的相同等級之薪資級距應保持適當。

6.應參照當地同業的標準：太低的薪資留不住員工。

7.應考慮企業的負擔能力。

二、薪資結構

設計薪資結構時，必須決定各職等的薪級及每一職等內差距的範

圍。一般在每一職等內再分爲若干級，員工可因年資和績效而得到晉級。在同一職等內，最高級數與最低級數之差距幅度是值得再深入考慮的。一般而言，中低職等者有較多晉升的機會，故其差距幅度不宜太大，而高層職位因職位少，晉升機會少，故職等內的級數可多些。

企業界常用的薪資結構包含有本薪及補助薪資。本薪又稱爲底薪，爲一固定的報酬，通常與學歷、經歷及年資有關，也是薪資的基礎。通常在核發獎金及其他補助項目時（如加班費、退休金）均以本薪爲計算的基準數。補助薪資的項目繁多，如績效獎金、年終獎金、加班津貼、伙食津貼、值班津貼、職務加給、不休假獎金 …… 等。目前趨勢是加重補助薪資的比重，以對不同之工作績效與表現給予適當的激勵。

常用的薪資制度有計時制 (time rate system) 及計件制 (piece rate system) 兩種。計時制是以工作時間作爲薪資計算的標準，時間單位可以日、月、年來計，通常職位愈高者，計算時間單位愈長（例如協理級以年薪來核發薪水）。計件制是以生產件數作爲計算報酬的基礎，產量愈多，報酬也愈高，通常用於工作性質重複而可計數的作業。

不論是計時制或計件制，均可配合實施獎工制度，對超出水準的工作者給予額外的獎勵，以鼓勵員工發揮潛能。獎工制度乃當員工之工作績效超出預定的標準時，給予其額外獎金做爲報酬的一種輔助性質之薪資制度，其實施步驟爲：

　　1.設定評核之項目：例如產量、品質水準（或不良率）、成本或交期達成率等。

　　2.決定各項目之評分比重。

　　3.建立獎金制度：將設定之目標、獎金計算方法、評核方法及獎

勵方法等以書面型式表達出來。

4.試算及試行：依以往資料試算獎金辦法，若方法可行，再予試行。

5.實施結果之檢討與改進。

第七節　員工福利與退休撫卹

薪資乃員工工作之報酬，而福利則為維護員工士氣的制度。為使員工安心工作，維持並進而提高其工作效率，大部份企業均非常重視其員工福利工作；政府為推行社會福利制度，亦立法規定企業機構應實施職工福利制度，成立職工福利委員會協助在企業內推動員工福利及服務工作。

現代企業負責人多能瞭解員工福利與生產效率間之密切關係，因此如何辦埋員工福利工作乃成為人事管理的一項重要業務。除了職工福利委員會協助推動之伙食辦理、宿舍、交通、文康活動等福利業務外，企業常辦之員工福利可歸為三大類：

1.經濟性福利：如退休儲蓄金、團體保險、疾病及意外給付、分紅入股、貸款與優利存款辦法、眷屬補助、撫卹、子女或員工獎學金等。

2.娛樂性福利：如球類、登山、郊遊、晚會、電影欣賞及輔助成立各種藝文社團等文康福利活動。

3.設施性福利：如提供保健醫療服務、宿舍、餐廳、福利社、圖書室、托兒所或交通車等。

退休撫卹也是員工福利之一種。退休乃當員工因年老力衰不克繼續服務時，使之退職，由公司給予一定數額之一筆養老金或月金，俾

該退職員工能在有生活費之情況下,安享晚年。撫卹則指當員工執行任務招致死亡或傷害時,給予其特別金額以供治喪、遺族生活費或治療傷病之用。

企業實施退休撫卹制度,可帶來下面兩個好處:

1. **增進服務情緒**:有了退撫制度,使員工之安定生活、家屬瞻養均有保障,乃能集中心力,專心工作。

2. **促進人事新陳代謝**:經由退休制度可使年老久任者得以退養,而由年輕者繼任,使企業充滿活力,增進效率。

習題

一、試說明人事管理的意義及其工作範圍。

二、試說明工作說明書與工作規範的意義。

三、試說明如何規劃人力需求？

四、何謂性向測驗？何謂成就測驗？

五、試說明人員招募與甄選的程序。

六、試說明如何降低公司人員流動率？

七、試說明人員流動率太高或太低對一個企業的影響。

八、您若要應徵一項工作，應如何準備面談？

第十一章

行銷管理

第一節　行銷管理的意義與程序

　　企業經營的哲學在經濟環境的變遷之下，已由傳統的生產導向轉爲財務導向，再經由銷售導向而轉爲今日的行銷導向。傳統之經濟環境下，由於物資缺乏，只要能生產產品便可以銷售出去，因此，經營者重視的是如何大量的生產產品，而不重視產品之品質及使用者或消費者之需求。隨後經營者發現經由企業合併和財務聯合可產生產業結構合理化，經由財務操作所獲得之利潤常比生產所得還高，因此，許多公司乃從事於財務導向的經營哲學。但財務操作卻未能眞正提高生產力，故長久之後會有被淘汰之危機。隨後由於生產廠商之增加，使經濟問題不在於生產量不足，而是在於消費不足。因此，許多經營者乃將重點放於如何刺激消費者使用其既有之產品。此即爲銷售導向之經營哲學。但隨著技術與社會的急遽變化、消費結構的改變、國內外競爭者增加、產品生命週期變短、市場保護日漸消失，企業經營者唯有加強其競爭優勢以提高生產力，再生產出符合使用者需求之產品才

能贏得生存。因此，以滿足顧客需求為前提，並獲取合理利潤的經營作法即是行銷導向的經營哲學。

企業為取得生存並獲得合理的利潤，必須深入瞭解使用者之需求，並開發滿足使用者需求之產品才可。例如福特汽車曾以其標準化及輸送帶式之生產而雄霸一時。但隨著消費者之需求轉為多樣化之時，福特公司仍保持其標準車之生產，而通用汽車公司因及時反應市場需求的變化，而在汽車市場上取得領先地位。後來使用者之需求轉為偏愛小汽車，而通用汽車卻仍持續生產大型車，因此，汽車市場漸漸被福斯汽車與日本汽車公司所瓜分。最後，顧客重視汽車的品質，而日本車之品質領先美國車，因此，使得美國汽車市場成為日本汽車公司的天下。由此，可知滿足使用者需求之行銷導向的重要。

一、行銷管理的意義

行銷管理的任務是在處理企業與消費者價值交換的程序，使消費者得到滿意的服務而企業獲取合理利潤。美國行銷管理學會對行銷 (Marketing) 所下的定義如下：

「行銷是企劃與執行產品、訂價、通路、促銷產品、服務與意見的程序，並滿足消費者需求及達成企業目標的過程。」

由以上定義可知，企業乃經由產品、訂價、通路、促銷、服務及意見處理等手段來滿足消費者之需求，經由消費者購買產品之價值交換過程，而同時滿足消費者及企業之目標。但上式定義對如何發掘消費者之需求卻沒有說明。因此較廣義的行銷定義為：

「行銷乃指用調查、分析、預測、產品開發、訂價、促銷、通路之技術，來發掘、擴大及滿足社會各階層對商品或勞務需求的一系列活動。」

　　因此，行銷活動的目的在於協助交易的進行及完成，「行」乃具有積極推動協助之意義，而「銷」則為交易。

　　至於行銷管理乃運用管理活動，即管理五大功能，從事於行銷工作之意。因此，行銷管理可定義為：「行銷管理為經由計劃、執行、控制之功能，從事調查、分析、預測、產品開發、訂價、促銷、通路配銷等活動，以發掘、擴大及滿足社會各階層之需求，並謀取彼此利益之系列活動。」因此，行銷管理為運用 4P'S，即產品 (product)、價格 (price)、促銷 (promotion) 及通路 (place) 之間的協調與適應，以達成交易行為。一方面使產品及服務能滿足使用者既有的態度與行為，另一方面則設法調整顧客的態度與行為，以適應新產品及新構想。

　　以上所說明之行銷觀念與舊有的銷售觀念是不同的。銷售觀念是以公司既有的產品為主，利用人員推銷或廣告等方法來刺激更大的銷售量以獲得利潤。而行銷觀念則是調查研究顧客的需求，並規劃一組整合性的產品、價格、促銷及通路方案，以滿足這些需求，再由此而獲取利潤。由於行銷觀念可滿足顧客之需求，故在激烈競爭的經濟環境下乃成為一種經營哲學的主流。

二、行銷管理的程序

　　一個公司設定其行銷決策時，一般而言均遵循如圖 11-1 之程序。在一個以行銷為導向的企業中，其行銷決策乃由行銷研究調查分析市場顧客之購買行為、發掘顧客之現有需求及潛在需求開始，再配合公司之目標，找出特定市場機會，再測定此市場機會之大小，再以「市場區隔」(market segmentation) 選擇出目標市場。此時針對目標市場應再詳細分析顧客之購買行為，例如顧客購買之產品、購買產

品之動機與目的、購買之人員在家庭中的角色，及購買之方式等。接著針對目標市場中顧客之購買行為，而擬訂最佳之行銷策略組合，即4P'S。各行銷策略組合即是公司中行銷管理之活動對象，而公司中其他之生產計畫、人事、財務及其他活動皆應依此行銷計畫而分別展開。

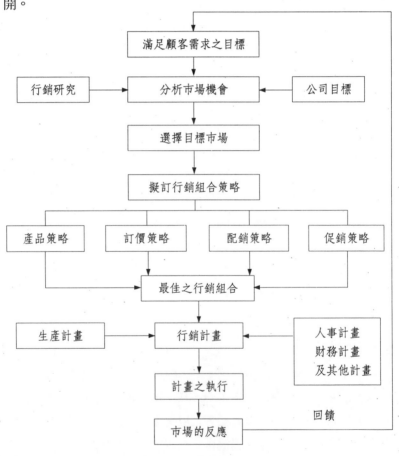

圖 11-1　行銷管理程序

第二節　分析市場機會

　　每一公司都必須具備有分析市場威脅與機會的能力，才可以不斷地改變自己、適應環境、發揮優勢，並維持成長及繁榮。企業為了發掘市場之威脅與機會，必須對於行銷環境或體系有所瞭解，並對於消費者市場及其購買行為有所認識。

一、行銷環境

　　任何一個企業絕對無法脫離行銷環境而不受影響，而行銷環境也充滿著機會與威脅，故企業應該善用行銷研究與資訊系統，充分掌握環境變化的資訊，以找出趨吉避凶的途徑。一個企業本身就是行銷環境中的一份子，它與供應商、競爭者、中間商（通路機構）及市場之使用者構成一個個體環境 (microenvironment)，而這些個體環境中的機構都受到總體環境 (macroenvironment) 力量的影響，例如公共政策、經濟、技術、文化等環境。此行銷環境如圖 11-2 所示。

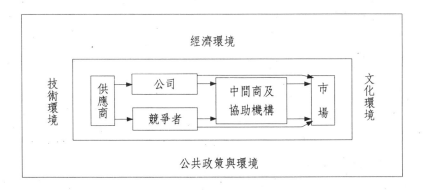

圖 11-2　行銷環境與系統

在個體環境中,一個企業應分析各個組成成員之影響:

1.公司

在制定行銷目標及計畫時,應考慮到公司內其他部門或分支機構之配合及影響。

2.供應商

供應商係指供給公司及其競爭者所需資源,以生產特定產品或服務的公司或個人。供應商會直接或間接地影響到公司的行銷計畫及服務顧客的能力。

3.中間商

中間商指協助企業推廣、銷售、配送產品給最終消費者的機構而言。這些機構能提供顧客在時間、地點、形式及佔有之經濟效用。

4.競爭者

每一公司都會面臨許多以滿足同一市場需求為目標的競爭者。行銷管理人員必須知道公司的競爭者,以及其所採取的各種行銷策略,才可以規劃出各種應對的策略,以免受到威脅。

5.市場

公司對市場之組成及其購買行為必須深入瞭解才可發掘機會,並擬訂出可行之行銷策略。市場之組成可分為下列五種:

⑴消費者市場:指為購買個人消費所需之商品或服務之個人與家庭單位所構成的市場。

⑵工業市場:指為賺取利潤或其他目的,而購買生產所需之設備或服務之組織所構成的市場。

⑶中間商市場:指為轉售謀利而購買商品及服務的組織所構成的市場。

⑷政府市場:指為提供公共服務而購買商品及服務的政府機構所

構成的市場。

⑸國際市場：指國外購買者所構成的市場，包括國外消費者、生產者、中間商及政府機構。

在總體環境中有下列因素會影響一個行銷決策：

1.人口統計環境

例如人口數、人口年齡層結構、家庭結構及生活習慣等。由人口統計資料常可發掘行銷契機。例如生活水準提昇及小家庭結構，使孕婦及育嬰受到更好的照顧與重視，因此有針對孕婦與嬰兒的市場產生。相同的，隨著老年人人口數的增加及消費能力的提昇，相信不久也會有特別針對老年人的市場產生出來。

2.經濟環境

經濟環境的好壞直接影響人民的所得，也因此會影響一個企業的銷售量與生產量。可用以評估經濟環境的資訊有就業率、消費者物價指數、工業生產狀況、一般人員薪資、通貨膨脹率及經濟成長率等。

3.政治法律環境

包括法律、政府機構及社會壓力團體等，它們對社會中的各個組織及個人皆造成影響及限制。在法律中有保護公司使不受到其他公司傷害的法令，例如反傾銷法；有保護消費者，以免受到不公平的商業行為所剝削，如消費者保護法及公平交易法等；有保護社會大眾的利益以免受到企業的危害，例如環境保護法、工廠安全衛生法令等。另外，最近幾年一些社會壓力團體相繼成立，對企業的經營也產生重大的影響，例如環保團體結合政治團體而可以使一個工廠之生產停頓。又如消費者基金會之報告會巨大地影響消費者的購買行為。

4.技術環境

每一種科技均是一種創造性的破壞，例如半導體使得電晶體之使

用降低；影印技術使得複寫紙工業沒落；電視機的產生使得電影之消費減少。每一種新科技會使得舊產品或行業衰退，因此，行銷管理者須注意科技的發展及其對企業的衝擊。

5.文化環境

每一個人均在特定的社會中成長，因而塑造了其基本的信念、價值觀及規範。這些觀念會影響自己及其他人的關係。例如現代年輕人有所謂「新新人類」的稱呼，這意味著其有特殊的行為與觀念取向，也因此有特殊的消費行為。因此，行銷管理者之決策應考慮文化之影響。

二、分析消費者行為

行銷人員經常由研究消費者之購買行為，而得以深入瞭解與市場有關之重要問題。一個市場及消費者之購買行為可以下列幾項問題來描述：

誰構成這市場？	組成人員 (occupants)
在市場上買些什麼？	物　　品 (objects)
為何購買？	購買目的 (objectives)
由誰參與購買？	組　　織 (organizations)
如何購買？	作　　業 (operations)
何時購買？	時　　機 (occasions)
何處購買？	銷售據點 (outlets)

而影響消費者之購買行為的因素有文化、社會、個人及心理因素，如圖 11-3 所示，這些因素許多是行銷管理人員所無法控制的，但卻必須加以注意及重視。

文　化	社　會	個　人	心　理
文化	參考群體	年齡與生命 週期階段	動機
次文化	家庭	職業 經濟狀況 生活型態	認知 學習
社會階級	角色與地位	人格與自我觀念	信念與態度

圖 11-3　影響購買行為的因素

1.文化因素

　　文化是指個人在社會中成長過程所學習而得的基本價值觀念、認知、偏好及行為。不同的社會有不同之文化因素，例如傳統中國人重視家庭乃至家族之生活，而西方人（如美國人）卻重視個人主義。另外，在同一個社會中，又會因不同之地域、宗教信仰而會有不同之生活型態，此即是次文化。次文化彼此間又有不同之價值觀念及行為方式。另外，社會中又存在著不同之階級，例如高層階級（如上流社會人士）與低層階級（如藍領工人）。同一階層人員具有較近似的價值觀念、偏好與行為。

2.社會因素

　　消費者之購買行為亦受到參考群體、家庭、社會角色與地位等社會因素的影響。所謂參考群體是指對個人的行為與態度有直接與間接影響的群體，例如家庭、朋友、同事、鄰居、宗教組織、同業公會等。另外，家庭是社會中最重要的消費者購買組織，每一個人之價值觀念與購買行為明顯的受到父母的影響，而在許多產品與服務之購買上也受到丈夫、妻子與孩子的影響。最後，人們一生中都會參與許多群體，如家庭、社交團體與公司組織，而一個人在每一群體中的處境

可以角色與地位來說明,且一個人會選擇購買代表其社會地位的產品。例如董事長級的人物選購賓士轎車、高品質昂貴服飾、休閒運動打高爾夫球等。

3.個人因素

人們一生中隨著年齡增長而不斷地改變其購買的產品與服務,若以家庭生命週期來表示,每一階段的財務狀況及購買對象如表 11-1 所示。行銷管理人員可依家庭生命週期來區分其目標市場,並發展適合的產品及行銷計畫。職業也影響一個人之消費型態,例如藍領工人購買耐久性的服飾與平價煙酒,而白領工人買高級襯衫與注重休閒娛樂等。另外個人之經濟狀況也是一項重要因素。一個人之經濟狀況包括可花費所得、儲蓄與資產、借貸能力等。而生活型態是指個人表現在活動、興趣與意見上的生活方式,例如傳統保守、追求新生活方式、追隨他人生活式者等。最後人格與自我觀念是指個人之心理特質,如自信、自主、順從、適應性等。

4.心理因素

如動機、認知、學習及信念與態度等。消費者購買商品或服務是在滿足其基本的需求與慾望,而這些需求與慾望便是顧客購買商品的動機。人們的需求動機可引用第三章中馬斯洛的需求層級理論來說明。當人們受需求激發後,在產生行動決策之前,其對所接收資訊之認知會影響其行動決策。例如對一位滔滔不絕的推銷員,某人可能認為口才好而產品不一定那麼好,而另一位則認為是熱誠而值得信賴的人。又人們經由所採取的行動中接收回饋與學習,並改變其行為,經由學習過程而形成其信念及態度,而深深地影響其購買行為。

表 11-1 家庭生命週期與購買行為的一覽表

家庭生命週期階段	購買或行為型態
1. 單身階段 (*bachelor stage*)：年輕，不住在家裏的單身。	財務負擔較輕；流行的意見領袖；喜好娛樂；購買：簡單的廚房用具、傢俱、汽車、吸引異性的行頭、渡假。
2. 新婚夫婦 (*newly married couples*)：年輕，沒有小孩。	財務狀況比即將來臨的未來要好；擁有最高的購買率及平均最多的耐久財購買量；購買：汽車、冰箱、烤箱、鮮明與耐用的傢俱、渡假。
3. 滿巢期Ⅰ (*full nest* Ⅰ)：最小的孩子六歲以下。	家庭購買的顛峰期；流動資產低；對財務狀況及儲蓄金額感到不滿意；對新產品有興趣；喜歡有廣告的產品；購買：洗衣機、乾衣機、ＴＶ、嬰兒食品、聽診器與止咳藥品、維他命、洋娃娃、旅行車、溜冰鞋。
4. 滿巢期Ⅱ (*full nest* Ⅱ)：最小的孩子六歲以上。	財務狀況較佳；有些主婦外出工作；較不受廣告影響；喜歡大量採購及購買大宗用品；購買：許多食品、清潔用品、腳踏車、上音樂課、鋼琴。
5. 滿巢期Ⅲ (*full nest* Ⅲ)：年老的已婚夫婦，子女皆已長大獨立。	財務狀況仍佳；有更多的主婦外出工作；有些小孩已有工作；很難受廣告的影響；對耐久財有最高的平均購買力；購買：更新且更具風格的傢俱、汽車旅遊、非必要的家電用品、遊艇、牙醫服務、雜誌。
6. 空巢期Ⅰ (*empty nest* Ⅰ)：年老的已婚夫婦，無子女同住，家長仍在工作。	擁有自己房子的顛峰期；對於財務狀況及儲蓄金額感到最滿意；對旅遊、娛樂、自我教育有興趣；常送禮及捐贈；對新產品不感興趣；購買：渡假、奢侈品、家庭修繕用品。
7. 空巢期Ⅱ (*empty nest* Ⅱ)：年老的已婚夫婦，無子女在家，家長已退休。	收入大幅減少；保有房子；購買：醫療電器用品、醫療保健用品（有助於健康、睡眠與消化者）。
8. 鰥寡獨居 (*solitary survivor*)，仍在工作。	收入仍佳，但可能會賣房子。
9. 鰥寡獨居，已退休。	與其他退休群體一樣有相同醫療產品的需求；收入大幅減少而需要特別的照料、關懷及安全感。

第三節　選擇目標市場

由上一節市場機會之分析可知，購買者因文化、社會、個人及心理因素的差異而有各種不同的購買行為。因此，任何一個企業不可能以單一的產品或服務而能滿足所有顧客的需求。例如飲料業中必須推出汽水、沙士、果汁、烏龍茶等，以滿足各種不同顧客的需求。因此，每一個廠商應使用市場區隔技術，將市場依據顧客不同之特性與需求，而區分為數個性質不同之小市場，再選擇一個或數個對企業本身最有利的利基 (niche) 市場為目標市場，針對目標市場之不同需求，而提供不同的產品、服務或行銷組合（即產品、訂價、促銷、通路的組合），以滿足顧客的需求。市場區隔及選擇目標市場的步驟如下：

1. 確認區隔化的基礎。

2. 執行市場區隔。

3. 衡量各個區隔市場之購買力或吸引力。

4. 選定目標市場。

5. 為各目標市場發展產品定位。

6. 針對各目標市場擬訂行銷組合策略。

亦即，首先須針對某些顧客之特性，例如年齡、性別、生活型態等，而將市場中之顧客加以分類與分群，將具有相似需求者劃歸在同一群中，因此將整個市場劃分為一些小的區隔市場。之後須分別評估各個區隔化的市場是否為有效的區隔，以及其購買能力及潛力對公司而言是否具有吸引力。若該區隔市場值得公司開發，則列為選定之目標市場。再針對目標市場進行產品定位及發展行銷策略組合，以滿足

目標市場之需求。

一、市場區隔

市場區隔的觀念是由 Wendell R. Smith 於 1956 年首先提出，他認為凡由兩人以上所構成的市場，便有被區隔為若干較小市場的可能。經過後人的努力及補充，市場區隔 (market segmentation) 的定義如下：

「所謂市場區隔是將一個異質性 (heterogeneity) 的市場區隔為幾個比較同質的小市場 (submarkets)，使各小市場具有較單純的性質，以便選擇一個或數個區隔市場做為目標市場，並針對此目標市場擬訂行銷組合策略。」

從事市場區隔時，須依市場之特性，選取一個或數個變數來區隔。在消費者市場中，常用的區隔變數有：地理性變數、人口統計變數、心理統計變數及行為變數等。

1.地理性市場區隔

是將市場依地區、縣市規模、人口密度或氣候等地理變數，區分成不同的地理區域。例如電氣用品須針對不同國家而設計不同的電壓接頭。又如飲料業者在產品設計及通路設計考量上，常依地區別而將市場區分為北部市場及中南部市場等。

2.人口統計市場區隔

是將市場依年齡、性別、家庭人數、家庭生命週期、所得、職業、教育程度、宗教、種族與國籍等人口統計變數區分成不同的小市場。例如有針對兒童與大人而設計不同的洗髮精；有針對不同年齡而提供不同的奶粉；又有不同性別的紙尿布等等。

3.心理統計市場區隔

是依購買者之社會地位、生活型態及人格特徵等心理變數,而將市場劃分成幾個不同的小市場。在社會地位變數方面,例如上層人士常往專賣店或以訂做方式購買商品,使自己擁有與人不同的風格。在生活型態上,例如針對「新新人類」而設計獨特的飲料及包裝,在人格特徵方面可依保守、獨立、自主、豪邁、冒險等特性來區隔市場。

4.行為性市場區隔

是依據購買者對產品之購買時機、追尋利益、使用率、忠誠性及對產品之認知與態度,而將市場予以分群。

利用區隔變數進行市場區隔後,並不保證所得到的區隔市場是有效的市場。一個有效的區隔市場應具備下列四項條件:

1.足量性 (substantiality)

指區隔市場的銷售潛量夠大或獲利性極高,值得公司為該區隔市場而設計特定的行銷方案。

2.可衡量性 (measurability)

指區隔市場中顧客的數量或購買力是可以計量性工具予以衡量的。例如超級商店之商圈之住戶或購買力是可衡量的。而使用人口統計變數為基礎所得到的區隔市場,其可衡量性是優於使用心理變數所得之區隔市場。

3.可接近性 (accessibility)

指公司所擬訂的行銷策略能有效地接觸及服務該區隔市場的程度。例如職業婦女市場及年輕人市場,因有其特定的媒體接觸習慣及特定的購物地點,因此便能有效地提供行銷服務。

4.可行動性 (actionability)

指公司依本身之資源,如人力、物力、財力,而針對各個區隔市

場設計個別之行銷組合的程度。當公司本身資源並不充分時，則須選擇幾個較有利的區隔市場，因此其「可行動性」就受到限制。

二、產品定位

當公司選擇了目標市場後，接著須考慮如何讓公司的產品在此市場中眾多的競爭產品中，能受到消費者的喜愛，而使公司產品在市場上有一立足之地，此即是「產品定位」的概念。所謂「產品定位」是指就產品的重要屬性而言，公司所提供的產品在消費者心中，相對於競爭者之產品所佔有的位置。因此，產品定位須考慮下列三項因素：

1.**產品的目標消費者**：由於產品定位是消費者對產品在心理之定位，因此，首先必須認清公司產品的目標市場及其顧客群。

2.**產品的重要屬性**：產品屬性是指顧客購買產品時所認為重要的產品特性，亦即是真正影響消費者購買的因素，例如品質、成本、操作特性等。

3.**公司的競爭對象**：定位時須找出目標市場中提供相同產品的競爭者及其所提供產品之屬性及銷售量。由分析競爭對象之優缺點，而能找出有利於公司之位置，此即找到公司產品的定位了。

茲假設某公司選定之目標市場之產品是除草機，而目標市場中顧客對除草機的體型及速度之屬性最重視，則公司可依據此二項屬性調查競爭廠商在顧客心目中的地位，而可得如圖 11-4 的產品位置圖。圖中 A 是小型快速的除草機製造商，B 是中型中速製造商，C 是中小型慢速製造商，而 D 是大型慢速的除草機製造商。圖中圓圈大小代表銷售額。

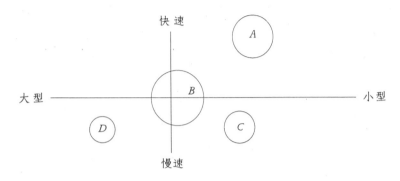

圖 11-4　四種競爭產品之產品位置圖

　　當得悉競爭者之位置後，在決定公司產品定位時，可選擇目前目標市場上沒有競爭產品的位置，例如大型快速的除草機，但必須同時考慮技術與成本的可行性及市場購買力的大小。另外，公司也可定位在競爭者附近，以爭取市場佔有率。例如選定生產小型快速的除草機，而與 A 公司互相競爭。

　　當公司選定目標市場，也決定了產品的定位後，等於確定了競爭對象，接著必須擬訂詳細的行銷組合策略，以滿足目標市場顧客的需求，使公司在市場上有立足之地。

第四節　產品策略

　　產品策略是行銷組合策略中最重要的要素，它會影響到價格、通路及促銷策略。通常一個公司在訂定產品策略時，必須考慮到產品生命週期 (product life cycle, PLC)、產品組合 (product mix)、品牌 (brand) 及包裝等因素。茲分別說明其內容於下：

一、產品生命週期

　　產品如同人一樣，是有其生命週期的，會經歷創新、成長、成熟及衰退等歷程。在產品之生命歷程中，企業為因應環境的變化及競爭的威脅，必須依據產品生命週期之各階段歷程，分別訂定適當的策略，以延續此產品之生命或增加其獲利能力。在產品生命週期各階段中，其銷售額及利潤之關係如圖 11-5 所示。在各階段中，企業所採取的策略應有所不同。

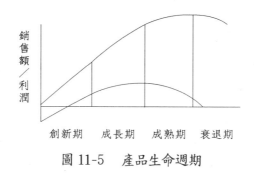

圖 11-5　　產品生命週期

1.創新階段

　　此時，產品剛導入市場，消費者對產品並不熟悉，因此，銷售量有限。而由於投入之開發成本及製造成本相當高，因此利潤常是負的。此階段行銷管理的重點是推廣與促銷活動，擴大產品知名度及教育潛在顧客，以擴大產品之需求。另外亦應積極尋求經銷商通路，吸引經銷商與零售商銷售此產品。在消費對象上，公司可鎖定特定的購買群體，如意見領袖、高所得者與高知識水準者，由這些群體接受產品而來引導其他顧客群的使用，以擴大產品銷售量，而有助於使產品進入成長期。在新產品訂價方面，常採行以下兩種訂價策略：

(1)高價榨取訂價法 (skimming strategy)：對有專利保護的創新
產品訂定高價格，以從市場中榨取相當的收入，並快速回收成
本，而等競爭者加入後再降低價格。

(2)低價滲透訂價法 (penetration strategy)：以低價吸引大量的
購買者，爭取市場佔有率。採取此項策略時，常是在公司產品
未進入市場之前，便已存在競爭者。因此，為擴大市場佔有率
及打擊競爭者，常採用低價滲透策略。

2.成長階段

當產品在導入階段成功地進入市場後，便進入成長期。此階段特
色是銷售額顯著的成長，而利潤也轉為正值，且利潤成長率也最高。
在此階段，潛在顧客對產品瞭解程度及接受程度均顯著增加，但競爭
者也開始加入市場。由於整個市場需求量處在成長階段，因此競爭並
不激烈，甚至反而使整個市場擴大。此階段所採取的策略，在產品方
面應增加產品的項目及型式；在推廣促銷方面應採用大量推廣方式，
以培養顧客對產品的忠誠度；在行銷通路方面應隨市場的擴大而普及
化；在價格方面則應考慮降低，以對付競爭者及吸引新顧客。

3.成熟階段

在此時期由於市場需求已被滿足，因此成長率會緩慢下來，且利
潤也開始降低。此時期的特色是由於整個產業的生產產能過剩而導致
競爭白熱化。因此，公司必須運用所有行銷手段來對抗競爭，以保持
自己的市場地位。在產品策略方面須採用市場區隔，以進入新的區隔
市場；並改良產品以開發新的用途；教育消費群以開發新的使用者；
或增加產品的使用頻率及使用量以增加整個市場之需求。在價格方面
應採取降價策略，但價格仍高於成本。在行銷通路方面則應擴大銷售
據點。而在推廣促銷方面一般採取增加廣告，配合贈品方式以期增加

交易的機會。

4.衰退階段

此時期產品銷售量減少，其原因有：技術的進步、消費者偏好改變、替代品出現等。在此階段，許多廠商紛紛退出市場，而留在市場的廠商則維持一個均衡的態勢。此時期之產品策略並考慮是否放棄該產品，而另外開發新的產品線；在推廣費用上則大量削減；在通路方面則以服務能產生利潤的市場爲主。總之，此時期以運用已有的固定支出來營運，並以儘快回收投資爲目標。

二、產品組合

產品組合是指公司提供給購買者的各項產品線及產品項目的組合。而產品線 (product line) 是指一群相關的產品項目，這群產品可能因功能相同，經由相同的銷售通路而售予相同的顧客群，故列爲一群。例如某一家化妝品公司之產品線有洗髮精、沐浴乳、香皂等。而洗髮精之產品線下之產品項目又有嬰兒洗髮精、兒童洗髮精、中性洗髮精、柔性洗髮精等等。

公司對於產品策略之管理不能個別以產品項目爲對象，而應全盤考量所有產品之組合，以求得整個策略運用上的全部最佳化。例如公司可在產品線中選擇一兩項低價產品項目做爲特價推廣項目以招徠顧客，顧客購買此特價產品時也常會順便購買一些高價的商品。

在管理產品組合時，應考慮到產品組合的廣度、深度及一致性。廣度是指一家公司所銷售產品線的數目，而深度則指一公司所行銷各產品線之平均項目而言。一公司之產品組合應有一最佳的廣度與深度組合。另外一致性是指公司各產品線之間，在最終用途上，在生產條件與配銷通路等方面相近的程度。一般而言，各產品線之間的一致性

愈高，則公司的經營愈容易成功。

三、品牌

品牌是一個名稱、名詞、符號、記號、設計或這些項目的組合，它可用來代表某一個或某一組商品或服務，並用以與競爭者之商品或服務有所區別。商品或服務採用品牌之策略時，有以下之優點：

1.**市場的確認**：品牌有助於公司產品在價格、品質及服務等特性上之定位，因此，品牌無形中代表著商品在目標市場之定位。另外品牌也可以節省購買者之購買時間。

2.**法律的保障**：商品有了品牌名稱和商標便可得到法律上的保障，以避免仿冒。

3.**建立顧客的忠誠度**：建立品牌可以吸引具品牌忠誠性的顧客，而使公司獲得穩定的銷售額及長期的利潤。

4.**協助市場區隔**：不同的品牌因有不同的產品特性，例如品質與價格，因而有助於區隔市場。

5.**產品的表徵**：品牌可代表一組產品線之特性，因此，有品牌的一項新產品可立即引起顧客的注意。

公司在決定品牌時，有三種方式可採行。第一是採用製造商品牌，即以製造商之名字為品牌。例如大同電器產品即以大同公司之名為品牌名稱。第二是採用中間商品牌，即以中間商名字為品牌。例如某毛巾生產商所生產之毛巾以皮爾卡登中間商之名為品牌。第三是同時使用製造商品牌與中間商品牌。至於應採用何種方案，則應考慮公司長期目標、能力、經銷商情況及一些利害得失等因素以決定之。

當製造商以自己名稱當做品牌時，則有四種品牌策略可採用：

1.**個別品牌**：即同一廠商之每一種產品均採用不同的品牌。

2.**單一家族品牌**：即一廠商所生產之產品皆用同一品牌。例如IBM 所生產之電腦皆採用 IBM 品牌。

3.**分類家族品牌**：即一公司採用數個品牌來標示不同產品類別之產品。例如黑松飲料公司有「黑松」、「綠洲」、「全球」等家族品牌。

4.**公司名稱與個別產品名稱合用**：即在每種產品名稱之前冠上公司名稱。例如「聲寶大聲視電視機」、「三洋媽媽樂洗衣機」等。

個別品牌策略的優點是公司的聲譽和個別產品的成敗分開，萬一某一產品失敗，公司其他產品比較不受影響。單一品牌策略的優點是不必為創新品牌的認識度及偏好而花昂貴的廣告費，因此可以享受公司已建立之知名度與信譽而以低成本方式推出新產品。當一個公司所生產之產品種類不同時，則不適合採用單一家族品牌策略。例如新東陽公司所生產之肉品與餅類產品分別使用「新東陽」與「漢妮」等數個家族品牌策略。

除了以上所討論之品牌策略之外，另有二種特殊的策略，即「品牌延伸」策略及「多品牌」策略。所謂品牌延伸策略是指運用已成功的品牌來推出改良品或新產品。例如「黑松」汽水已成功，再將其用於推出「黑松」沙士、「黑松」可樂等。品牌延伸之範圍可用於包括新包裝、新數量或重量、新品味及新形式等之引介。

所謂「多品牌」策略是指一個產品採用二個以上的品牌，彼此在市場上互相競爭。採用多品牌策略的第一個理由是在賣場可因多品牌可佔用較多的陳列位置，也更能吸引顧客的注意。第二個理由是可網羅更多的購買者，因許多購買者並不絕對忠實地購買某一品牌，因此品牌愈多愈有機會網羅到購買者。理由之三是可讓各品牌經理互相競爭，以增進效率。最後一個理由是可涵蓋不同的區隔市場，因多品牌

可吸引不同特性之顧客，使公司獲利。

四、包裝

所謂包裝是指爲產品設計並製造容器或包裝紙、盒等的活動。包裝可由三層材料構成。第一層是主要包裝，爲產品的直接容器。例如洗面乳的瓶子就是主要包裝。第二層爲次級包裝，是在保護主要包裝，且在開始使用產品時便可丟棄。例如包裝洗面乳的盒子就是次級包裝。第三層爲裝運包裝，它是做爲產品儲存、裝運、辨認之用。例如洗面乳六打裝的瓦楞紙箱就是裝運包裝。另外有所謂「標籤」(labelling)，也是包裝的一部份，它是印在或附在產品包裝上，有關產品的文字或圖片說明，做爲辨識產品品牌或傳遞產品之相關資訊，例如製造者、製造日期、內容及使用方法等。

適度的爲產品包裝可以引起消費者對產品的注意、增加消費者的信心、提高產品形象及方便消費者購買等。包裝再配合品牌策略更可以促進產品之交易及創造差異行銷之效果。例如以前購買食米是以大宗物資方式購買，完全沒有包裝及品牌；爾後將食品以袋包裝再配合品牌，則消費者便開始比較各品牌食米之品質，而各品牌食米之價格也開始產生差異了。由此可見包裝對行銷的影響。

爲一產品決定包裝時需考慮到上述三層包裝體之內容，此外，對包裝之大小、形狀、材料、顏色、文字及品牌標誌等亦應加以運用。不同之顧客群對不同大小、不同形狀、材料等或許會有不同之偏好，妥爲運用上述因素應有助於行銷之推展。最後，各項包裝要素也應配合訂價、廣告及其他行銷要素等之決策。

第五節 訂價策略

訂價策略是行銷組合中的第二要素，也是唯一產生收入的因素，其他因素只會造成成本。產品價格一方面決定了企業的收入，而另一方面又是企業從事市場競爭的主要工具。企業為一項產品所訂定之價格，就成為顧客的成本，故價格之高低與合理程度，深切地影響購買者之購買決策。不論是工業性產品或消費性產品，價格仍是購買者選擇產品時的主要決定因素。雖然非價格因素在最近幾年來對購買者之購買決策漸形成重要的因素，但價格仍是公司決定市場佔有率與獲利能力的最重要因素。

在訂定價格時，大多公司通常會犯下列的錯誤：⑴訂價時過份強調成本，⑵價格的修訂未能反應市場的變化，⑶設定價格時，未與其他行銷組合因素一起統合考慮，⑷價格沒有依產品項目及區隔市場之不同而有所差異。

一個企業在訂定價格策略時，應先考慮影響價格高低的因素，再設定訂價方法，爾後則須依市場之變化或其他因素而調整價格。

一、影響價格彈性的因素

價格的高低範圍稱為價格彈性，而價格彈性的範圍基本上受需求量、成本及競爭因素的影響。一般公司是以需求因素來決定價格之上限值，而以成本做為價格之下限值，再考慮競爭因素來決定應設定之價格。

1.需求因素

不同的價格在市場上會造成不同的需求反應。價格與需求反應之

間存在一種關係，稱爲需求反應函數，它表示了在各種不同價格時所對應的市場購買量。一般而言，需求與價格存在著負相關，即價格愈高，則需求愈少。而價格對需求的變動存在著各種不同的程度。如果價格的改變僅導致需求量微小的變動或幾乎沒有變動，則稱此需求爲無彈性的需求；如果需求的變動相當大，則稱此需求爲彈性需求。需求的價格彈性可以下列公式求得：

$$需求的價格彈性 = \frac{需求量變動的百分比}{價格變動的百分比}$$

假設價格上升 2% 時，導致需求量下降 10% ，則需求的價格彈性爲-5。若價格上升 2% 而需求量下降 2% ，則需求的價格彈性爲-1，此時雖銷售量較少，但價格的提高使總收益維持不變。若價格上升爲 2% 而需求量下降 1% ，則需求彈性爲-0.5。因此，需求的彈性愈小，則提高價格會使購買者所付出的代價愈高。

以下幾種狀況較無需求的彈性（即需求量較不受價格的影響）：⑴市場存在較少的替代品或競爭者，⑵高價格不會引起購買者的特別注意，⑶購買者在尋找較低價格的產品與改變購買習慣時需要較長的時間，及⑷購買者認爲較高的價格是由於品質改進或通貨膨脹所致。如果需求較具彈性，則銷售者應考慮降低價格來提高銷售量，以獲得更高的總收益。

2.成本因素

公司在訂定產品價格時都希望所訂的價位能收回生產、配銷及銷售的成本，並獲得合理的報酬。公司的成本可分爲固定成本與變動成本。所謂固定成本是指不隨生產量或銷售量變動的成本，例如主管薪資、廠房折舊費用、租金等。固定成本又稱爲間接費用，與生產量無

關。而變動成本則隨生產量而改變，例如直接原料、直接人工成本等。總成本是在一特定的生產量之下，固定成本與變動成本的總和，而公司訂定產品價格時，便希望所設定的價位能至少支付某特定生產量之下的總成本。

另外，管理人員亦應考慮不同生產量之下，成本的變動情形及因累積經驗而降低的平均成本，以使價格彈性能更合理及更有效地運用。

3.競爭因素

市場的需求及產品成本分別成為價格設定時的上下限，而競爭者的價位及可能的價格反應則決定了廠商產品的價格。廠商必須瞭解每一競爭者的產品、價格及服務等，利用這些資料來訂定自己產品的價格。如果公司所提供的產品及品質與競爭品相似，則產品的訂價可訂在競爭者的價位上；若公司產品的品質比較差，則應訂定較低的價位，反之則可訂定較高的價位。基本上，可利用價位上的差異來表示公司產品在市場定位上與競爭者的差異。

二、產品訂價的方法

訂價的方法甚多，一般可分為「成本導向」訂價、「需求導向」訂價，及「競爭導向」訂價，分別討論於下。

1.成本導向訂價法

許多公司訂定產品價格時，主要以成本為基礎，而在其上加一些毛利即構成價格。成本導向訂價法有下列二種：

(1)成本加成訂價法 (markup pricing)：即在成本之上另加一定的百分比為毛利而構成價格。例如單位成本為 100 元，加二成為毛利，則價格為 120 元。

⑵投資報酬訂價法 (target return pricing)：即以所欲追求的投資報酬率 (ROI) 來決定價格。投資報酬之價格可由下式求得：

$$投資報酬價格 = 單位成本 + \frac{期望報酬 \times 投資資本}{銷售量}$$

2.需求導向訂價法

需求導向訂價法是以消費者需求的程度及認知做為訂價的基礎。當消費者需求高時，訂價高；需求低時，訂價低，而不以成本為基礎。此法有下列做法：

⑴差異價格法：即針對不同之所得對象、不同之地點對象、不同之時間對象，設定差異價格。

⑵心理訂價法：即以不同價格代表不同品質之關聯，鼓勵不同心理狀況的顧客來購買。

⑶認知訂價法：即以行銷組合中的各項非價格變數，來建立消費者心目中的認知價值，再以此認知價格為依據而設定產品價格。

3.競爭導向訂價法

即以競爭者之價格做為訂定公司產品價格的基礎，而與成本及需求因素無關。此法又有以下之做法：

⑴追隨訂價法 (going-rate pricing)：即產品之訂價係追隨業界平均價格。

⑵競標訂價法 (sealed-bid pricing)：即公司為取得訂單合約，而訂定比競爭者更低的價格。

三、價格的調整策略

公司設定價格後，仍須依市場與環境因素而調整其價格。所應考慮的因素有：地理性訂價、價格折讓與折扣、促銷訂價、差別訂價及產品組合訂價。

1. 地理性訂價

即依據地理區位的不同而修訂基礎價格，例如對偏遠地區的顧客訂定較高的價格。

2. 價格折讓與折扣

即公司採取一些價格優惠措施予顧客，以鼓勵顧客採取對公司有利的行動，例如提早付款、大量採購，或在淡季採購。

(1)現金折扣：如「 2/10 ， n/30 」表示付款期為 30 天，而於 10 天內付清可享受 2% 的折扣。

(2)數量折扣：即一次購買數量大時，予以價格的降低，如購買 100 件以下，單價為 \$10 ； 100 件以上單價為 \$9 。

(3)季節折扣：對非在旺季購買產品的客戶給予折扣，以維持產量的平穩。

(4)折讓：例如「抵換折讓」，係購買新品時以舊品退回而享有的減價。

3. 促銷訂價

即在某些情況下將價格暫時訂得比正常價格還低，以達到促銷的目的。例如以一些價位低而常用的產品當促銷品以吸引顧客；利用假日或節日進行折扣促銷；及心理折扣等。

4. 差別訂價

即根據顧客、產品型式、地區、時間等因素而分別訂定不同的價

格。在顧客方面,例如老年人、殘障者予以優惠價格,一方面吸引購買者,另一方面可塑造公司形象。在地區方面,例如音樂廳中不同地區座位設訂有不同的價格。在時間方面,例如娛樂區在週一至週五享有優惠的票價。

5.產品組合訂價

由於產品組合中各項產品的價格具有相關性,因此須訂出一組互利性的價格體制,使整個產品組合的利潤為最大。產品組合訂價有下列五種狀況須加以考慮:

(1)產品線訂價:例如冰箱、電視機、照相機等產品線內各有許多不同型式的產品,而每一項產品間之價格應有一定的價格差距,使該產品線可網羅各階層之購買者,使公司之利潤最大。

(2)選擇性產品訂價:例如汽車廠商提供 CD 音響或皮椅當做購買汽車之附屬產品,而此附屬品之訂價可訂得高些,以成為獨立利潤來源;也可訂得低些,做為促銷之功能。

(3)專用產品訂價:某些主產品都有共同之專用副產品,例如照相機與軟片,電腦主機與磁碟機或軟體程式等。製造廠商一般將主產品價格訂得較低以吸引顧客,再藉由高價格的專用產品賺取利潤。

(4)副產品訂價:副產品若對顧客具有價值,則可以其價值來訂價。經由副產品的收入可使主要產品的訂價降低,因而可提高主要產品的競爭力。

(5)成組產品訂價:即將不同產品組成一套,再訂定較低的價格整套出售。例如將牙刷與牙膏組成一套出售。

第六節 行銷通路決策

目前大多數的製造商並沒有直接將商品賣給最終消費者,而是在廠商與消費者之間建立一些行銷中介單位,負責各種功能。這些中介機構如果買入商品之所有權,之後再轉售出去,則稱為經銷中間商 (merchant middlemen),例如批發商及零售商。如果只負責尋找顧客,代表廠商去接洽顧客,而未取得商品之所有權,則稱為代理中間商 (agent middlemen),例如經紀商與銷售代理商。又有一些機構只協助廠商達成配銷任務,而實際未取得商品所有權,也沒參與買賣雙方的洽商者,則稱之為促成者 (faciliators),例如運輸公司、倉儲業者和廣告代理人等。

行銷通路之中間商具有配合市場供需、溝通產銷意見的作用,可簡化廠商與購買者間之交易程序,提高配銷時間效率及減少配銷費用之功能。簡言之,中間商可以縮短生產者與購買者之空間距離,縮短購買之時間距離,及提供推廣、接觸、共同合作、融資及承擔風險等技術問題。

廠商在設計行銷通路及決策時,須先瞭解行銷通路系統的類型。再依據產品、公司、顧客等特性而決定行銷通路之決策,茲分別說明通路系統及決策於下:

一、行銷通路系統

1.垂直行銷通路系統

乃整合生產者及中間商以形成一整體系統,系統中各組成份子彼此互有股權,或有特許授權而能互助合作,以追求整體之最大利潤。

此系統又有三種類型：

(1)所有權式垂直行銷系統：即生產與配銷均為廠商所擁有，故又稱為公司組織的連鎖系統，例如統一公司與統一超級商店均為統一公司之所有權下的組合。

(2)管理式垂直行銷系統：即透過系統中某一具規模與權力的組織，以達成生產與配銷之協調。例如某些名牌產品的製造商能取得中間商的配合與支持。

(3)契約式垂直行銷系統：即由屬於不同階層生產與配銷的獨立廠商組合而成，以契約的約定為基礎，整合各廠商的活動，以達到一定的經濟效益。此系統又可分為批發業支持的自願連鎖、零售業合作社及特許授權組織。

2.水平行銷通路系統

即由兩家或以上的廠商公司共同結合成為一個聯盟，以開發新興的行銷機會。經由聯盟可獲得必要的資金、技術、生產設施或行銷設施，並可分擔風險。台鹽公司之低鈉鹽由味全公司負責廣告及配銷即是水平行銷系統之例子。

3.多重行銷通路系統

即公司採用一種以上的行銷通路來接觸不同的區隔市場。此系統雖能擴展銷售機會，但也常造成通路成員的衝突，例如銷售區域重疊或售價不同等。因此，唯有能明確區分不同之區隔市場及約制售價，方可順利執行多重行銷通路系統的功能。

二、行銷通路決策

廠商在建立其行銷通路時，須考慮下列問題：(1)通路結構，即通路之長度、寬度與深度。如使用較多之中間商則稱為長通路或間接通

路，反之則爲短通路或直接通路。(2)特定中間商之尋找與選擇，及(3)中間商的管理。廠商在決定其通路結構時，須考慮下列四項因素：

1. 市場因素

包括：(1)區別工業品及消費品，(2)市場內潛在顧客之數目，(3)市場集中之程度，(4)每批訂單數量之大小，及(5)顧客購買習慣。

2. 產品因素

包括：(1)單位價格：若單價低便無法承擔直接銷售成本，因此須採用較長之通路。(2)體積與重量：若大或重，則須減少搬運距離與次數。(3)腐壞難易度：若易腐壞，則通路不可太長。(4)產品技術及服務程度：若程度較高，則應由廠商直接銷售。(5)產品標準化程度：若屬訂製品，則應由廠商直接銷售。(6)產品線之廣狹：若產品線多時，可採直接銷售方式，由廠商自己設立專售店。

3. 廠商因素

包括：(1)規模大小：若規模大，可採較短之通路結構。(2)聲譽：若廠商信譽良好，較容易獲得經銷商之信任，故可多用經銷商。(3)財務能力：若財務能力強，可採直接通路。(4)管理經驗與能力：若缺乏這方面能力，則會採批發商方式。(5)生產者所能提供的服務：若能提供較多的服務，則可採用直接通路方式。

4. 中間商因素

包括：(1)中間商提供之服務類型：若提供之服務爲廠商所沒有或無法提供的，則應利用中間商。(2)是否能找到理想之中間商：若能找到便應採用，否則便須建立自己之配銷系統。(3)中間商對廠商的態度：若中間商不能接受廠商之政策，則廠商只好自己建立配銷系統。例如國產汽車不同意裕隆汽車之政策，因此裕隆汽車公司只好另外建立配銷系統。

第七節　促銷策略

促銷是一種廠商對客戶（包括購買者、消費者及中間商）意見溝通之工具，旨在宣傳公司產品之優點，以影響顧客之購買行爲，並能購買公司之產品。公司可用的促銷工具有廣告 (advertising)、銷售推廣 (sale Promotion)、人員推銷 (personal selling) 及宣傳報導 (publicity) 等四種。此四項工具又稱爲「促銷組合」(promotion Mix)。公司可運用促銷組合以接觸中間商、消費者及社會大衆；中間商也可以發展一套促銷組合來接觸消費者及社會大衆。運用促銷組合之目的在使目標顧客對公司及公司產品有良好的印象，並滿足公司所提供的產品，促銷組合各要素之意義如下：

1.廣告

即公司以給付代價方式，利用大衆傳播媒體傳播有關公司、公司產品、服務及說服性之訊息予目標顧客。可用之傳播媒體如報紙、電視、廣播、雜誌、看板、活動看板 …… 等。

2.銷售推廣

指附帶於廣告及人員推銷之贈送性推廣活動，以求短期內發生銷售效果。例如採用抵現贈券、贈品、比賽、大減價及購買折讓等，用以激勵消費者、中間商及銷售人員。

3.人員推銷

即由銷售人員與潛在的購買者直接交談，以促成交易。在此種溝通方式之下，雙方直接交談，因此可以很快瞭解客戶之需求與問題，而採取適當之反應措施，以求最快之交易效果。

4.宣傳報導

即運用公共關係，取得免費的大眾媒體如電視、廣播、報章雜誌等來刊登報導有關公司的重要新聞，以刺激社會大眾對公司產品或服務的需求。

一、促銷組合各要素之特性

每一種促銷工具，即廣告、銷售推廣、人員推銷與宣傳報導，各有其獨特的性質，行銷管理人員應深切瞭解其特性，才可制定適當的促銷組合策略。

1.廣告

廣告的特性有公開表達、滲透性、擴大渲染和非人員性。除了可建立產品的長期形象，也可刺激短期的銷售量（與促銷配合，例如大減價廣告）。廣告可有效地接觸散佈於廣大地區的消費者。有些廣告媒體所需之成本或費用較高，如電視廣告；而有些媒體之費用則較低廉，如報紙廣告。可運用的廣告媒體有：雜誌、報紙、電視、廣播、海報、招牌、直接信函(direct mail)、特贈品（如日曆、記事本）、廣告牌（或活動看板）、宣傳單等。

2.人員推銷

其特性為有：面對面的接觸、與人結交及激發購買者購買意願；因此，是一種最有效的促銷工具。

3.銷售推廣

例如抵現贈券、減價折扣、贈品等，可以迅速的造成市場上激烈的購買反應，因此，可用以促銷新產品或使下降的銷售量回升。但其效果都是短暫的，對建立長期品牌偏好方面之效果不大。

4.宣傳報導

最大特點是以較爲可信之新聞方式，傳達信息給消費者，對建立公司及產品之形象有很正面的效果。

二、制定促銷組合應考慮的因素

公司在擬訂促銷組合時應考慮下列之因素：

1.產品或市場之類型

產品可分爲消費性產品及工業性產品。對消費性產品，公司之促銷組合策略通常以廣告活動爲主，其次爲銷售推廣、人員推銷，最後才使用宣傳報導。對工業性產品，則促銷組合策略是以人員推銷爲主，其次爲銷售推廣、廣告及宣傳報導。一般人員推銷較常用於價值較高的產品或屬於寡佔市場的產品，如工業性產品。另外廣告對工業性產品仍有許多功能，如提高知名度、增進瞭解及接觸潛在顧客等。

2.推式或拉式策略

所謂推式策略係利用銷售人員與中間商將產品推入行銷通路，即廠商先將產品推到批發商上，而批發商再將產品推到零售商貨架上，並希望零售商能將產品推向消費者。因此，推式策略會以人員推銷爲主，而以廣告及其他組合因素爲輔。所謂拉式策略係針對最終消費者，以大量廣告及銷售推廣之活動，刺激消費者對公司產品之需求。一旦廣告及促銷有效，消費者會向零售商購買該產品，於是拉動整個行銷通路系統。

3.產品生命週期階段

(1)產品導入階段，廣告及宣傳報導對打開產品知名度最有效，而銷售推廣可促使消費者提早試用產品，至於使用人員推銷來爭取中間商經銷產品，則較困難。(2)成長階段，廣告及宣傳報導仍應大量使

用,以提高接觸顧客之機會。但由於顧客已熟悉產品,故可減少銷售推廣活動。⑶成熟階段,由於競爭者很多,且競爭激烈,故銷售推廣活動大大增加。由於購買者已熟悉產品品牌,故只要提醒式的廣告即可。⑷衰退階段:只用提醒式的廣告,宣傳報導已完全停止,也沒有人員推銷活動,但還有一些銷售推廣活動。

習題

一、試說明行銷管理的意義及程序。

二、試說明應如何分析消費者購買行為？

三、何謂「家庭生命週期」？每一階段之購買行為有何不同？

四、試說明如何選擇目標市場？

五、何謂「市場區隔」？有那些市場區隔方法？

六、一位行銷人員或主管應如何運用產品生命週期來做行銷管理？

七、試說明有那些品牌策略可運用？

八、家電產品已進入成熟期，試以一產品為例（如電視、洗衣機或冰箱），說明如何運用行銷方法以在市場上佔有一席之地。

九、試以行銷管理方法來說明如何可以增進學校或科系之排名，或報考人數。

—————— 第十二章 ——————

工業安全

第一節 工業安全之意義與影響

自十八世紀末期工業革命的浪潮自英國吹起，整個世界的經濟型態因而改變，原本的手工生產方式由機器替代生產，愈來愈多的人自農村、家庭走入工廠。產業革命雖然為人類帶來了繁榮與便利，但是伴隨而來的工業災害與意外事件，卻也不時地威脅著人們的生命財產與安全。在現代的作業場所中，因普遍使用大型化、高速化的機械，又加上化學工業之進步，各種化學物質、危害物品亦存在於工作場所之中，稍一不慎，則可能發生導致勞工健康受到傷害、疾病、殘廢甚至死亡的情形，形成所謂的「安全衛生問題」。不僅勞工身心受到傷害，失去了工作能力，家計生活受到影響；資方亦得因意外事故付出額外的醫療費用與賠償，機器設備與生產力亦遭受損失；國家亦因意外事故而失去了寶貴的人力資源，甚至社會的繁榮安寧亦會受到影響。因此，近年來各國政府無不致力於勞工的安全問題，一方面從立法方面採取有效措施，以期使此一問題得到改善；另一方面，對於工

業安全與衛生之相關議題與研究，亦已逐步展開，欲以各種科學化與系統化的方法，探討事故的成因，以及預防事故的對策。在勞工意識高漲的現在，提供一個安全無虞的工作場所以及教導正確的工作程序，實在是每一個雇主責無旁貸的責任。

而「工業安全衛生」係針對工業災害發生的原因及其過程，作一分析與探討，並具備某些系統知識與技術以期能降低工業災害的發生。工業災害一般而言，分為兩類。一類為因意外事故而發生之傷害，統稱工業災害，如爆炸、墜落等；另一類則是工作環境對人所導致的危害，如各種職業病：矽肺病、因噪音而造成之聽覺性障礙等。前者係指工業安全問題，後者則是指工業衛生問題。本章係針對工業安全問題，做一介紹與分析。

第二節　意外事故

一、意外事故的定義

美國國家安全協會（簡稱 NSC ）曾經對意外事故所下的定義如下：「意外事故是一連串事件發生的組合，通常會造成無意的傷害、死亡或財產的損失」。 NSC 的定義說明了意外事故的本質與特性：(1)意外事故會造成某些無意的傷害、死亡或財產的損失，(2)意外事故並非以獨立事件發生，而是由一連串具有因果關係的事件中發生。更具體地說，意外事故乃是一個未經計劃的、且不期待發生的事件。在此事件中，由於系統（環境）、人員、物質或機械的缺失與危害，而導致人員發生傷亡或財產造成損失的結果。

二、意外事故的原因

美國的工業安全理論先驅韓瑞奇 (W.H. Heinrich) 研究美國意外事故發生的原因多年之後，曾提出著名的「骨牌理論」，他認為意外事故是由一連串的事件，在一定的邏輯秩序中發生而導致的結果。例如總是不太在意紅綠燈的汽車駕駛者，可能會有一天在十字路口發生車禍。因此，韓瑞奇認為導致意外事故，大致有五個因素：⑴社會的環境或習慣；⑵個人的疏忽或過失；⑶不安全的行為和不安全的環境或情境；⑷意外事故；⑸傷害。如圖 12-1 ，可知此五個因素如同一塊塊骨牌，前三項中任何一塊倒塌，都有可能導致意外事故而造成傷害。若將其中最重要的第三塊骨牌除去，則社會的習慣與個人的疏失可能還不致造成意外事故與傷害。若再除去第二塊骨牌，即可發現即使第一塊骨牌倒下，也不會發生任何的影響，因此可知不安全的行為或環境與人為的疏失，是導致意外事故發生最主要的原因。

而包爾得 (Bird) 卻認為，意外事故的發生原因主要有下列三種：

1.**管理上的不當控制**：如管理者對工作不瞭解，或本身無組織、規劃及領導能力；或雖有控制計劃，但卻由於不適當的規劃與執行，而導致意外事故的發生。

2.**基本原因**：則包括人為因素及工作因素。

⑴人為因素：如工作者缺乏工作時所需的知識與技能、或其工作時有不當的工作態度（如不專心、自大、不合作等）、不當之動機（如惡作劇、嬉戲、偷懶等）及精神與生理方面之異常與不適（如幻想、焦慮及身體不適等）。

⑵工作因素：如不適當的設計、機具構造、不正常地使用設備及

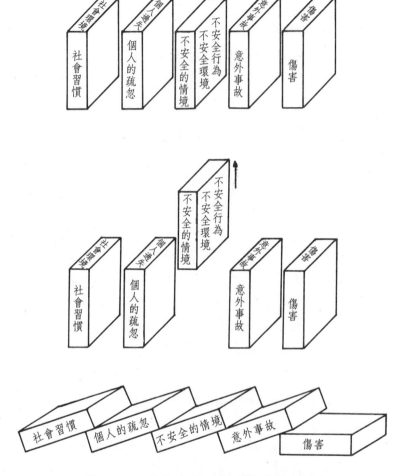

圖 12-1 韓瑞奇事故發生的骨牌理論

　　不當的工作標準等。

3.**直接原因**：包括不安全的動作和不安全的環境。

⑴不安全的動作：如工作者未依規定操作、未使用個人防護具、
　　不恰當地使用設備及不安全的姿勢或動作等。

(2)不安全的環境：如不良的照明、工作場所混亂、搬運器具不
　　當、安全裝置失效、機械配置不當與異常的溫度與壓力等。

　　而格瑞美地（J.V. Grimaldi）也在觀察過許多意外事故後，得到
一個推論，大約有 15% 的意外事故造成 85% 的金錢上的損失，因此
如何去顯現在意外事故上之相關問題與特質，是每一個關心工業安全
的人必須要面對的課題。

三、意外事故的種類

　　若不限於與工作有關的意外事故，所有的意外事故，可依發生的
地點分為四大類：⑴交通事故；⑵家庭事故；⑶工作事故（即職業災
害）；⑷公共場所事故。

　　本章所要探討的重點，係指工作時所發生之意外事故而言。而依
意外事故的型態而論，又可細分為以下二十一種，見表 12-1：

表 12-1　意外事故的種類

分類編號	分類項目	說　　　明
1	墜落	指人體由樹木、建築物、施工架、機器、車輛、樓梯、斜面上向下跌落的情形。人所在的地點崩塌，或因搖動而墜落，或隨著車輛跌落翻倒等都包含在內。但是交通事故不含在內。因感電而墜落者，則包括在感電項內。
2	跌倒	指人體在同一平面上踢倒物品，或滑溜而跌倒的情形。隨同車輛等翻倒也包含在內。但是交通事故不含在內。因感電而跌倒者，則包括在感電項內。
3	衝撞	除墜落、跌倒之外，人體與靜止的物體或移動中的物體相接觸的情形。與車輛機器等相接觸也包含在內，但交通事故則不包含在內。
4	物體飛落	飛來物或從高處落下的物品碰到人體的情形。研削磨輪破裂，或研削切斷屑片、切屑粉等的飛落，或手持的加工物掉落在腳上等情形。因容器破裂引起的，則包括在破裂項內。

5	崩塌、倒落	堆積物、站立的架子、建築物等崩塌或倒落而碰到人體的情形。靠在牆壁的物品倒下、或落磐、山崩、地表滑動等也包含在內。
6	被撞擊	除飛落、崩塌、倒落之外,物品落下或倒下碰及人體的情形。正在起吊的貨品、移動中的機器等碰及人身也包含在內,但交通事故則不包含在內。
7	夾住、捲入	被物體夾住,或捲入而壓傷、壓扁、扭傷的情形。沖床模具、鍛造機的槌子所致的傷害屬之。被輾過的情形亦包含在內,但交通事故不包含在內。
8	割、刮	被機器及設備割傷、刮傷的情形。使用刀刃工具時的傷害亦包含在內。
9	踩破(踏穿)	踩穿金屬片,踩到鐵釘的情形。踩破地板、石棉瓦等亦包含在內。如踩破而墜落時,則包含在墜落項內。
10	溺水	墜落水中溺水的情形。
11	與高溫、低溫物品的接觸	指人體與高溫或低溫物體接觸的情形。包含曝露在高溫或低溫的環境下的情況。 〔高溫〕 火焰、電弧、熔化狀態的金屬、鐵水、水蒸汽等的接觸。在熔爐前作業的高溫環境下的曝露症狀等包含在內。 〔低溫〕 曝露在冷凍庫等低溫環境下的情形。
12	與有害物接觸	因放射線、有害光線引起的障礙,一氧化碳中毒、氧氣缺乏症、曝露於高氣壓及低氣壓有害環境中等情形包含在內。
13	感電	觸及帶電體,或因放電使人體受到衝擊的情形。 〔與媒介物之關係〕 以金屬蓋、金屬材料等為媒體而感電時,依各該設備、機器設備加以分類。
14	爆炸	急劇的壓力產生或釋放的結果,引起帶有爆裂音響的膨脹的情形。但破裂不包含在內,而水蒸氣爆炸則包含在內。在容器、裝置本身爆炸時,亦歸於此分類。 〔與媒介物之關係〕 如在容器、裝置內部爆炸時,則以各該容器裝置之別分類。如於取出容器或裝置,或漏出容器裝置的狀態下爆炸,則歸類於各該內容物項內。

15	破裂	容器或裝置因物理性壓力而破裂的情形。 〔與媒介物之關係〕 媒介物有鍋爐、壓力容器、瓦斯桶、化學設備等。
16	火災	〔與媒介物之關係〕 危險物品的火災，以該危險物品為媒介物。危險物品以 外的火災，則以火源之物品為媒介物。
17	道路交通事 故	交通事故之中，以適用道路交通安全法規之事故為限。
18	交通事故 （其他）	交通事故中，因船舶、航空器、火車、電車等引起的事 故。除公共交通工具之外，在廠內發生之交通事故，依各 該項目分類。
19	不當動作	如搬運重物時閃腰，或以身體不當的姿勢或動作去工作， 而導致的扭傷、脫臼、閃腰以及類似的受傷情形。 失去平衡而墜落，或搬運過重物品而跌倒等，雖為不當的 動作所引起，亦歸類於墜落，或跌倒項內。
20	其他	無法歸類於上述任何一類的，如傷口化膿、破傷風等情 形。
21	無法分類	欠缺供判斷之資料，而無法分類歸於任何一項者。

四、失能傷害與非失能傷害

　　凡是造成死亡、或某種程度的永久傷殘、或使得受傷的工人不能有效地執行正常平時的工作或活動，在其受傷日以外，達一整天的傷害，稱為失能傷害。

　　而失能傷害 (disabling injuries) 的種類有四大類，茲詳列如下：

　　1.死亡 (death)：因工作而喪失性命，不論罹災至死亡時間的長短。

　　2.永久全失能 (permanent total disability)：係指嚴重程度之身體永久性的傷殘，如斷肢、永久性的眼睛傷害，或稱全殘廢。下列情形之一者謂之永久全失能：a. 雙眼失明；b. 一隻眼睛及一隻手或一隻腳殘廢；c. 四肢中，同時失去其二，而不在同一肢體者，如手、

臂、腿、腳。

3. **永久部份失能**(permanent partial disability)：係指嚴重性低於死亡及永久全失能之任何程度之失能，或稱部份殘廢。如手指或腳趾之切除，一眼失明等。

4. **暫時全失能**(temporary total disability)：係指受傷之人員，未死亡亦未殘廢，但不能繼續從事其正常之工作，在其受傷日以外，達一整天或超過一整天，不能恢復工作者屬之。

失能傷害以外的工業意外事故或其結果，稱為非失能傷害，有下列三種，茲詳述如下：

1. **輕傷害**(minor injuries)：係指損失工作時間不足一天的傷害，輕傷害不列入傷害嚴重率的計算，但必須列入統計並研究防範之對策。

2. **無傷害事故**(non-injury accidents or near misses)：係指機器、人員等均未造成損傷，而僅造成時間延誤。如請購單規格開錯，而影響正常工作進行之事故。

3. **財產損失事故**(property damage accident)：係指人員無傷亡，但機器、設備或材料卻因損壞而造成財產上的損失。如鍋爐因壓力失常而產生之爆炸，但並無人員傷亡之事故。

五、職業災害之統計

本國之「勞工安全衛生法」施行細則第 27 條規定，雇主應對該廠之職業災害做一統計，並將結果報告主管與檢查機關。職業災害之記錄與統計目的在於建立完整之資料，一方面瞭解本廠之職業災害發生情形，可檢討事故發生之前因後果；另一方面可規劃職業災害之預防措施，並據以評估其實施之成效。

以下介紹三種常用的客觀衡量標準的計算方法。

1.**失能傷害頻率**（disabling frequency rate，**簡稱 F. R.**）

失能傷害頻率是每一百萬工時，發生失能傷害之次數，其計算公式如下：

$$F. R. = \frac{失能傷害次數 \times 1,000,000 \ 小時}{工作總時數}$$

舉例說明如下：某工廠有工人 200 名，平均每人每週工作 44 小時，在連續 42 週中，有 3 次失能傷害事故發生，則其

$$F. R. = \frac{3 \times 1,000,000 \ 小時}{200 \times 44 \ 小時 / 週 \times 42 \ 週} = 8.117$$

此處的失能傷害並不包括輕傷害，即傷害在當日痊癒，隔日即能恢復工作者，不列入計算。

2.**失能傷害嚴重率**（disabling severity rate，**簡稱 S. R.**）

失能傷害嚴重率是每一百萬工時中發生失能傷害所損失的日數。其計算公式如下：

$$S. R. = \frac{失能傷害總損失日數 \times 1,000,000 \ 小時}{總經歷工時}$$

此式中之總損失日數，包括死亡、永久全失能、永久部分失能與暫時全失能等四種失能傷害損失日數的總和。死亡與永久全失能皆以 6000 天損失日數計算；永久部份失能，依傷殘的程度，計算損失日數，見表 12-2；暫時全失能，則自受傷的第二日算起，至復工的前一天之總損失日數。

舉例說明如下：某工廠一年內發生暫時全失能事件 20 件，總損失日數 85 天；張三的左手拇指全部切除，李四的右腿全部失能，王二一眼失明。陳一和林五兩人永久性傷殘。該工廠一年工作 45 週，

每人每週工作 44 小時，共有員工 80 人。

總工時＝ 44 × 45 × 80 ＝ 158,400

失能傷害總損失日數＝ 6000 × 2 （永久全失能）

$$+ 600 （張三）+ 4500 （李四）$$

$$+ 1,800 （王二）$$

$$= 18,900$$

S. R. $= \dfrac{18,900 \times 1,000,000 \text{ 小時}}{158,400} = 119,318.2$

表 12-2　傷害損失日數換算表

傷害損失日數換算表（以日計）

（依據 *CNS 1467*）

死亡　　　　　*6,000*
永久全失能　*60,000*

骨節之全部或局部斷失	姆 指	食 指	中 指	無名指	小 指	大 趾	其餘各足趾
末梢骨節	*300*	*100*	*75*	*60*	*50*	*150*	*35*
第二骨節	*—*	*200*	*150*	*120*	*100*	*—*	*75*
第三骨節	*600*	*400*	*300*	*240*	*200*	*300*	*150*
中腕節或中跗骨	*900*	*600*	*500*	*450*	*400*	*600*	*350*

手腕　　　　　　　　　　　　　　　　　*3,000*
足踝骨　　　　　　　　　　　　　　　　*2,400*
腕部以上至肘部　　　　　　　　　　　　*3,600*
肘部以上包括肩骨關節　　　　　　　　　*4,500*
膝部以上之任何部份　　　　　　　　　　*4,500*
足踝以上至膝蓋　　　　　　　　　　　　*3,000*
　　　　　　　官能殘廢
一眼失明（無論另一眼有無視覺）　　　　*1,800*
兩眼失明（在一次事故中）　　　　　　　*6,000*
一耳全部失聰（無論另一耳有無聽覺）　　*600*
兩耳全部失聰（在一次事故中）　　　　　*3,000*
不能治癒的疝氣（能治癒者按實際損失日數計）　*50*

3.綜合傷害指數 (frequency-severity indicator ，簡稱 F. S. I)

$$F.S.I = \sqrt{\frac{F.R. \cdot S.R.}{1000}}$$

綜合傷害指數爲綜合 F. R. 與 S. R. 兩種比率值所得之指數。可用來評估整個工廠推行安全工作之成效。F. S. I. 值愈小者，其成效愈佳。

六、意外事故之防止對策

根據韓瑞奇 (W.H. Heinrich) 的研究統計發現，意外事故的發生，88% 來自不安全的動作與行爲；10% 來自於不安全的環境；只有 2% 是屬於無法避免的災害。也就是說，大部份的意外事故災害，是可以避免的。而要加強防止意外事故的產生，則可運用工業安全所稱的「 3E 」，即工程 (engineering) 、教育 (education) 與執行 (enforcement) 三者。工程爲結合安全與工程的知識背景，再應用安全工程與技術，以消除不安全的環境。如鍋爐的安全釋壓裝置，可免於鍋爐超壓爆炸；起重升降機設置吊鉤防滑裝置，可防止所吊掛之重物滑落。

教育則是透過教導或訓練的方式，如專家之演講、座談與電影等，讓員工瞭解自身所處的狀況、瞭解自己的不安全行爲及動作，設法消除改善並防制意外事故的發生。

執行爲實施廠方旣定的安全政策與計劃，其方法有各工作場所的安全觀察與記錄；全廠的安全檢查；稽核各部門各階層所應負的安全責任，並實施獎懲辦法，以達到防止意外事故之目標。

在工業安全的實際推行面上，相關的專家亦提出一套管理制度，作爲雇主與勞工預防意外事故之重點。

1. **安全衛生守則**：廠內各項作業均應訂定安全衛生守則，並督促員工遵守，以防範意外事故發生。

2. **安全衛生訓練**：灌輸員工安全衛生意識與觀念，糾正員工不安全之行為或動作，期使員工依正確的工作程序與方法，從事作業。

3. **建立安全衛生的環境**：在工廠建築剛開始時，即做好採光、通風、照明的良好規劃與設計，此外機械設備之防護、物料之儲存與搬運及工廠內務之整理、清潔等工作，亦以維護一個安全而又舒適的工作環境為目標。

4. **安全衛生檢查**：實施有計劃的安全衛生檢查，找出不安全的環境與不安全的行為，以期能及早改善，防範事故於未然。

5. **事故調查分析**：對於發生意外事故的真正原因加以分析探討，避免下一次再度發生。

6. **工作安全分析**：檢討曾發生一些意外事故之作業，將作業分解成若干步驟，以找出潛在的危機，並研究防範措施，以建立新的作業安全標準。

7. **安全觀察**：注意員工是否有安全的操作，對於不安全環境與行為之潛在危機設法消除，以防止事故發生。

8. **安全激勵**：利用相關活動或其他方法，激勵員工對於所從事的工作之安全方面的興趣與熱忱，使其隨時能從事安全的行為，有助於推展工廠安全衛生的計劃。

第三節　工作安全分析

一、意義與目的

工作安全分析 (job safe analysis，簡稱 JSA) 係由工作分析衍生而來，爲應用於工業安全與管理的一套避免意外事故發生的方法。工作安全分析，是將一項作業或工作，藉由觀察、討論、修正等方式，將作業中的程序，逐步分解，以找出每一步驟中潛在的危險因子，並設法消除改善，以期建立一種安全的作業方式。

作業現場中，處處存在著可能造成危險的潛在因素，如工廠佈置上與規劃上之設計不當；環境中的通風不良或是照明不足；機械設備上的防護措施不佳；物料儲運不當，以致使發生搬運事故；以及電氣設備之使用安全防範。而工作安全分析乃是針對以上各過程中可能發生的危害，加以分析，以減少可能之危害至最低程度。因此，較具體地說，工作安全分析之目的主要有以下幾項：

1.**員工之在職訓練**：某項作業，經工作安全分析後，可以建立該作業的安全作業方法與標準。可以依據此來訓練員工正確的作業方法與建立安全的意識，加深對工作安全的瞭解。

2.**環境與設備之改善**：透過工作安全分析，作業者在從事作業時的環境與所使用之機械設備的缺失，就會一條一條浮現出來，雇主與作業者應致力消除可能造成危害的因素，盡力地改善，以減少事故發生。

3.**意外事故之調查參考**：如果不幸發生意外事故，調查人員可依據工作安全分析表，找出不安全的動作或狀況，有助於調查的進展。

二、工作安全分析的方法

1.選擇需要分析的作業

實施工作安全分析，有一定的步驟與方法。在選擇何種作業應該實施工作安全分析以前，有一些選擇的標準如下，可列入優先的考慮：

(1)失能傷害發生率 (F.R.) 高的作業：發生之意外事故率愈高，愈表示該作業應做工作安全分析，以降低危害。

(2)失能傷害嚴重率 (S.R.) 高的作業：失能傷害嚴重率高的工作，應予加強防範，以免再度發生重大傷害。

(3)新作業：由於機械設備或作業程序的變更，該作業沒有任何事故紀錄可供參考，其可能的潛在危機應予重視，不能等到發生事故後再來彌補，因此，亦應透過工作安全分析來分析新作業。

(4)具有潛在之危害性之作業：有些作業，雖然目前沒有傷亡的紀錄，但是一旦發生事故，就得付出異常慘痛的代價，如具有爆炸性、易燃性物質之儲運作業，亦需先做工作安全分析，以瞭解潛在之危險性。

2.將欲分析之作業，依序分成幾個步驟

選擇一個具有經驗，熟悉作業程序的人來示範工作。觀察示範者的工作，就其每一步驟的目的與意義，做一詳細的說明，其次再與示範者討論每一步驟需注意的事項，與可能發生的狀況，並將討論的結果讓相關之作業員瞭解，如有必要，即刻修正或改善，直到每一個人都認為所進行的步驟是安全而且符合效率。

3.找出可能的危害因素與可能發生的事故

作業一經分析後，會分解成幾個個別但連續的步驟，應針對每一步驟所可能有的潛在危害與所可能發生的事故，做一考量，可由下列幾個問題，獲得相關的資訊：

(1)所使用之機械設備是否可能產生危害？如沒有防護欄，以致作業員被捲入或被夾住；線路若外皮破損，會讓作業員有感電的危險；砂輪若破裂，則會造成碎片傷人。

(2)是否曝露於有害之化學物品或危險物品下？易燃、易爆之物質，應儲存於安全的所在，以免產生爆炸或燃燒，造成人、財、物方面的損失；易腐蝕的物品在儲運上應做好管理，以避免人員之誤觸；揮發性高之有害化學物質，是否蓋緊儲存，以避免造成人員中毒或呼吸道之病變。

(3)是否有不當或不安全的操作方法與程序，而引致其他的危害？如清洗儲存槽時，應先用探測器探測其氧氣濃度，再進行下一步驟的清理工作，若不是如此，極易造成人員之缺氧昏迷現象；在營建工地工作時，應戴工地用安全帽，若不，則極易因重物掉落而遭受撞擊之傷害。

(4)其他易引起傷害之媒介物，可能造成何種類型之危害？如高溫之蒸汽渦爐易造成燙傷；嚴重之輻射線污染可能引起嘔吐、昏迷等現象。

4.提出避免事故與減少危害的方法

(1)研究新的工作方法以代替舊的工作方法：對於舊法中不安全的部份加以改善，如原本的人工搬運改為自動化之機械替代。

(2)改善工作環境或機械設備：如改善局部通風的狀況，以消除污染物進入作業區域；在機械設備上加裝安全柵欄，以防止人員

被夾傷。

(3)改變工作程序：不安全的工作程序亦容易造成意外事故，設法改變工作程序使潛在的可能危害因素減至最少。如欲檢查自動剪裁機之異常時，應關閉剪裁機之電源開關，不應僅關閉隔紙輸送機之開關，以免造成人員夾壓傷。

第四節　系統安全分析

一、意義

系統安全分析 (system safety analysis) 的技術約在二次世界大戰後問世。是為了減少在複雜系統中，因各項疏失而造成人員及財產損失的工具，一部汽車可以說是一個系統；一個生產線的運作亦可看成一個系統；甚至一個醫療院所也可看成一個系統。系統通常是一個整體，有其特殊的環境，及其中相互作用的一些份子：包含人員、機械設備、工具、物料等，系統乃是在其特殊的環境下，依據某種既定的程序，繼續運作，以完成其系統的功能。

系統安全分析乃是運用科學，以合乎邏輯思考、推理的方法，對整個系統，如人為的操作、環境、機器設備、製造程序以及產品等，尋找失誤的所在，提供系統修改策略，以避免生命、財產、環境和效率的損失。

以下就系統安全分析中最常使用的兩種方法加以介紹與說明。

二、失誤樹分析 (Fault Tree Analysis，簡稱 FTA)

FTA 是一種演繹技巧，本身著重於一個特殊的意外事件 (accident event)，並提供一個方法以決定該意外事件的原因。失誤樹本身爲一圖形模式，用以顯示導致該意外事件的機械設備故障和失誤的各式組合，其優勢是具備有將一個意外分解成基本的設備失誤和人爲錯誤的能力，如此可允許工業安全分析師著重於基本原因的預防考量，以降低意外事故發生的機率。

FTA 的價值與特性大致可歸納成以下數點：

*1.*強迫分析者透過邏輯推理的方法，努力思考，使系統失效和組件故障原因能夠直接表現出來。

*2.*它可明確地表示出系統中各部位故障情形，和導致系統失效的途徑。

*3.*它可圖示出系統中缺失所在，做爲改善策略之工具。

*4.*它可作爲系統可靠度定性及定量分析之工具。

*5.*可讓分析人員針對某一較弱之環節進行分析，以瞭解系統失效之因素。

*6.*可藉著失誤樹明確瞭解系統運作之情形。

FTA 所使用的一些術語與符號代表特定的意義，對這些術語與符號必須有所瞭解，否則分析的結果將會混淆不清，以下就所使用的術語與符號做一說明：

- ‧系統 (system)：係指 FTA 的工作範圍，包括設備、控制元件及操作。

- ‧事件 (event)：在系統中一個已經很確定或特殊的事情。在本質上，這些事件有兩種可能的情況，發生或不發生，而且只有這兩種情況存在。

- ‧頂端事件 (top event)：爲「失誤樹分析」中位置在最上面的事件，該頂端事件即爲我們最不希望發生的意外事故。

· 基本事件 (basic event)：發生在系統中最細小的單元層次的事件，一般而言，系統分析到基本事件即可，沒有必要再分析下去。

· ⌓ 邏輯符號：或閘 (OR Gate)，當任何一個輸入事件發生時，其輸出事件即成立。

· ⌂ 邏輯符號：和閘 (AND Gate)，必須所有的輸入事件同時發生時，其輸出事件才成立。

· ⬚ 長方形符號：代表一特定的事件，通常由邏輯符號連接以表示與其他事件間的關係。

· ○ 圓形符號：代表系統中的基本事件，這些基本事件也就是元件故障或是人為操作失誤。

· ◇ 菱形符號：代表事件的發展由於資料的缺乏而中止，但若有充分的資料出現時，進一步的推理仍然可行。

· △ 轉移符號：代表此事件以下之發展可連接或轉移到同一失誤樹中的另一部份。

· ○⬡ 六邊形符號：代表限制 gate，必須輸入事件滿足這些限制條件之後，方能導致輸出事件的發生。這些限制條件有時是發生次序或發生時機，有時與物理或化學狀況有關。橢圓形內表示應滿足之限制條件。

　圖 12-2 就動力割草機引擎不啟動的例子，來說明 FTA 的例子。

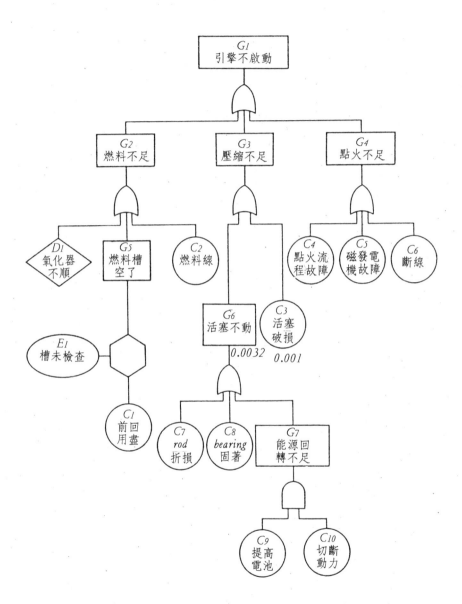

圖 12-2 動力割草機引擎不啟動之FTA圖

三、失誤模式與影響分析 (Failure Mode and Effect Analysis，簡稱 FMEA)

FMEA 之產生，是爲了瞭解每一失誤，對系統／廠房之影響，以及每一失誤模式嚴重性等級 (criticality ranking)。失誤模式乃是描述設備如何失誤（打開、關閉、洩露等）；失誤模式的影響是指因設備失誤所導致的系統反應或意外。 FMEA 就是要衡量這些失誤對其他零件或整個系統產生之影響。因此， FMEA 乃是安全工程師分析工作環境內能造成傷害的不安全的機器設備及其影響的重要工具，但是 FMEA 卻不能將不安全的個人因素以及環境因素考慮在內，若要補足此缺憾，和 FTA 合併使用當會對整個系統之危害因素更加瞭解，以降低意外的發生。

在使用 FMEA 時，其分析的程序有下列幾個步驟：

1.決定要分析的零件，或是可能造成失誤的零件。

2.探討失誤的型式或種類，即失誤造成的情形爲何？

3.造成此失誤型式的可能原因 (possible causes)

4.一旦造成此一失誤，對此系統所造成的影響 (consequences)

5.此一失誤之可能發生機率 (probability of occurrence)，失誤之機率有四種：

(1)有可能 (probable)：作業時間不及一萬小時發生一次失誤。

(2)相當可能 (reasonably probable)：作業時間一萬到十萬小時之間，發生一次失誤。

(3)可能性小 (remote)：作業時間在十萬至千萬小時之間，發生一次失誤。

(4)極不可能 (extremely remote)：作業時間超過一千萬小時以

上發生一次失誤。

6.失誤的嚴重性分類：一般而言，安全工程師可將失誤所造成的嚴重狀況，分爲四類：

(1)安全 (safe)：失誤不會造成系統功能的喪失，亦不會引起人員傷亡與顯著的財物損失。

(2)安全邊緣 (marginal)：失誤之發生多少會影響系統的正常功能，但不會造成人員傷亡或顯著之財物損失，只要調整或修理即可恢復正常的作業。

(3)危險 (critical)：失誤之發生會影響系統之正常運作；會引起相當的系統損害、人員傷亡與財產損失，需要立刻地採取修正的措施。

(4)災變 (catastrophic)：失誤之發生會造成嚴重的系統運作失常或失去作用，會引起一起或多起人員傷亡事故。以下就柴油發電機引擎所可能造成之失誤模式與影響分析，做一說明，見表12-3。

表 12-3　柴油發電機引擎失誤型式及其影響分析 (FMEA)

零件名稱或編號	失誤型式	失誤可能原因	失誤造成的影響		失誤機率 $(\lambda \times 10^{-6})$	嚴重性	建議改善措施
			其他零件	整個系統			
柴油發電機引擎	爆炸	具爆炸性之燃料外洩		∨	C	D	在屈曲部裝設燃料管
	結構破損	腐蝕			B	B	表面處理電鍍
	火災	排氣管過熱，軸承溫度上升		∨	B	C	裝設排氣管冷卻系統

第五節　個人防護具

　　配戴個人防護具之作用旨在讓暴露在危害作業環境中之人員能受到適當的保護，使身體的某些部位甚至全部，避免與有害的物質接觸而受到傷害。若無法將工作環境中之危害因子根除，則個人防護具乃是對個人安全與健康方面維護的最後防線。

　　使用個人防護具，仍需注意下列事項：

　　1.根據作業環境之需要，選擇適用的防護設備。

　　2.防護具之配戴，應以對工作上的運動無妨礙、方便舒適為原則。

　　3.所選用之防護具應符合安全規格之要求。如中華民國國家標準CNS，美國材料試驗標準 ASTM ⋯⋯ 等。

　　4.人員須瞭解所使用防護具之性能、正確使用之方式與保養維護之方法。

　　個人防護具的種類繁多，從人體的頭部到腳部都有各種不同的防護具，以應實際的需要。以下就防護性之各種類別與功能，做一說明。

一、頭部保護裝備

　　頭部是人體的神經中樞，工作時應優先加以防護。凡工作的性質可能遭受飛落或下墜物碰撞時，應該配戴安全帽頭盔。除了保護頭部免於受飛落的物體擊傷；電氣用之安全帽亦可用於高壓電活線作業，以免人員因電擊受傷；在酸鹼等化學液體倒落時亦可保護頭部。此外，安全帽之配戴，亦可防止頭髮被機器捲入。見圖12-3。

圖 12-3　各型安全帽

　　安全帽使用前要先檢查。帽殼如有損壞、刮傷、孔洞應立即更換，以免影響其防護性能。內套與帽殼同樣重要，主要功能在吸收衝擊能量，需檢查內套各部是否有斷裂、磨損、裂痕等。

二、眼睛和臉部的防護

　　眼睛是人體甚爲脆弱的器官，如果防護不當，易造成難以彌補的損失。根據美國防止失明協會認爲，所有眼睛的傷害，有 90% 是可以防止的。因爲眼睛的自然防禦力很低，因此必須利用護目罩、眼鏡或面罩等防護具來防護，以避免受到傷害。

　　通常，眼睛會受到傷害的因素大概有四種：(1)有害光線；(2)粉塵或飛屑；(3)化學氣體或液體；(4)熱金屬熔液。針對上列之危害因素，眼睛的防護具可分爲：

　　1.**遮光防護鏡**：主要用於防止氣體、電弧熔接及熔爐等作業所產生的紅外線、紫外線等有害光線傷及眼睛。圖 12-4 。

　　2.**防塵眼鏡**：主要用於防止研磨作業所產生的火花、粉塵；切削作業所產生的切屑或處置溶劑、藥液的飛沫傷害眼睛。見圖 12-4 。

安全眼鏡　　　　　防塵用護目鏡　　　　焊接用遮光眼鏡

化學作業用護目鏡　　　　防爆用護目鏡

圖 12-4　各式安全防護眼鏡

　　3.防化學噴濺物護目鏡：設計用於酸、鹼及其他有害液體和化學物噴濺的場所，對眼睛提供防護。圖 12-4 。

　　對於臉部的防護而言，從事下列作業時應配戴適當的防護面罩（見圖 12-5 ）：

　　⑴有熔接金屬液或火花飛散的作業；

　　⑵暴露於強烈的輻射線的作業；

　　⑶有酸鹼液或其他有毒化學物質飛濺的作業；

　　⑷有金屬飛屑或其他可能傷及臉部與眼睛的作業。

　　需注意的是，使用防護面罩時，並不能提供對碰撞的防護，人員仍須戴用適當的護目罩或安全眼鏡以預防傷害。

一般防護面罩　　　　手提式電焊面罩　　　　帽裝電焊面罩

圖 12-5　各式防護面罩

三、耳部的防護

　　經噪音測定超過 90dBA 時是噪音工作區，在該區工作就必須選擇適當的耳塞和耳罩（見圖 12-6 ）。選擇防音防護具要依據必須防護的噪音量（減弱量），同時也須考慮作業環境及方法。如果人員的工作環境中常會讓雙手弄髒而又定期需將防護具取下，則採用耳罩較好，因為耳塞易被弄髒而使得耳朵受感染。如果工作環境是熱環境，則選用耳塞較好，因為熱環境下，使用耳罩會很不舒服。

　　一般而言，耳塞多以塑膠和橡塑等製成，可降低 15dBA-30dBA 之噪音；耳罩可降低 20dBA-40dBA 的噪音。在必要的情況下，得兩者合併使用，以降低更多的噪音。

耳塞　　　　　　　　　　　　　　防音耳罩

圖 12-6　耳塞與耳罩

四、呼吸器官的防護

呼吸防護器是個人防護具中最複雜的。對此裝備要有相當的瞭解與知識，否則，若使用不良或使用方法不當時，會導致嚴重的後果，甚至造成人員傷亡，不可不慎。

呼吸器的功能主要是在有毒物質污染的環境下，將污染物（有毒物質）過濾掉，或供給可呼吸的空氣，以保護使用者（見圖 12-7 ）。其主要分為以下三種類型：

1.空氣濾清式

此種之呼吸器是經由化學反應將污染物除去或利用過濾器將污染物濾掉。此型式之呼吸裝配並不能提供更多氧氣給使用者。如果有人戴此種呼吸器進入缺氧環境，並不能防止缺氧的危害。此外，若是污染物的濃度超過呼吸裝配的濾清能力，或是濾清罐對污染物沒有效果，仍會造成重大的危害。因此，空氣濾清式呼吸器之使用者，必須對此裝備的一些限制十分地瞭解，一旦誤用，將會引起嚴重的傷亡。

2.自攜式空氣呼吸器

此種類型的呼吸器主要是供給呼吸用的空氣。通常使用的時機為氧氣稀少時或是污染物濃度超過一般防毒面罩的防護程度時。使用者自行攜帶一氣筒（罐）需要的空氣，置於胸前或背部—也許會有一吸收器，能將呼出的空氣除去 CO_2 再與新鮮的氧氣混合輸入面罩中，再度使用。

3.供氣式空氣呼吸器

此類型的呼吸器作用同 2.，是供給使用者呼吸用的空氣。但是此種型式之呼吸器乃是在面罩上，牽引一條長的輸氣管，再與遠處的中央系統供氣站連接，使空氣直接地送到使用者的裝配上，這種型式的

呼吸器最大的好處是使用者在被污染的空氣中工作的時間，比使用濾清式及自攜式空氣呼吸器者的要長。

　為了能使呼吸防護器能發揮有效的功能，使用單位必須要制定一套良好的計劃。使用者應具備各類呼吸器使用時之相關知識與訓練：瞭解呼吸器的正確使用方式與保養法；使用前須測試面罩的氣密性以確定該設備可以正常地運作；在使用的情況下，若發生緊急狀況時，該如何應變與處理。

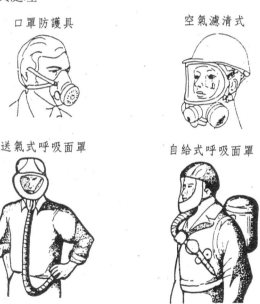

口罩防護具　　　　　　空氣濾清式

送氣式呼吸面罩　　　　自給式呼吸面罩

圖 12-7　各式呼吸防護器具

五、手部防護

　幾乎所有的工作場所中都須使用雙手從事工作，因此，手部受傷的機會也高於身體的其他部位。臂部、手部及手指的防護具對於某些特殊場所是十分有用的。許多的手套都是為了特殊工作而設計，依作

業性質之不同，製作的材料與型式也就有所不同。如棉質手套主要是
預防因磨擦而起的水泡；石棉手套則是在高熱作業的環境下使用；軟
皮手套是爲焊接而設計；橡膠或乙烯樹脂類手套是在處理腐蝕性的強
酸及石化產品時使用等，見圖 12-8 。

耐熱石棉手套　　　　　二指型棉質手套　　　　五指型皮質手套

圖 12-8　　各式手套

六、身體防護具

身體的防護除了應有適當的穿著外，必要時應依據作業場所的工
作性質與環境穿著適當的防護衣，一般常見的防護衣包括：一般用防
護衣、防熱衣、防凍夾克、靜電衣、絕緣衣、耐腐蝕衣及處理輻射物
質用防護衣等（見圖 12-9 ）。

防熱圍裙　　　　　　救火衣護具　　　　高濃度有害物質作業
　　　　　　　　　　　　　　　　　　　　　　全身護具

圖 12-9　　身體防護衣

七、足部的防護

　　足部的防護主要是使用安全鞋，其前端有鋼殼護趾以避免腳趾不慎踢到重物或重物落下擊傷腳趾的傷害。安全鞋依用途可分防滑性、防貫穿性、防滲透侵蝕性、防導電性等（見圖 12-10 ）。

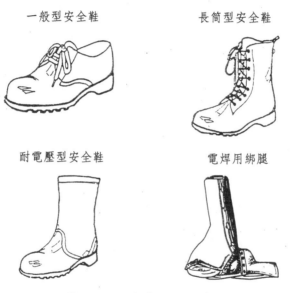

一般型安全鞋　　　　　　　長筒型安全鞋

耐電壓型安全鞋　　　　　　電焊用綁腿

圖 12-10　　各式足部防護具

　　工作場所安全之目標應先致力於改善作業中環境欠佳的因素以及機械設備之維護，是在沒有更理想的保護措施下，才使用個人防護具。雇主與作業人員應實際體認個人防護具在使用上之安全重要性，千萬不可因為防護具之不美觀、不舒適，或配戴時有礙於工作效率而拒絕配戴。個人安全的考量與健康的維護，實不容允許有任何的輕率與疏忽！

習題

一、試舉一實例說明韓瑞奇（*W.H. Henrich*）的骨牌理論。

二、某一鐵工廠在一年內總經歷之工作小時為二十萬小時，發生意外事故的傷害情形如下：

死亡事件：二人。

永久全失能事件：共兩人永久性傷殘。

部份全失能事件：張三右手四指全部切除；李四右眼失明；王二左腳趾中切除大拇趾與食趾；徐六左腿全部失能。

暫時全失能事件：15 件，損失日數 80 天。

輕傷害事件：40 件，共 50 人。

部份全失能與死亡在五次嚴重意外事故中發生。試求此鐵工廠在此一年中的 *F.R.* 與 *S.R.*。

三、試舉一職業災害實例說明失誤樹分析。

四、何謂 *FMEA*？其功能為何？

五、在營建工地進行焊接工作時，需要哪些個人保防裝備？試說明之。

—— 第十三章 ——

工業衛生

第一節 工業衛生之定義與目的

工業衛生學 (industrial hygiene)，又稱爲職業衛生學 (occupational hygiene)，是一門整合性之科學，乃是對於可能損及勞工健康與安寧的各類潛在物理性與化學性之危害因素，加以研究與分析。以減少與預防勞工職業災害之發生，讓勞工有一個可以安心工作的環境。

由於科技的進步與各項工業的迅速發展，職業的分工日趨細密，作業環境亦因不同的職業而差異甚大，工業衛生的問題也日益複雜，如溫濕之作業環境、照明、噪音、游離輻射、粉塵與通風、有害化學物質、振動等問題，亦一一產生。爲了盡力保持與促進勞工最大的健康與幸福，使之能繼續工作，減少工作效率與時間的損失，針對在這些場所工作的勞工其所處環境之各類潛在危害因子，必須做更深入的瞭解，並加以有效的防制，使各類作業場所之勞工能工作得有效率，維持一定的生產力，這乃是工業衛生最基本的目的。

以下茲就較常發生在作業場所之危害因素做一分析。

第二節　環境對作業者之影響

一、熱

1.溫濕作業環境

　　一個舒適的工作環境，乃是指作業者的周圍之溫度、濕度與空氣流通的狀況，都得到良好的控制。一個工作環境若出現高溫的條件，大多是由於氣溫及熱源所產生之輻射熱所造成。如在煉鋼廠內的熔鑄爐工作的勞工，在夏天工作時，不但得忍受高昇的氣溫，還要承受熔鑄爐之輻射熱，因此，該勞工乃是處於一個高溫的作業環境之中。人在高溫的作業環境下，血液循環加速，脈搏增加，會將中樞內臟之血液移至皮下血管，再將體內多餘的熱量帶至體表，以輻射及對流的方式來加速體熱之散發。此時若作業環境中有良好的通風或空氣流動，亦有助於體熱的散發；但若此時體熱的散發仍未能降低體溫，人體的汗腺則會開始排汗，以蒸發的方式協助額外的熱量散發。一公升汗水的蒸發，可帶走 580 大卡 (Kcal) 的熱量，足以使溫度降低 12 ℃。然而，汗水的蒸發情形又和環境中的濕度相關，在有濕度之作業環境下，汗水無法蒸發而使降溫效能降低。

2.溫濕作業環境之熱指數測定

　　因此為了能夠衡量熱環境中之危害程度，有數項方法被發展出來，可以當做評估的指標。

　　⑴有效溫度 (effective temperature)：是以兩個列線圖 (nomo-gram)（圖 13-1）來表示不同溫度、濕度和空氣流速（風

速）的組合產生同樣的感覺，此時即爲有效溫度 (Effective Temperature)。

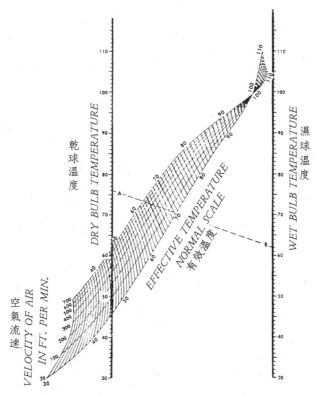

資料來源：*ASHRAE Handbook*

圖 13-1　有效溫度指標

列線圖中之各項重要參數：

(A)乾球溫度 (Dry Bulb Temperature)：空氣的溫度

(B)濕球溫度 (Wet Bulb Temperature)：在此溫度時，水份蒸發進入空氣，可使空氣等熱地達於飽和濕度的相同溫度：

(C)空氣流速 (velocity of air)

例：乾球溫度 76 ℉，濕球溫度 62 ℉，當時風速爲 100Ft/min。
則有效溫度 ET = 69 ℉

(2)熱危害指數 (heat strees index, HSI)：當維持身體之熱平衡
（新陳代謝）的熱產能超過輻射和對流的合併熱散失時，即有
熱危害之產生。此一指數乃是根據維持身體熱平衡所需蒸發散
失的熱量來表示熱負荷，寫成 Ereq (the required evapora-
tion heat loss)。再根據一個人的體型大小、體重、體溫以及
環境中空氣的流速等來估計蒸發的最大散熱量 Emax，兩者
之間的比值則是暴露於危害的可能後果，以數學方程式表示如
下：

$$HSI = \frac{Ereq}{Emax} \times 100$$

當 HSI 值小於 100，則此 HSI 乃近乎個人所使出的全部出汗能
力的百分率。

圖 13-2 所示之流程圖，可用來說明如何決定 HSI。以下我們假
設一個情況，設該情況之黑球溫度爲 110 ℉，乾球溫度爲 90 ℉，濕
球溫度爲 75 ℉，空氣流速爲每分鐘 100 呎，該作業員之新陳代謝熱
產量爲每小時 600Btu。

第一步是由 A 圖(a)之垂直刻度線上找到黑球溫度 (globe temper-
ature) 110 ℉，由此作一水平線至空氣流速 (air speed) 線 (100 呎 /
min)，至此交會點再作一垂直線至 A 圖中之水平刻度線，所得之值
代表輻射和對流的合併熱負荷 (radiation + convection)。第二步由
A 圖的垂直線延伸至 B 圖(b)中相當於新陳代謝值 (600Btu/hr) 之處，
並在此作一水平線至 B 圖中之垂直刻度線，交會處之數值爲淨熱負

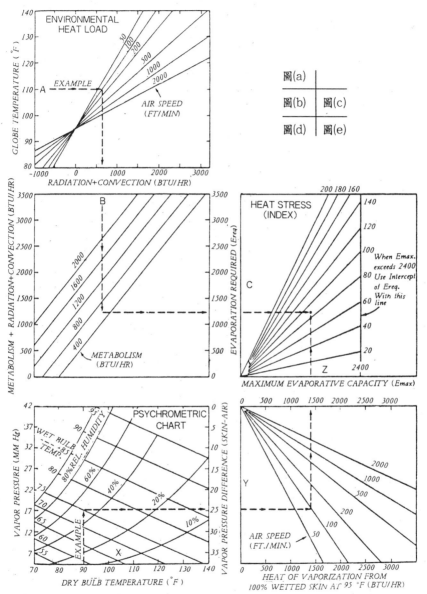

圖(a)
圖(b)　圖(c)
圖(d)　圖(e)

資料來源：*Fundementals of Industrial Hygiene, 1988)*

圖 13-2　乾球溫度

荷 (evaporation required)，用 Ereq 表示。第三步爲至圖 X ⒟，由
乾球溫度 (dry bulb temperature) (90 ℉) 和濕球溫度 (wet bulb tem-
perature) (75 ℉) 之交會處，作一水平線交會於右側之垂直刻度線，
由此可得到皮膚在 95 ℉飽和溫度時與自由流動空氣間的蒸氣壓差
(vapor pressure difference)。第四步則將 X 圖之水平線延伸至 Y 圖
⒠，使與相當之空氣流速 (air speed) 線 (100 呎 /min) 相交，由此交
會點，引一垂直線至 Y 圖上部之水平刻度線而得到 Emax。若再由
此延伸至 C 圖⒞，使與 B 圖而來之水平線相交，此交會點則爲 HSI。
在本例中爲 90。若由 Y 圖⒠上部之水平刻度線讀得之 Emax 大於
2400，則 C 圖中之水平線應延伸至與垂直刻度線相交來決定 HSI。

　　表 13-1 表示各種熱危害指數水準的效應：

表 13-1 各種熱危害水準的效應

熱危害指數	八小時暴露的效應
0	無熱禍害。
10 20 30	輕微至中度熱禍害。如所任工作需較高智慧、機巧或警覺，則成就可能會顯著的減退。但對重體力勞動的成就殆無影響，除非該勞工於無熱危害情況下任此同樣工作的能力已屬勉強。
40 50 60	嚴重熱禍害，除非體格適合，否則有威脅健康之虞。那些未經熱適應的人，則需要一段短時間的休息。體力勞動成就的減退已屬意料中事。因為有心血管病、呼吸系病和慢性皮膚炎的人不適於在這種情況下工作，故應作職前健康檢查。於這樣的情況下，也不適於從事需要持續的腦力活動的工作。
70 80 90	非常嚴重的熱禍害。全人口中只有極少部份的人可望適於出任這種工作。選工之法有賴：⑴健康檢查 ⑵於熱適應後作在職試驗。需要特別措施以確保適量水和鹽份之攝取。用任何可能方法以改善工作環境已屬極度值得。因為這樣一則可保障勞工健康，再則還可望增加工作效率。輕微的「不適」雖在大多的場合下不足以影響工作成果，但可能迫使勞工從此不適於再經歷這種程度的暴露。
100	這是體格適合、熱適應良好的年輕男子所能忍受的極限（尚未對女子作過這類試驗）。

(3)綜合溫度熱指數 (wet-bulb globe temperature, WBGT)：除了以上兩種評估熱危害的方法外，另外一種 NIOSH 所推薦的不包含空氣流速的熱環境中之暴露標準。

(A)室內或室外無日曬情形：

WBGT = 0.7 × Twb + 0.3 × Tg

Twb：濕球溫度　Tg：黑球溫度

(B)室外有日曬情形：

WBGT = 0.7 × Twb + 0.2 × Tg + 0.1 × Ta

Twb：濕球溫度　Tg：黑球溫度　Ta：乾球溫度

時間加權平均綜合溫度熱指數 (time-weighted average, WBGT) 為

$$WBGT = \frac{(WBGT_1) \times t_1 + (WBGT_2) \times t_2 + ... + (WBGTn) \times t_N}{t_1 + t_2 + ... + t_N}$$

式中之 $WBGT_1$、$WBGT_2$......$WBGT_N$ 乃全工作時間內，各工作或休息區內由計算而得到之 WBGT 值。t_1、t_2...t_N 則是每次停留於工作區或休息之時間，以分鐘計。若熱暴露為連續性者，則時間加權平均溫度熱指數應每小時計算一次。若熱暴露為間斷性者，則此熱指數應每二小時計算一次。

表 13-2，為美國政府之工業衛生專家會議為暴露於各種 WBGT 下的勞工訂定下列之作息制度，其中之 WBGT 值以攝氏計。

3. 人體對溫濕環境之反應

(1)中暑 (heatstroke)：中暑之產生乃是體內之體溫調節機轉功能喪失而使身體無法保持適當的熱平衡。患者之症狀為皮膚熱而乾並發紅，體溫高於 40 ℃以上，嚴重時患者會精神錯亂、神志喪失、驚厥甚至昏迷。解救之道為盡早且有效地降低體溫，

表 13-2　可容許的熱暴露之恕限量

（ *WBGT* 值按攝氏計 ）

作息制度	工　作　量		
	輕度	中度	重度
連續工作	30	26.7	25.0
每小時 75% 工作，25% 休息	30.6	28.0	25.9
每小時 50% 工作，50% 休息	31.4	29.4	27.9
每小時 25% 工作，75% 休息	32.2	31.1	30.0

各種輕度、中度和重度工作的典型例子如下：

輕度手工作：寫字，用手編織

重度手工作：打字

一臂的重工作：錘打釘子

二臂的輕工作：銼金屬，堆木材，耙果園

全身中度工作：清潔地板

全身重度工作：鋪設鐵軌，剝樹皮，挖掘

　　給予冰水冷敷及按摩，搧以涼風，唯注意採用激烈的冷卻體溫法
時，應留心避免過度降溫。

(2)熱暈厥 (heat syncope)：為體表血管暫時失去散熱能力，引
起眼花疲勞，此時令患者平躺休息，即可復原。

(3)熱衰竭 (heat exhaustion)：為皮下血管因擴張而引起大腦皮
質血液供應不足而產生的一種虛脫狀態。患者通常會疲倦、頭
痛、面部潮紅、皮膚濕冷，口溫正常或稍低，但肛溫會稍高，
身體因大量失水而造成虛弱、乏尿。此時宜將患者移至涼爽地
方休息，並餵予液體。

(4)熱痙攣 (heat cramp)：因出汗過多而導致體內之電解質（如
氯化鈉）之流失，體液濃度不平衡，而引起之肌肉痙攣。解救
之道為給患者鹽水或離子性飲料飲用。

4.熱環境下之工作安全守則

⑴新進勞工過去若未有職業性熱暴露工作史者，應訂定暴露極限。而 NIOSH 所推薦的標準爲男勞工不得於時間加權平均綜合溫度熱指數 26.1 ℃以上之工作場所工作；女勞工則不得於此指數 24.4 ℃以上之工作場所工作。

⑵一般之熱適應程序需要經過六天的時間。因此，實施熱適應時，第一天的工作量和工作時間應爲預計工作時量的 50% ，其後每天增加 10% ，至第六天 100% 。

⑶勞工應接受衛生和安全的訓練計劃，含水、鹽的攝取知識與認識失水、中暑、熱衰竭和熱痙攣等熱平衡失調所導致的疾病症狀與急救方式及程序。

⑷依照 NIOSH 標準，工作場所之溫度在 30 ℃ WBGT 或以上者，均應在入口附近或多處地點顯明地標以警戒信號。

二、照 明

在工作環境中，良好的照明乃是提昇作業效率與正確性的一大利器。相關的研究顯示，照明甚至對情緒也有所影響。在討論如何獲致良好照明之前，應先對光的特性與人眼之視覺能力加以瞭解。

1.光之性質

所謂「光」，是一種輻射能，它能夠刺激眼睛的視網膜而產生視覺，要是沒有光或沒有足夠的光，我們就無法看見東西。而在整個輻射能（電磁波）的頻譜中，只有很小的一部份可爲人眼所感測，這一部份稱爲可見光譜，其波長大約在 380nm 至 780nm 之間， 1nm ＝ 10^{-9}m （見圖 13-3 ）。不同的波長可引起人們不同的顏色知覺，其中最長的波長是紅色光（約 700nm ），最短波長的是紫色光（約

400nm）。但我們所看到的光線幾乎都是由多種波長混合而成。如果
已知某一束光線各組成光波的分配，就可以推知它的顏色，若一個混
合光包含各種不同波長，就會產出白色的視覺。

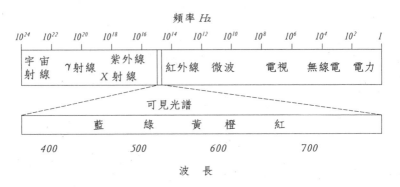

圖 13-3　輻射能頻譜及可見光頻譜 (Light and Color, 1968)

2. 人的視覺歷程

　　人的眼睛構造（如圖 13-4 ）與照相機非常類似，可調整的「水
晶體」(lens) 相當於相機的透鏡，可用來傳導和集中光線；而「網
膜」(retina) 則相當於底片，可以接受光線和影像；「瞳孔」(pupil)
則類似於相機中的光圈，可以控制進入眼內的光線數量，本身為一可
調整大小的圓孔，而圓孔的大小則受「虹膜」(iris) 肌肉伸縮而改
變，在黑暗中瞳孔會較大，以讓更多的光線進入，而在明亮的環境
中，則瞳孔較小。水晶體的周圍是「睫狀肌」(ciliary muscle)，透
過睫狀肌的自動伸縮控制，可以改變水晶體的凸度以調整焦距，看近
物時睫狀肌放鬆而使水晶體凸起；看遠物時睫狀肌拉緊而使水晶體扁
平，此即是「調節作用」(accommodation)。

　　光線經由瞳孔進入水晶體，再由水晶體的折射作用穿過似膠狀的

「玻璃液」(vitreous humor) 而將影像投射於網膜上。網膜係由兩種可以感受光波刺激的細胞所構成：一種狀似圓錐，稱爲「錐狀體」(cons)；另一種狀似桿狀，稱爲「桿狀體」(rods)。白天時，吾人的視覺以錐狀體爲主，所產生的視覺包括「無色視覺」，如灰、黑和白等，以及「有色視覺」，如紅、黃、藍等；在光線昏暗時，如黎明、黃昏與夜晚等，吾人的視覺則是以桿狀體爲主，且只能產生無色視覺。

當桿狀體和錐狀體接受從水晶體傳來的光線時，會激發神經衝動，經由視神經（由來自網膜各處的神經纖維聚合而成）而傳達至大腦皮質，透過知覺的歷程而獲得刺激物的影像並瞭解其意義。

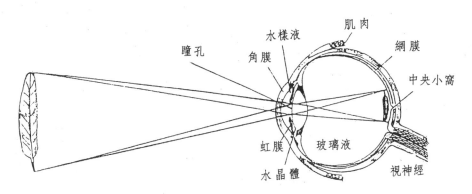

圖 13-4 眼睛的基本構造和影像的形成

3.光之測量

(1)光通量 (luminous flux)：或稱光束，是指由一個光源所放射出來光能量的速率，是測光學的基礎。光通量的單位爲「流明」(lumen, 符號爲 lm)

(2)光強度 (luminous intensity)：則是指從光源的每一單位立體

角 (solid angle) 所放射出來的流明數，因此光強度是用來比較光源之發光能力，其單位為「燭光」(candela ，符號為 cd)。見圖 13-5。

(3)照度 (illumination or illuminance)：一個具有某一光強度的光源乃對所有的方向放射光束，若想像此光源是放在一個球體的中心，則射向球體表面任何一點的光線數量稱為照度。可用每一單位面積的光通量來加以測量，如每一平方呎流明數 (lm/ft²) 或每一平方米之流明數 (lm/m²)，通常我們可用另外的名詞來表示：

USCS 制：lm/ft² → fc (footcandle)，又稱呎燭光

SI 制：lm/m² → lx (lux)，又稱米燭光

1 fc = $(\frac{100}{30.48})^2$ lx = 10.76 lux，為了計算方便，實務上以 lfc = 10 lx 的代換關係來計算。目前我國的照度單位是以米燭光或 lux 為標準。見圖 13-5。

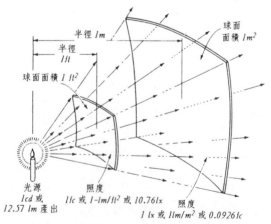

半徑 1m

半徑 1ft

球面面積 1 ft²

球面面積 1m²

光源
1cd 或
12.57 lm 產出

照度
1fc 或 1-1m/ft² 或 10.76lx

照度
1 lx 或 11m/m² 或 0.0926lc

圖 13-5　依循平方反比律的光源光線分布

(light measurement and control, 1965)

⑷亮度 (luminance)：人眼之所以能看到物體的存在，是因為物體把照射在其表面的光束反射到人眼，才能讓人眼知覺到該物體之外形及顏色等。因此物體表面上每單位面積所反射出來的光通量，稱為亮度。

圖 13-6 是光強度、照度與亮度三者之間的關係

亮度的單位為「平方米燭光」(cd/m²)，SI 單位制。或「平方呎流明」，又稱「呎朗伯」(foot-lambert, fL)，其公式如下：

$$SI \text{ 制：亮度 } (cd/m^2) = \frac{照度\ (lx) \times 反射率}{\pi}$$

$$USCS \text{ 制：亮度 } (fL) = 照度\ (fc) \times 反射率$$

式中之反射率為一沒有單位之比例係數，對於一完全漫射之反射面 (perfect reflect diffuse surface)，若照度為 1 lx，反射率為 1，其亮度則為 $1/\pi \cdot cd/m^2$，但若反射面為非完全漫射時，亮度就要乘上反射率（又稱亮度係數，luminance factor）才行。

4.人眼的視覺能力

⑴視覺敏銳度 (visual acuity)：即狹義的「視力」，係指眼睛能夠分辨出物體細節和輪廓的能力。而量測視覺敏銳度最常用的方法為「最小五分度」，係指能夠辨別某一標的物其組成要素間乃成分離狀態的最小間隙或是能夠分辨標的物的最小組成要素之視力，而受測者的視力取決於其所能辨別的最小標的物。受測者的視力是以標的物的大小及判讀距離來計算對眼睛所形成的視角 (visual angle)，再取其倒數而成。

$$視力 = \frac{1}{視角（弧度，以分表示）}$$

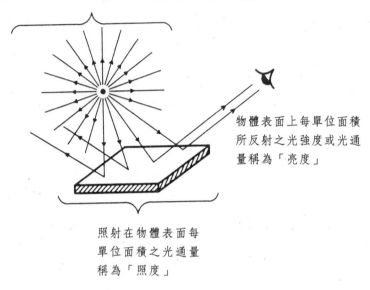

光源每單位立體角射出之光通量稱為「光強度」

物體表面上每單位面積所反射之光強度或光通量稱為「亮度」

照射在物體表面每單位面積之光通量稱為「照度」

圖 13-6 光強度、照度及亮度之關係

而式中之視角可用下列公式計算：

$$視角 = 3438\ h/d$$

h 為視覺刺激物之高度，d 為眼睛到該物之距離。h 和 d 之單位務必要相同。見圖 13-7 。

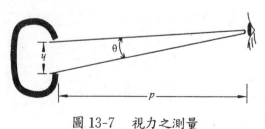

圖 13-7 視力之測量

(2)明適應期：明適應期 (light adaptation) 是指人眼從黑暗進入明亮的環境中，要回復正常的視覺所需之時間。一般而言，明適應只需幾秒鐘，最多一兩秒鐘亦已足夠。

(3)暗適應期：暗適應期 (dark adaptation) 恰與明適應期相反，是指人眼從明亮進入黑暗的環境中，回復視覺所需要的時間。暗適應期通常較長，需要 5 分鐘至 30 分鐘左右。

5. 影響視覺能力之條件

(1)明暗對比 (brightness contrast)：又稱「亮度對比」，乃指被觀察的物體所反射之光通量與其背景所反射的光通量之對比，明暗對比可用下列公式來計算：

$$明暗對比 = \frac{B_1 - B_2}{B_1} \times 100\%，$$
$$B_1, B_2 \text{ 分別為兩對比區域之亮度。}$$

其中 B_1 為較大者。由於

$$亮度 = \frac{照度 \times 反射率}{\pi}，$$ 而且通常兩個對比區域都是鄰近一起而有相同之照度，所以明暗對比亦可以下列公式計算而得：

$$明暗對比 = \frac{\alpha_1 - \alpha_2}{\alpha_1} \times 100\%，\alpha_1, \alpha_2 \text{ 分別為}$$
$$\text{兩對比區域之反射率，} \alpha_1 \text{ 為兩者之中較大者。}$$

試舉一例來說明：

例：教室之黑板的反射率為 12%，白粉筆字之反射率為 83%，試求兩者之間的明暗對比？

解：$\alpha_2 = 12\%$　$\alpha_1 = 83\%$

$$明暗對比 = \frac{83 - 12}{83} \times 100\% = 85.54\%$$

此外，吾人應自經驗中得知，兩物體間若對比小，較看不清楚，如在灰紙上印上文字。

(2)眩光：眩光 (glare) 是由於視野內的光通量大大超出我們眼睛所能適應的範圍，而導致煩擾、不舒服的感覺。眩光產生時除了會令眼睛不適外，較嚴重的眩光會引起視覺績效的降低，甚至會造成暫時性的視力損失。

(3)移動：移動是指目標物自眼前快速經過，或是觀察者與目標物之間的相對運動，當此狀況產生時，視覺之辨視能力會隨之降低；當移動的速度每秒鐘超過 60 度視角時，視力會急遽惡化。而移動與目標物之背景的明暗對比亦有著相互的影響效應。

6. 工作場所之照明

(1)天然照明：陽光是我們生活中最重要亦最無可取代之光源。有實驗顯示，利用白天之陽光照明之作業，其績效比利用人工照明者高。我們的眼睛似乎亦是為了陽光而設計的，因而會覺得電燈泡太紅，水銀燈太青白，實在是我們對於太陽光習慣了之故。

表 13-3 為不同的情況下，天然光源的照度

(2)人工照明：有時，天然光源無法滿足作業之要求，則必須以人工照明來補足天然照明之不足。燈，則是對人工照明之通稱。主要分為兩大類：

(A)白熾熱絲燈 (incandescent filament lamps)：其發光原理是以電流通過一根金屬絲，使其發熱到白熾（溫度在 $1500\,^{\circ}K$

表 13-3　天然光源的照度

晴天在太陽下	*100,000 lx*
晴天在陰影下	*10,000 lx*
晴天室內靠窗下	*100-2,000 lx*
晴天室內之中間	*100-200 lx*
晴天室內內角	*20 lx*
晴天月夜晚	*0.0003 lx*

以上) 而產生光亮。

(B)氣體放電燈：其發光原理是以電流通過某些特殊氣體時，這些氣體會在兩極間發生放電而產生輻射光能，此種發光作用因是藉放電作用而產生，又稱為電氣非熱光。氣體放電燈又有三種型態：

(A)高強度放電燈 (HID, high-intensity discharge lamps)：包括水銀燈與金屬鹵素燈等。

(B)鈉氣燈 (sodium lamps)：分為高壓和低壓兩種。

(C)日光燈或螢光燈 (fluorescent lamps)：其原理是利用水銀放電管，內壁塗以螢光體，為方便啟動，管內充填有少量的水銀蒸氣與氬氣或其他氣體，管的兩端有電極，加高壓後兩極間會產生放電作用，電子與管內之水銀原子會衝擊產生短波紫外線激起螢光體而發光，光會依封入之氣體不同而產生不同的色光。

圖 13-8 說明各種人工光源之燈效 (lamp efficiency)，為每一單位之能量消耗 (Watt) 所能產生之光線數量 (lumens)。

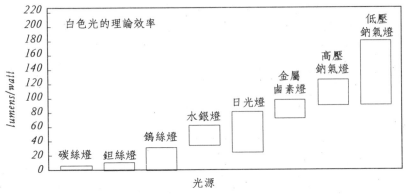

圖 13-8 　各種光源的燈效

(3)照明水準之選定：對於各種作業應如何決定照明水準，近年來
　一直是相關研究人員注意的重點。 IES(illuminating engineer-
　ing society) 美國照明工程協會在 1981 年時，發展了一套較簡
　易的方法來決定最低的照明水準。

　此法的第一步驟，是先確認要進行之活動屬於照明水準建議表
　中的哪一類型。（見表 13-4 ），其中 A 級至 C 級並沒有包含
　視覺作業。次一步驟則為針對表 13-5 中，作業和人員之特
　性，根據實際狀況中之考慮，給予一個權數，然後將各權數相
　加以後會得到一個總加權因數 (Total Weighting Factor)，再
　根據以下規則來選用該等級之低、中或高位之照明水準。

對 A 級至 C 級　　　　　　　　對 D 級至 I 級

　TWF = -1 或-2 　使用低值　 TWF = -2 或-3 　　使用低值

　TWF = 0 　　　　　使用中值　 TWF = -1,0 或 +1 使用中值

　TWF = +1 或 +2 使用高值　 TWF = +2 或 +3 使用高值

在表 13-4 中每一等級都有列出其照度範圍（低－中－高）。

使用者可依據其根據作業與人員之特性計算出來之 TWF ，再查表得知各不同類別作業之照明水準。

表 13-4　室內照明設計照明水準建議表

類別	照度範圍 $lX(fc)$	活動類型
A	20-30-50^* $(2$-3-$5)^*$	周遭黑暗的公共區域
B	50-75-100^* $(5$-7.5-$10)^*$	對短暫造訪的簡單方位辨認。
C	100-150-200^+ $(10$-15-$20)^+$	偶爾需要視覺作業的工作場所。
D	200-300-500^+ $(20$-30-$50)^+$	執行高對比或大組件的視覺作業。例如：印刷文件、打字原稿、墨水手稿、好影印本等的閱讀；粗略的工作台與機器加工；普通檢驗作業；粗略裝配作業。
E	500-700-1000^+ $(50$-75-$100)^+$	執行中度對比或小組件的視覺作業。例如：閱讀中黑鉛筆寫成的或印刷或影印很差的手稿；普通工作台與機器加工；困難的檢驗工作；普通裝配工作。
F	1000-1500-2000^+ $(100$-150-$200)^+$	在品質很差紙上的手稿或極差的影印品；高難度檢驗作業。
G	2000-3000-5000^{++} $(200$-300-$500)^{++}$	長期執行對比低又非常小的視覺作業。例如：精細裝配；非常困難的檢驗，精細的工作台及機械加工。
H	5000-7500-10000^{++} $(500$-750-$1000)^{++}$	執行非常長時間和精確的視覺作業。例如極困難的檢驗；超細工作台與機械加工；超細裝配工作。
I	10000-15000-20000^{++} $(1000$-1500-$2000)^{++}$	執行非常特殊且極端低對比和細小的視覺作業。例如外科手術。

* 全室全面照明
+ 作業點照明
++ 由全面和局部（補充）照明組合獲得作業點照明。

（資料來源：*RQQ, 1980, table 1*）

表 13-5　應用表 12-4 時所須考量的權數

（作業和人員特性）	權　　數		
	-1	*0*	*+1*
年齡	*40 以下*	*40 ～ 55*	*超過 55*
速度或精確度	*不重要*	*不重要*	*具關鍵性*
背景反射比	*大於 70%*	*30 ～ 70%*	*少於 30%*

資料來源：*RQQ, 1980, table 2*

三、噪音

　　凡是引起人們生理上或心理上不愉快的聲音，都稱爲噪音。噪音的來源，可有多方面，如火車、汽車、機車、飛機等各種交通工具於行駛時所產生的聲音；或由工廠內之各種機械操作時發出的聲響，都可能令人產生不適，輕者造成精神緊張、頭痛、煩悶；重者可造成聽力的減損甚或永久性的聽覺障礙。面對噪音如此無所不在的公害，吾人更不可不愼。

1.人耳的構造

　　耳朵爲人類的聽覺器官，如圖 13-9 所示。

　　耳朵分成外耳、中耳及內耳三個部份。外耳包括耳殼與外聽道。耳殼的作用爲收集聲音，外聽道則爲聲音的通道。中耳包括三塊相互銜接的聽小骨，分別爲鎚骨、砧骨和鐙骨，均因其形狀而得名。外聽道底端有一薄膜與中耳相連，稱爲鼓膜。當聲音以聲波的形式傳抵鼓膜，聲波壓力會交替轉變，會使鼓膜前後振動而帶動中耳的三塊聽小骨，三塊聽小骨則利用槓桿作用將聲波放大至 22 倍左右，再經前庭窗傳至內耳。由於前庭窗薄膜的振動使得內耳的淋巴液也受到擾動，這些液體的壓力會再傳至耳蝸內部，耳蝸內有所謂的柯氏器官 (Corti organ)。器官內包括毛狀細胞和神經末梢，可以感覺微小的壓力變化。而由神經末梢所接收的神經衝動再經由聽神經而傳至大腦，使大

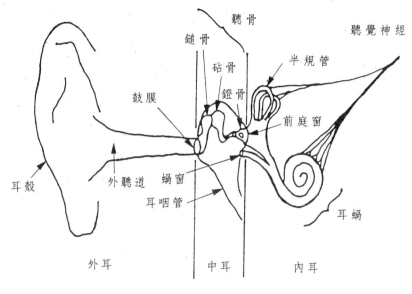

圖 13-9　　人耳的構造

腦感覺到聲音的存在。

2.**聲音之特性**

聲音是由物體振動所產生的。如音叉、琴弦或聲帶等振動物，在振動時，造成周遭空氣分子的連續振動，而造成波的效果，因此，聲音又稱為聲波。但聲音與光波不同，必須藉著周圍的介質才能傳遞能量，介質可以是空氣、水或由原子或分子所組成的物質。

(1)聲波之頻率：聲波是一種縱波，也就是分子擺動的方向與傳遞方向一致，因此聲波在空氣中傳遞時，會使空氣分子產生疏密相間的壓力變化，而聲音的「頻率」(frequency) 係指每秒內壓力變化週期的次數，通常用 hertz(Hz) 為單位表示之。

人類與其他動物所能聽到的頻率範圍不同，一般而言，人耳可

以聽到的頻率範圍大約在 20 至 20,000 赫茲之間，而狗通常能
聽到一些更高頻率的聲音，非人耳所及。

(2)聲音之強度：由單一振動如音叉所產生的聲波為「正弦波」
(sine waves)，正弦波的高度即為「振幅」(amplitude)。聲
波的振幅，決定音量的強度，若聲波的振幅越大，代表其所能
傳送的能量也愈大。通常以「分貝」(decibel，簡稱 dB) 為聲
音強度的測量單位。但又因聲源的能量目前無法直接測量，但
卻可以感測空氣的壓力變化，而聲音的能量與聲壓的平方成正
比，因此，我們可用「聲壓水準」(sound pressure level，簡
稱 SPL)，來表示聲音強度，即

$$SPL(dB) = 10 \ \log\frac{P_1^2}{P_0^2}$$ P_1 表示被測量聲音的聲壓

P_0 表示 0 分貝聲音的參考聲壓

上式經簡化後成為

$$SPL(dB) = 20 \ \log\frac{P_1}{P_0}$$

3.噪音的來源及種類

(1)交通噪音：交通噪音包括了火車鐵道噪音、航空噪音以及公路
噪音，是人們最為切身的公害問題。

(2)建築工程噪音：此種噪音大多源自於營建工程中樁打地基、釘
樁與掘土，或使用鑽孔機所造成的噪音。

(3)一般噪音：係指日常生活中，除交通噪音、建築工程噪音等
外，所受到的不愉悅之聲音干擾，如音響聲、電視聲、擴音器
聲、電鈴聲、大聲的談話聲等。

(4)工廠噪音：工廠噪音之來源，非常多種，尤以金屬品製造業

（如鋼鐵工廠、銲鉚工廠）之噪音最爲嚴重，其次則爲機械製
造業（如紡織工廠、機械廠等）。

表 13-6 爲各種典型的噪音及其強度。

表 13-6　各種典型噪音的強度

聲音強度 （以分貝計）	聲 源 和 聲 音 所 在 地
200	探月火箭離地升空時在距離 300 公尺處的聲音
160	0.303 口徑來福鎗在耳邊發射時的最高聲音
140	噴射飛機起飛時在距離 25 公尺處的聲音
120	潛水艇機房中的聲音
100	極爲喧囂嘈雜的工廠
90	大型柴油機汽車在距離 7 公尺處的聲音
90	掘路機在距離 7 公尺處的聲音
80	警鐘在距離 1 公尺處的聲音
75	鐵路客車（火車卡）內的聲音
70	頭等客車或餐卡內的聲音
70	真空吸塵機在距離 3 公尺處的聲音
65	業務繁忙辦事處（有打字機）的聲音
65	相距 1 公尺的普通談話聲音
40	清靜辦事處內的聲音
35	幽靜寢室內的聲音
25	遠離鐵路和公路的清靜郊區的聲音

4.噪音之劑量與容許暴露時間之計算

美國勞工部職業安全與衛生局 (OSHA) 曾於 1983 年建立了一套
可容許的勞工噪音暴露標準，如表 13-7 。在此表中，可看到若勞工
之工作場所的噪音音壓水準爲 90dB 時，則勞工暴露在此場所的時間
不得超過 8 小時。若噪音升爲 95dB 時，則勞工暴露於此環境之時間

表 13-7 噪音容許暴露時間對照表

工作日容許暴露時間（小時）	A 權噪音音壓級 dB(A)
8	90
6	92
4	95
3	97
2	100
1	105
1/2	110
1/4	115

不得超過 4 小時。關於此種每升高 5dB 則縮減暴露時間一半的規定，稱為「5 分貝減半暴露時間律」，可以下列公式表示：

$$T = \frac{8}{2^{\frac{SPL-90}{5}}}$$

其中　T：容許暴露時間（單位：小時）

　　　SPL：所測定之噪音音壓級 (dB)

但若勞工於工作的某天當中，是暴露在不同的噪音水準下，則應算出綜合之噪音暴露劑量 (Em)(mixed exposure)。

$$Em = \frac{C_1}{T_1} + \frac{C_2}{T_2} + \frac{C_3}{T_3} + ... + \frac{C_n}{T_n}$$

C_n：表示在某聲壓水準下所暴露之實際時間。

T_n：表示在某聲壓水準下，所能容許的最長時間。

若 Em 大於 100%，表示已超過容許標準。

例：若一位工人在一噪音環境下工作，其暴露之情形如下：

　　　90dB　　　　3 小時

95dB　　　　3 小時

85dB　　　　4 小時

$$Em = \frac{3}{8} + \frac{3}{4} + \frac{4}{16} = 1.375 > 1 \qquad 不符合規定$$

5. 噪音對人之影響

(1)心理效應：噪音會使人煩亂、焦燥不安、情緒不愉快，不但影響睡眠與休閒，亦影響注意力之集中，對於需集中精神之作業有極大的妨害。

(2)生理效應：長期地處於噪音環境中，會使人體內分泌失調；對於人類自主神經方面的危害，則包括會導致消化不良、食慾不振、心跳加速、肌肉緊張等。有人甚至會因噪音的影響而產生頭暈、噁心或嘔吐等症狀。

(3)遮蔽效應：是由於工作場所噪音的存在而降低了耳朵對於接收另一聲音的敏感度，例如在電話鈴響的同時較不易聽到電鈴聲，此種遮蔽效應會干擾語言的傳達，對於工作操作時安全之考量會產生不良的影響。

(4)聽力喪失：噪音所導致的不良影響中，最嚴重的就是聽力喪失，人的聽力障礙依性質來分，可有以下三種：

　(A)傳導性耳聾 (conduction deafness)：起因可能是由於鼓膜的損傷、外耳道的堵塞、中耳炎或是三個聽小骨受損等。傳導性耳聾時，聲波的震動仍可由顱骨傳至內耳，並不致於完全聽不到，可藉由助聽器來改善部份聽力。

　(B)神經性耳聾 (nerve deafness)：此乃由於耳蝸內之柯氏管或聽神經受到損傷所致。通常，此類型的聽力損失發生在 3000 至 6000 赫茲頻率的聲音，尤以 4000 赫茲之聲音無法聽

清楚最爲明顯。此種神經性耳聾，一般的助聽器並沒多大幫
助，必須將聲波增幅才可有效改善。

(C)中樞性耳聾 (central deafness)：此則爲腦部的聽覺中樞損
傷，雖然聲波的傳導、神經衝動的傳遞都沒有問題，但是一
旦大腦皮質的聽覺區域失去功能，則聲波之振動就不能被分
析成有意義的聲音。此種類型的耳聾無法以助聽器或手術醫
治，屬於永久性之聽覺障礙。

6.噪音之防制

噪音之防制或消除十分地困難，選擇適當的防制措施可有效地降
低噪音對人體的傷害。噪音之防制措施，不外乎從以下三個途徑：音
源、傳輸途徑與受音者來著手。

(1)音源的改善與控制：在工廠中，噪音之產生大多是由於風扇、
引擎等之轉動聲或是由於機械之打擊、移動及摩擦等所造成，
因此，可藉著(A)改善作業的方法，如以皮帶傳動代替齒輪傳
動；(B)改變音源的型態，如以多葉片之風扇取代少葉片之風
扇，可降低噪音影響的範圍；(C)減少震動產生，如加強機械的
潤滑與保養，可減少不必要的摩擦與震動或降低物體之間的碰
撞等來降低噪音之發生。

(2)傳輸途徑的防制：聲音之傳輸，主要是藉著空氣中的介質，若
要減少其影響，就得使聲音在傳輸途中受到阻隔，因此，可藉
著(A)增加音源與受音者之間的距離；(B)設置隔音屏、隔音牆，
或吸音天花板、吸音毯等裝置；都可有效地降低噪音。

(3)受音者之防護措施：若以上兩項控制方法與措施仍無法改善噪
音時，則只好對受音者本身做些防護，亦即使用個人防護具。
耳塞爲塞入外耳道中，可阻止或降低噪音到達鼓膜前的音量。

耳罩則是戴在外耳，並密封於外側頭部，其阻絕噪音的效果優
於耳塞。

除了對噪音源、其傳輸的途徑、受音者之各項防制措施外，各工
廠亦應對可能暴露於噪音環境下之工作人員定期檢查其聽力，若有失
聽徵兆出現時，則應採取適當補救措施，如調職，以避免更大的危害
產生。

四、安全衛生之顏色與標示

1. 顏色之認識與使用

在工作場所中，時時可以看見各種顏色之標線或標誌，不同的顏
色在工業安全衛生的使用上，已有國際標準化的特定意義，茲就數種
常用的安全衛生顏色所代表的意義，說明如後：

(1)紅色：表示危險、停止或防火，通常用於下列狀況：

　(A)表示危險性質或危險情況之警告指示；

　(B)消防設備和器具的指示；

　(C)表示機器設備之緊急停止樞紐。

(2)橙色：代表危險且具有警戒的意義，通常使用在下列情況：

　(A)指示機器或活動設備可能引起割傷、軋傷或是電擊的危險；

　(B)標示人行道之界線。

(3)黃色：指示應當小心或表示某區域有撞擊、跌落、絆倒、夾住
等危險，通常使用於下列情況：

　(A)營建機具的外表或危險物料的搬運設備；

　(B)指示當心高溫、高壓或易燃、易爆及酸、鹼等危險物料。

(4)綠色：安全的意義，通常使用於下列情況：

　應用於安全的情況與設備，如急救箱、擔架等。

(5)藍色：表示禁止他人開動、使用、或移動正在修理中的設備。通常使用於升降梯、鍋爐、架台和梯子等的開關與設備。

(6)紫色：指示有輻射危害的存在。通常以黃色和紫色的組合，用標籤、標誌等標示於有放射線危害之工作場所。

(7)黑色及白色：指示交通與內務區域標線的顏色，如樓梯、走道的盡頭與方向指示等。

此外，我國現行規定－CNS 710 管系、物料、分類顏色標誌中，適用於工廠及發電廠，其使用特定之顏色予以標示，其分類如下：

(1)消防管系：包括自動灑水系統及其他輸送消防物料之管路系統，以紅色標示之。

(2)危險物料：指在高溫、高壓狀態，或易燃、易爆、具毒性及腐蝕性等物料之管路，以黃色或橙色標示之。

(3)安全物料：指雖外洩亦對人員無害之物料之管路，以綠色標示之。

(4)防護性物料：指針對上述(2)中之危險物料提供安全保障或救助的防護性物料之管路，以淺藍色標示之。

顏色在工業安全方面之使用，除以上所述之特定意義外，若在廠房之設置初期，即考慮到配色之效果，不僅可以改善空間與光線的視覺效果，亦能使人提高工作效率，進而減少意外之發生。一般而言，廠房配置所用之顏色，應注意以下原則：

(1)考慮光線的反射率；

(2)創造良好的視覺效果以減少疲勞；

(3)增加心理作用，應使工作人員在注意力焦點有較高的吸引力；

(4)增強辨識，以提高安全效果。

2.安全衛生標示

安全衛生標示係以圖形、文字、符號、顏色等依一定配置規則所組成。用以提示或說明有關工作環境的狀況，以提醒工作人員注意或遵守。其使用之目的與時機如下：

(1)揭示禁止；

(2)標示危險警告；

(3)指示注意事項；

(4)標明物品、場所、機具等的作用、名稱與功能等；

(5)指示安全衛生措施；

(6)說明重要操作方法與程序；

(7)指示通路、方向等。

前述之各種安全衛生標示係由文字、圖形、符號及顏色等組成，茲就這些要素說明如下：

(1)文字：乃構成標示的最基本要素，其本身即有明確的特性。

(2)圖形：衛生安全標示可運用以下四種各具意義的圖形。

　　(A)圓形：表示禁止；

　　(B)正三角形（底在下者）：表示警告；

　　(C)正三角形（底在上者）：表示注意；

　　(D)矩形：表示說明或提示。

(3)符號（或圖案）：為維持統一性質，儘量採用經內政部統一發佈之範例。若自行設計者，以淺顯易懂為原則。

(4)顏色：根據前述安全衛生顏色的特定意義加以運用，使用一種或兩種顏色。當使用兩種顏色時，面積較大者為主要顏色，表示此標示之重點為危險或注意；另一色則為輔助顏色，為進一步說明危險因素性質之用。

圖 13-10 顯示常用之工業安全衛生標示範例。

此外，設置安全衛生標示時，尚需注意下列各點：

(1)說明性者應力求詳盡；

(2)指示性者應視複雜情形酌加設置；

(3)重要作業程序、方法有關安全者視需要設置；

(4)禁止、警告、注意之標示的設置應力求妥切，不要浮濫，否則即失去提醒之作用。但也勿低估危害之可能性；

(5)固定檢查標示之適應性，臨時性的標示在預定工作完成時即應以撤除；

(6)毒性、腐蝕性及易燃、易爆等物料，不論其包裝大小，臨時或永久，均應隨時保持其標示或說明。

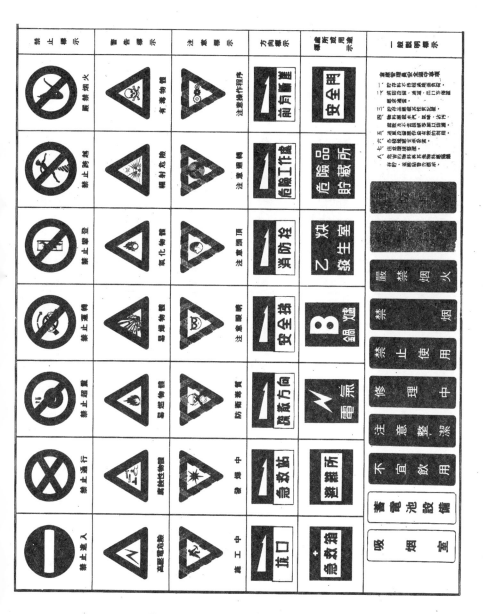

圖 13-10 工業安全標示範例

習題

一、何謂噪音？該如何管理與防制？

二、假設黑球之溫度為 $100\,°F$，乾球之溫度為 $90\,°F$，濕球之溫度為 $70\,°F$，空氣流速為每分鐘 100 呎，某作業員從事某工作之新陳代謝熱產量為每小時 $400Btu$，求其熱危害指數（HSI），與說明其工作受到熱危害之情形。

三、試說明呎燭光和呎朗伯的區別。

四、試述噪音對人類之危害。

五、試列舉出四種工業安全顏色及其應用範圍。

參考資料

一、中文部份

毛文秉與葉文裕著，工業衛生學，徐氏基金會出版，1992。

方世榮編譯，生產與作業管理，五南出版社，1994。

王獻章著，工廠管理，全華科技圖書公司，1994。

李文斌與臧鶴平合著，工業安全與衛生，前程企業管理公司，1992。

林清河著，物料管理，華泰書局，1995。

陳文哲、葉宏謨、余溪水與楊銘賢合著，生產管理，中興管理顧問公司，
　　1995。

陳文哲與楊銘賢合著，工廠管理，中興管理顧問公司，1992。

陳文哲與劉樹童合著，工廠佈置與物料搬運，中興管理顧問公司，1989。

彭游與吳水丕合著，工業管理，南宏圖書公司，1986。

黃清賢著，工業安全與管理，三民書局，1993。

傅和彥著，工廠管理，前程企業管理公司，1994。

張緯良著，人力資源管理，華泰書局，1996。

葉若春著，生產計劃與管制，中興管理顧問公司。

楊昌裔著，工業安全與衛生，育友圖書公司，1996。

劉水深著，生產管理：系統方法，華泰書局，1980。

潘文章著，工廠管理：觀念、分析、實務，三民書局，1988。

賴士葆著，生產作業管理：理論與實務，華泰書局，1995。

羅文基著，工業安全與衛生，三民書局，1994。

勞工行政雜誌社，勞工作業環境訓練教材，1991。

行政院勞工委員會，工業安全衛生手冊，1992。

二、外文部份

Astahl, C.R. , Industrial Safety and Health Management, Prentice-Hall, 1995.

Amrine, H.T. , Ritchey, J.A. , Moodie, C.L. , and Kmec, J.F. , Manufacturing Organization and Management, Prentice-Hall, 1993.

Evans, J.R. , Anderson, D.R. , Sweeney, D.J. , and Williams, T.A. , Applied Production and Operations Management, West Publishing Company, 1987.

Grimaldi, J.V. , and Simonds, R.H. , Satety Management, Richard D. Irwin Inc. , 1975.

Hicks, P.E. , Industrial Engineering and Management: A New Perspective, McGraw-Hill, 1994.

Monden,Y. , Toyota Production System: An Integrated Approach to Just-In-Time, chapman and Hall, 1994.

Moore, F.G. and Hendrick, T.E. , Production/Operations Management, Richard D. Irwin Inc. , 1980.

National Safety Council, Fundamentals of Industrial Hygine, 1988.

Stevenson, W.J. , Production/Operations Management, Richard D. Irwin Inc. , 1993.

國家圖書館出版品預行編目資料

工廠管理／侯東旭，陳敏生著.
--初版.一臺北市：五南, 1997 [民86]
面； 公分
ISBN 978-957-11-1465-1（平裝）
1.工廠管理
555.6　　　　　86012741

1F10
工廠管理

作　　者 — 侯東旭　陳敏生
發 行 人 — 楊榮川
總 編 輯 — 龐君豪
主　　編 — 張毓芬
責任編輯 — 黃淑真
出 版 者 — 五南圖書出版股份有限公司
地　　址：106台北市大安區和平東路二段339號4樓
電　　話：(02)2705-5066　傳　　真：(02)2706-6100
網　　址：http://www.wunan.com.tw
電子郵件：wunan@wunan.com.tw
劃撥帳號：01068953
戶　　名：五南圖書出版股份有限公司

台中市駐區辦公室/台中市中區中山路6號
電　　話：(04)2223-0891　傳　　真：(04)2223-3549
高雄市駐區辦公室/高雄市新興區中山一路290號
電　　話：(07)2358-702　傳　　真：(07)2350-236

法律顧問　得力商務律師事務所　張澤平律師

出版日期　1997年10月初版一刷
　　　　　2010年 3月初版八刷
定　　價　新臺幣400元